**本书是上海市哲学社会科学规划课题
"世界银行营商环境评估标准的法律问题研究"
（批准号：2018BFX010）阶段性研究成果，在此致谢！**

中国规制改革与优化营商环境

文学国 ◎ 著

中国社会科学出版社

图书在版编目（CIP）数据

中国规制改革与优化营商环境/文学国著.—北京：中国社会科学出版社，2022.11
ISBN 978-7-5227-0883-6

Ⅰ.①中… Ⅱ.①文… Ⅲ.①投资环境—研究—中国 Ⅳ.①F832.48

中国版本图书馆 CIP 数据核字(2022)第 178909 号

出 版 人	赵剑英
责任编辑	张　林
特约编辑	肖春华
责任校对	季　静
责任印制	戴　宽

出　　版	中国社会科学出版社
社　　址	北京鼓楼西大街甲 158 号
邮　　编	100720
网　　址	http://www.csspw.cn
发 行 部	010-84083685
门 市 部	010-84029450
经　　销	新华书店及其他书店
印　　刷	北京明恒达印务有限公司
装　　订	廊坊市广阳区广增装订厂
版　　次	2022 年 11 月第 1 版
印　　次	2022 年 11 月第 1 次印刷
开　　本	710×1000　1/16
印　　张	18.75
插　　页	2
字　　数	311 千字
定　　价	99.00 元

凡购买中国社会科学出版社图书，如有质量问题请与本社营销中心联系调换
电话：010-84083683
版权所有　侵权必究

目 录

前 言 ……………………………………………………… (1)
    一 全球营商环境报告：源起与过程 ………………………… (1)
    二 中国语境下的营商环境 …………………………………… (4)
    三 中国的改革措施与改革效果 ……………………………… (6)
    四 本书的结构与内容 ………………………………………… (12)

第一章 开办企业 ……………………………………………… (13)
    一 开办企业评估指标体系 …………………………………… (13)
    二 中国开办企业评估指数排名情况 ………………………… (14)
    三 中国开办企业法律法规及制度演进 ……………………… (16)
    四 政府开办企业规制制度改革 ……………………………… (23)
    五 法律法规修订与政府规制改革的效果 …………………… (30)
    六 未来改革展望 ……………………………………………… (32)

第二章 办理建筑施工许可证 ………………………………… (34)
    一 办理建筑施工许可证评估指标体系 ……………………… (34)
    二 中国办理建筑施工许可证评估指数排名情况 …………… (37)
    三 中国办理建筑施工许可证法律法规及制度演进 ………… (40)
    四 政府办理建筑许可证规制制度改革 ……………………… (46)
    五 法律法规修订与政府规制改革的效果 …………………… (54)
    六 未来改革展望 ……………………………………………… (55)

第三章　获得电力 ·· (59)
 一　获得电力的评估指标体系 ····························· (59)
 二　中国获得电力指数排名情况 ··························· (63)
 三　中国获得电力法律法规及制度演进 ····················· (65)
 四　政府获得电力规制制度改革 ··························· (67)
 五　法律法规修订与政府规制改革的效果 ··················· (77)
 六　未来改革展望 ······································· (78)

第四章　登记财产 ·· (80)
 一　登记财产评估指标体系 ······························· (80)
 二　中国登记财产评估指数排名情况 ······················· (84)
 三　中国登记财产的法律法规及制度演进 ··················· (86)
 四　政府登记财产规制制度改革 ··························· (98)
 五　法律法规修订与政府规制改革的效果 ·················· (104)
 六　未来改革展望 ······································ (106)

第五章　获得信贷 ··· (108)
 一　获得信贷的评估指标体系 ···························· (108)
 二　中国获得信贷评估指数排名情况 ······················ (112)
 三　中国获得信贷的法律法规及制度演进 ·················· (114)
 四　政府获得信贷规制制度改革 ·························· (151)
 五　法律法规修订与政府规制改革的效果 ·················· (154)
 六　未来改革展望 ······································ (155)

第六章　保护少数投资者 ··································· (157)
 一　保护少数投资者评估指标体系 ························ (157)
 二　中国保护少数投资者评估指数排名情况 ················ (160)
 三　中国保护少数投资者法律法规及制度演进 ·············· (163)
 四　政府保护少数投资者规制制度改革 ···················· (183)
 五　法律法规修订与政府规制改革的效果 ·················· (187)
 六　未来改革展望 ······································ (188)

第七章 跨境贸易 (190)
一 跨境贸易的评估指标体系 (190)
二 中国跨境贸易评估指数排名情况 (196)
三 中国跨境贸易的法律法规及制度演进 (198)
四 政府跨境贸易规制制度改革 (207)
五 法律法规修订与政府规制改革的效果 (212)
六 未来改革展望 (213)

第八章 缴纳税费 (216)
一 缴纳税费评估指标体系 (216)
二 中国缴纳税费评估指数的排名情况 (223)
三 中国缴纳税费法律法规及制度演进 (226)
四 政府缴纳税费规制制度改革 (227)
五 法律法规修订与政府规制改革的效果 (234)
六 未来改革展望 (235)

第九章 执行合同 (237)
一 执行合同评估指标体系 (237)
二 中国执行合同评估指数的排名情况 (242)
三 中国执行合同的法律法规规制及制度演进 (244)
四 法律法规修订和政府规制改革的效果 (259)
五 未来改革展望 (260)

第十章 办理破产 (262)
一 办理破产评估指标体系 (262)
二 中国办理破产评估指数排名情况 (266)
三 中国办理破产的法律法规及制度演进 (269)
四 政府办理破产规制制度改革 (280)
五 法律法规修订与政府规制改革的效果 (283)
六 未来改革展望 (284)

参考文献 …………………………………………………………（287）

后　记 ……………………………………………………………（292）

前　言

一　全球营商环境报告：源起与过程

"营商环境"一词，译自英文 Doing Business。世界银行从 2001 年开始研究如何通过促进私营企业的发展提升一个国家的发展水平，那么，如何评价一个国家私营企业发展的现状与发展水平，需要建立一套评价标准。世界银行决定成立 Doing Business 小组，专门负责研究营商环境指标体系的建构。经过几年的努力，研究小组于 2004 年发布了第一份研究报告，该报告设立了 5 组评价指标：开办企业、雇佣工人、执行合同、获得信贷、关闭企业；之后每年发布年度报告。2005 年增加 2 组评价指标：保护投资者、登记财产。2006 年增加 3 组评估指标：跨境贸易、缴纳税费、申请许可（2009 年更改为获得建筑施工许可）。2010 年增加 1 组评估指标：获得电力。2011 年减少 1 组评估指标：雇佣工人。后来稳定设立 10 组评价指标。这些指标的设计，涵盖了企业从开办到破产的整个生命周期。在评估过程中，世界银行要根据评估中发现的问题不断完善评估指标体系，尤其是二级评估指标体系，会不时进行调整。每个指标体系所占分数也会调整。由于该报告对世界 100 多个国家进行排名，这一排名不仅直接影响排名国家的外商投资吸引力，而且直接影响人们对排名国家的营商环境的评价。

世界银行营商环境指标体系也不是随意设立的，自有其理论依据。这些理论依据是世界银行专家在进行广泛调研的基础上，对全球国家营商环境涉及的数据进行收集与分析，形成理论概括，找出全球的最佳表现，按照影响企业经营的三个核心指标：程序、时间、成本设计评估指标，然后在相关一级指标下，根据一级指标的内容设立相应的关键指标。这些对评估指标的设计具有指导作用的理论研究成果为：1.《市场进入规制》[1]；2.《183个国家的电力连接和公司业绩》[2]；3.《129个国家的私人信贷》[3]；4.《自我交易的经济学和法律》[4]；5.《企业税对投资和创业的影响》[5]；6.《交易时间》[6]；7.《法院》[7]；8.《全球债务执行》[8]。这些文章都是世界银行资助课题的研究成果，有的作者就是世界银行全球营商环境报告的评估指标设计者。[9]

各国的情况千差万别，用一个评估指标体系进行评估，必然带来普遍性的指标体系与各国具体情况的不对应。因此，世界银行在进行每项指标的评估时，进行一系列的假设条件，如参加评估的对象企业要满足哪些假设条件、关于程序设计的假设条件、时间的假设条件、成本的假设条件等。根据不同经济体的规模，人口超过1亿人的经济体选择排名前2位的大城市作为调查数据的来源，如我国被选中的城市是上海与北京，上海占比55%，北京占比45%。

世界银行发布的《全球营商环境报告》引起了各国政府的重视，如俄罗斯总统普京2012年签发总统令，指示政府采取措施提升俄罗斯在世

---

[1] Simeon Djankov, Rafael La Porta, Florencio Lopez-de-Silanes, Andrei Shleifer, "The Regulation of Entry", *The Quarterly Journal of Economics*, February 2002.

[2] Carolin Geginat, Rita Ramalho, Electricity Connections and Firm Performance in 183 Countries, *Energy Economics*, Volume 76, October 2018, pp. 344–366.

[3] Simeon Djankov, Caralee McLiesh, and Andrei Shleifer, Private Credit in 129 Countries, *Journal of Financial Economics*, May 2007.

[4] Simeon Djankov a, Rafael La Porta b, Florencio Lopez-de-Silanes c, Andrei Shleifer, The Law and Economics of Self-dealing, *Journal of Financial Economics*, 88 (2008) 430–465.

[5] Simeon Djankov, Tim Ganser, Caralee McLiesh, Rita Ramalho, Andrei Shleifer, The Effect of Corporate Taxes on Investment and Entrepreneurship, *American Econmic journal: Macroeconomics*, Vol. 2, No. 3, July 2010, (pp. 31–64).

[6] Simeon Djankov, Caroline Freund, Cong S. Pham, Trading on Time, *Review of Economics and Statistics*, February 2010.

[7] Simeon Djankov, Rafael La Porta, Florencio Lopez-de-Silanes, Andrei Shleifer, Courts, by Simeon Djankov and others, *Quarterly Journal of Economics*, May 2003.

[8] Simeon Djankov, Oliver Hart, Caralee McLiesh, Andrei Shleifer, Debt Enforcement Around the World, by Djankov and others, *Journal of Political Economy*, December 2008.

[9] 以上文章的主要内容，参见罗培新《世界银行营商环境评估：方法·规则·案例》，译林出版社2020年版。

行营商便利度排名的位次。俄罗斯于 2015 年提升至第 50 位，2018 年升至第 20 位。俄罗斯在 2017 年的排名中升至第 35 位，较 2016 年上升 5 位。2019 年俄罗斯排名第 31 位，没有完成政府预定进入前 20 名的目标。2020 年俄罗斯的排名为第 28 位。俄罗斯虽然按照世界银行营商环境评估指标体系的要求进行了一系列改革，但仍然没有实现预期的目标。改革并非易事。这些年，一些发展中国家通过本国的不断改革，排名取得了不错的成绩。

各国政府重视世界银行营商环境评估报告的排名，主要还是通过国内改革促进本国营商环境的改善，提升本国企业尤其是中小企业的营商环境，提升国家经济的竞争力，发展本国经济。当然，随着经济体营商环境的改善，客观上能够促进投资的增长，尤其是吸引外国资本的进入。由于世界银行的评估指标体系并不完善，尤其是无法照顾到各个国家的独特国情，因此，有些指标体系的设计及数据的来源存在一些争议。世界银行执行董事会为了保证数据来源的客观性，也建立了内部与外部的审计机制。随着有些国家通过内部改革大幅度地提升了世界排名，自然引起了某些人与某些国家心理上的失衡，进而质疑与批评世界银行排名的数据来源的合法性。为了平息这些争议，使世界银行的评估指标体系更加科学，数据来源更加客观，世界银行于 2021 年 9 月 16 日决定停止发布《全球营商环境报告》。世界银行的声明内容如下：

"对世界银行集团研究的信任至关重要。世界银行集团的研究为决策者的行动提供了信息，帮助各国做出更明智的决定，并使利益攸关方能够更准确地衡量经济和社会进步。这类研究也是私营部门、民间社会、学术界、记者和其他人的宝贵工具，扩大了人们对全球问题的了解。在 2020 年 6 月内部报告《2018 年和 2020 年全球营商环境报告》数据不合规后，世界银行管理层暂停发布下一份《全球营商环境报告》，并启动了对该报告及其方法的一系列审查和审计。此外，由于内部报告涉及道德问题，包括前董事会官员以及现任和/或前任世行工作人员的行为，管理层向世界银行的内部问责机制报告了这些指控。世界银行集团管理层在审查了迄今为止有关《全球营商环境报告》的所有信息后，包括过去审查、审计的结果以及世界银行今天代表执董会发布的报告，决定停止发布《全球营商环境报告》。世界银行集团仍然坚定地致力于促进私营部门在发展中的作用，并为政府设计支持这一目标的监管环境提供支持。展望未来，我们将研究一种评估商业和投资环境的新方法。我们对许多工作人员为推进商业环境议程而辛勤工作的努力深表感谢，我们期待以新的方式利用他们的精力和能力。"

二 中国语境下的营商环境

"营商环境"一词首先以学术概念进入中国学术界。2008年4月22日，世界银行与中国社会科学院财贸所中国城市竞争力课题组共同编制了《2008中国营商环境报告》，这是世界银行首次与中国学者共同完成世界营商环境评估报告的中国国别报告。中国社会科学院财贸所研究员倪鹏飞于《资本市场》杂志发表《中国城市拿什么吸引投资者——2008中国营商环境报告摘要》，详细介绍了这份报告的主要内容。[①] 该报告首次对中国的营商环境进行了评估，选取了四项与营商环境有关的指标：开办企业、登记物权、获取信贷、强制执行合同。选择了30个样本城市，其中包括4个直辖市和26个省会城市，包括东南、东北、中部、西南、西北六大区域。报告从民营企业的角度指出："营商环境指标的排名靠前说明该地政府提供的政策环境有利于商业运营，但并不意味着政府对企业约束较少，而是其约束的方式较为高效，给企业造成的负担较小。"从营商便利度来看，全国存在明显的地区差异。未改革地区与先进地区的差距加大。报告总结了这些城市的改革情况，从2006年到2007年年初，地方政府共进行了与营商环境有关的53项改革。

中国政府重视世界银行营商环境评估与新一轮的政府改革密切相关。从目前可以查到的中国共产党和政府的规范性文件，"营商环境"一词最早出现在2013年11月12日中国共产党第十八届中央委员会第三次全体会议通过的《中共中央关于全面深化改革若干重大问题的决定》，该决定指出："推进国内贸易流通体制改革，建设法治化营商环境。"随后，该词开始频繁出现在党和政府的报告与规范性文件中。例如：2014年3月

---

① 倪鹏飞：《中国城市拿什么吸引投资者——2008中国营商环境报告摘要》，《资本市场》2008年第5期。

"两会"李克强总理作的政府工作报告指出："坚持积极有效利用外资，推动服务业扩大开放，打造内外资企业一视同仁、公平竞争的营商环境，使中国继续成为外商投资首选地。"2015年3月"两会"李克强总理作的政府工作报告指出："修订外商投资相关法律，健全外商投资监管体系，打造稳定公平透明可预期的营商环境。"习近平总书记在2015年12月18日召开的中央经济工作会议上指出："努力畅通内外两个市场，完善法治化、国际化、便利化的营商环境，创建内外贸融合发展平台，提高内贸流通对外开放水平，支持流通企业走出去，引导境外消费回流，促进国内外市场联动融合发展。"2017年7月17日，习近平总书记在主持中央财经领导小组第16次会议上指出："营造稳定公平透明、可预期的营商环境。"此时语境下的营商环境概念更多集中于内外贸易和外商投资的经营环境。

李克强总理2017年6月13日在全国深化简政放权放管结合优化服务改革电视电话会议上指出："这几年，我国营商环境纵向比已有不少改善，但横向比，根据世界银行排名，中国在全球190个经济体中仍排第78位，不仅落后于发达经济体，甚至也落后于许多发展中国家。现在有些省份逐项对标世界银行评价指标，提出深化'放管服'改革、改善营商环境的措施。各地都应该这么做，既要积极抓项目建设，更要着力抓环境建设，由过去追求优惠政策'洼地'转为打造公平营商环境的'高地'。"李克强总理在这次讲话中明确提到了我国在世界银行营商环境评估中的排名情况，认为排名靠后，甚至落后许多发展中国家。并认为有些省份逐项对标世界银行评价指标，制定改善营商环境的措施。此后，改善我国的营商环境与我国政府推行的"放管服"改革形成联动机制，将"放管服"改革的许多涉及企业的改革紧密联系世界银行营商环境评估指标体系，制定了大量的具体的甚至可以量化的改革措施。从以后的政府工作报告"营商环境"一词出现的频率可知这几年的改革力度：2018年出现4次，2019年出现5次，2020年出现1次，2021年出现4次。2018年李克强总理对5年来中央政府在营商环境方面取得的改革成绩作了总结：国务院部门行政审批事项削减44%，非行政许可审批彻底终结，中央政府层面核准的企业投资项目减少90%，行政审批中介服务事项压减74%，职业资格许可和认定大幅减少。中央政府定价项目缩减

80%，地方政府定价项目缩减 50% 以上。全面改革工商登记、注册资本等商事制度，企业开办时间缩短 1/3 以上。创新和加强事中事后监管，实行"双随机、一公开"，随机抽取检查人员和检查对象、及时公开查处结果，提高了监管效能和公正性。推行"互联网+政务服务"，实施一站式服务等举措。营商环境持续改善，市场活力明显增强，群众办事更加便利。

三 中国的改革措施与改革效果

中国关于营商环境的改革可以分为法律法规（包括最高人民法院的司法解释）的制定与修订完善和政府规制改革政策两个方面。政府规制改革政策又可分为党中央和国务院、中央政府主管部门与地方政府三个层面。

（一）制定新法

1. 《民法典》

《民法典》于 2020 年 5 月 28 日由第十三届全国人民代表大会第三次会议通过。《民法典》是在原民事单行法的基础上编纂而成，但也有许多制度创新。《民法典》制定过程中，立法机关表示《民法典（草案）》"进一步完善了担保物权制度，为优化营商环境提供法治保障"。我国党和政府一直主张建设法治化、国际化、市场化的营商环境，法治化的重要任务就是不断完善我国与营商环境有关的法律。《民法典》的制定就是完善法治化与市场化的重要措施。《民法典》还完善了民事主体制度，为市场主体的丰富性与多样化奠定了法治基础。

2. 《外商投资法》

《外商投资法》于 2019 年 3 月 15 日由第十三届全国人民代表大会第二次会议通过。该法在投资促进方面，规定："国家建立健全外商投资服务体系，为外国投资者和外商投资企业提供法律法规、政策措施、投资项目信息等方面的咨询和服务。""县级以上地方人民政府可以根据法律、行政法规、地方性法规的规定，在法定权限内制定外商投资促进和便利化政策措施。""各级人民政府及其有关部门应当按照便利、高效、透明的原则,简化办事程序,提高办事效率,优化政务服务,进一步提高外商投资服务水平。"《外商投资法》生效后,原《中外合资经营企业法》《外资企业法》《中外合作经营企业法》同时废止。

(二) 修订旧法

近几年来,根据建设法治化营商环境的要求,我国立法机关对一些涉及营商环境相关的法律进行了修订,为更好地营造良好的营商环境提供了法律制度的供给。修订的法律如下:《建筑法》《消防法》《电子签名法》《城乡规划法》《商标法》《反不正当竞争法》《行政许可法》《证券法》等,与营商环境优化的相关修订内容,将会在本书的相关章节进行引述,在此不再详细引证相关法律的修订内容。

(三) 制定新行政法规

1. 《不动产登记暂行条例》

国务院于2014年11月24日发布,该条例规定,国家实行不动产统一登记制度。不动产登记遵循严格管理、稳定连续、方便群众的原则。不动产权利人已经依法享有的不动产权利,不因登记机构和登记程序的改变而受到影响。该条例的内容包括:总则、不动产登记簿、登记程序、登记信息共享与保护、法律责任等。

2. 《优化营商环境条例》

国务院于2019年10月22日发布,该行政法规是我国政府顶层设计优化营商环境的政策系统集成之作,是中国优化营商环境的第一部综合性行政法规。该条例明确提出两个"最大限度减少":一是最大限度减少政府对市场资源的直接配置,二是最大限度减少政府对市场活动的直接干预。提出优化营商环境应当坚持市场化、法治化、国际化原则,以市场主体需求为导向,以深刻转变政府职能为核心,创新体制机制、强化协同联动、完善法治保障,对标国际先进水平,为各类市场主体投资兴业营造稳定、公平、透明、可预期的良好环境。该条例的主要内容分为"总则""市场主体保护""市场环境""政务服务""监管执法""法治保障"六大部分,是我国政府发布的优化营商环境的一部内容全面、体系健全的行政法规。

3.《市场主体登记管理条例》

国务院于 2021 年 4 月 14 日发布，该行政法规对原有的几部法规《公司登记管理条例》《企业法人登记管理条例》《合伙企业登记管理办法》《农民专业合作社登记管理条例》《企业法人法定代表人登记管理规定》进行了整合，形成了全国统一市场主体登记管理规则。统一的市场主体登记管理条例，规范了市场主体登记的程序与条件，为开办企业提供了便利，回应了世界银行营商环境评估指标体系"开办企业"在程序、时间、成本方面的要求。《外商投资法实施条例》经 2019 年 12 月 12 日国务院第 74 次常务会议通过，自 2020 年 1 月 1 日起施行。

（四）修订原有行政法规

国务院在制定一系列优化营商环境的行政法规与规制改革政策时，也着手对原有的与现行的营商环境政策相悖的行政法规进行修订。修订的行政法规有：《注册建筑师条例》《建设工程质量管理条例》《公共场所卫生管理条例》《所得税法实施条例》《国境卫生检疫法实施细则》《外国民用航空器飞行管理规则》《国境口岸卫生监督办法》《外国籍船舶航行长江水域管理规定》《船舶和海上设施检验条例》《国际航行船舶进出中华人民共和国口岸检查办法》《契税暂行条例》《内河交通安全管理条例》《进出口商品检验法实施条例》《渔港水域交通安全管理条例》《国际海运条例》等。这些行政法规的修订内容，将会在本书不同章节中进行引述。

（五）党中央、国务院优化营商环境的改革政策

党中央与国务院近几年就如何优化中国的营商环境进行了一系列的改革，这些改革措施的载体主体是党中央与国务院发布的政策文件。主要有：（1）《中共中央关于全面深化改革若干重大问题的决定》（2013 年 11 月 12 日）；（2）《中共中央　国务院关于营造更好发展环境支持民营企业改革发展的意见》（2019 年 12 月 4 日）；（3）《中共中央　国务院关于新时代加快完善社会主义市场经济体制的意见》（2020 年 5 月 11 日）；（4）《中共中央　国务院关于推进贸易高质量发展的指导意见》（2019 年 11 月 29 日）；（5）《中共中央　国务院关于构建更加完善的要素市场化配置体制机制的意见》（2020年3月30日）；（6）《国务院办公厅关于印发加强信用信息共享应用促进中小微企业融资实施方案的通知》（国办发〔2021〕52号）（2021年12月22日）；（7）《国务院关于深化"证照分离"改革进一步激发市场主体发展活力的通知》（国发〔2021〕7号）（2021年6月3日）；（8）《国务院关于上海市浦东新区开展"一业一证"改革试点大幅降低行业准入成本总体方案的批复》（国函〔2020〕155号）（2020年11月14日）；（9）《国务院关于加强和规范事中事后监管的指导意见》（2019年9月16日）；（10）《国务院办公厅关于印发全国深化放管服改革优化营商环境电视电话会议重点任务分工方案的通知》（国办发〔2019〕39号）（2019年8月1日）；（11）《国务院办公厅关于聚焦企业关切进一步推动优化营商环境政策落实的通知》（国办发〔2018〕104号）（2018年11月2日）；（12）《国务院办公厅关于进一步优化营商环境更好服务市场主体的实施意见》（国办发〔2020〕24号）（2020年7月21日）；（13）《国务院办公厅关于进一步完善失信约束制度构建诚信建设长效机制的指导意见》（国办发〔2020〕49号）（2020年12月7日）；（14）《国务院办公厅关于进一步加大对中小企业纾困帮扶力度的通知》（国办发〔2021〕45号）（2021年11月23日）；（15）《国务院办公厅关于建立政务服务好差评制度提高政务服务水平的意见》（国办发〔2019〕51号）（2019年12月18日）；（16）国务院办公厅印发《全国深化"放管服"改革优化营商环境电视电话会议重点任务分工方案》（2020年11月11日）；（17）国务院办公厅印发《关于深化商事制度改革进一步为企业松绑减负激发企业活力的通知》（2020年9月11日）等。

（六）最高人民法院制定、修订与营商环境相关的司法解释与司法政策

最高人民法院近几年来制定、修订与优化营商环境有关的司法解释有：（1）《关于适用〈中华人民共和国公司法〉若干问题的规定（五）》（2019年4月29日）；（2）《关于审理证券市场虚假陈述侵权民事赔偿案件的若干规定》（2022年1月22日）；（3）《关于适用〈中华人民共和国民法典〉有关担保制度的解释》（2020年12月25日）；（4）《关于适用〈中华人民共和国企业破产法〉若干问题的规定（三）》

(2019年3月28日);(5)《关于修订〈严格规范民商事案件延长审限和延期开庭问题的规定〉的决定》(2019年3月28日);(6)《关于为改善营商环境提供司法保障的若干意见》(法发〔2017〕23号)(2017年8月7日);(7)《关于强制清算与破产案件单独绩效考核的通知》(2019年2月28日);(8)《关于互联网法院审理案件若干问题的规定》(2018年9月6日);(9)《关于人民法院立案、审判与执行工作协调运行的意见》(2018年5月28日);(10)《关于人民法院通过互联网公开审判流程信息的规定》(2018年3月4日);(11)《关于全面加强知识产权司法保护的意见》(法发〔2020〕11号)(2020年4月15日)等。

(七) 中央部委制定了一系列放松政府规制的部门规章

优化营商环境,需要对原有的不合理的,与营商环境评估指标体系相悖的部门规制进行改革,同时,制定新的符合营商环境评估指标要求的部门规章。此部分涉及的内容较多,与营商环境的政策相关的中央各部委均有涉及,在此不赘述,有关部门规章在本书章节论述相关内容进行引述。

(八) 地方政府的规制改革政策

世界银行发布的《全球营商环境报告》中国部分所采取的数据来源于北京与上海两座城市,上海占55%,北京占45%。近几年来,北京与上海两市政府对照营商环境评估指标体系找差距寻短板,有针对性地出台地方规制改革政策,通过不断地改进,两座城市的相关得分近几年不断上升。总体上看,中国在《全球营商环境报告》排名大幅度上升,与北京、上海在相关领域里的改革卓有成效密不可分。同时,北京、上海两市的改革措施也成为其他城市效仿与学习的对象,有些成功经验也被中央政府及相关部委制定行政法规、部门规章及有关政策时吸引采纳。北京、上海成为我国优化营商环境改革的先行者与排头兵。鉴于北京与上海两市政府及有关部门发布的规制改革政策,已公开出版的著述中多有引述,本书不再系统进行引述,本书章节只是引述了部分最新发布的相关政策。

(九) 改革效果

中国政府近几年有关优化营商环境的改革取得了实际的效果，最显著的成绩就是中国在世界银行《全球营商环境报告》中的总体排名一直上升，2015年排名第90位，2016年排名第84位，2017—2018年排名第78位，2019年排名第46位，2020年排名第31位。世界银行专家指出："中国在营商环境上总得分可以和欧洲的一些国家相媲美，比如法国、瑞士，这是我们之前想都不敢想的表现。"

2020年的世界银行《全球营商环境报告》的10项评估指标中，中国有8项指标排名上升，比2019年多1项。其中，办理建筑许可排名从第88位提升至第33位，保护中小投资者排名从第36位提升至第28位，办理破产排名从第10位提升至第51位，跨境贸易排名从第9位提升至第56位，纳税排名从第9位提升至第105位，获得电力从第2位提升至第12位，执行合同排名从第1位提升至第5位，开办企业排名从第1位提升至第27位。一年来的改革亮点纷呈：将公司印章发放完全纳入企业注册登记一站式服务；简化对低风险工程建设项目的施工许可证要求，缩短供排水接入时间；精简办理接电流程，提高电费透明度；通过要求控股股东对不公平关联交易承担连带责任，明晰所有权和控制结构，加强了对少数投资者的保护；对小企业实行企业所得税优惠政策，降低某些行业的增值税税率，加强电子化纳税申报和缴纳系统；通过实行进出口货物提前申报、升级港口基础设施、优化海关行政管理和公布收费标准等措施，简化进出口程序；通过规定可给予的合同延期次数上限和将延期限于不可预见和例外情况，提升执行合同的便利度；通过规定破产程序启动后的债权优先规则和提升债权人在破产程序中的参与程度，提高办理破产的便利度；中国在施工许可证办理流程中取得了显著改善，提升了在该指标的全球排名。目前在中国办理施工许可证耗时111天，在该指标的质量指数上得到15分的满分，高于东亚地区132天和9.4分的平均水平；中国加强少数投资者保护机制，全球排名上升至第28位，高于地区平均排名第99位和经合组织高收入经济体平均排名第46位；中国近期的改革为其在执行合同效率最高的经济体中获得一席之地。本地企业家解决商业纠纷平均耗时496天，费用为索赔金额的16.2%，均好于地区平均水平。中国改善了司法行政质量，目前在这一指标的满分18分中得分17分，世界上没有哪个经济体超过这一分数。在2019年的改革基础上，中国目前在获得电力方面全球排名第12位，显著好于地区其他经济体。中国企业接电需要两个环节，耗时32天，仅为地区平均4.2个环节和耗时63天的一半。

四 本书的结构与内容

本书是上海市哲学社会科学规划课题"世界银行营商环境评估标准的法律问题研究"（2018BFX010）的阶段性研究成果，因此，本书的章节内容基本上按照《全球营商环境报告》内容进行设计，按照开办企业、办理施工许可证、获得电力、登记财产、获得信贷、保护少数投资者、跨境贸易、缴纳税费、执行合同、办理破产设立10章；每章按照世界银行营商环境报告分述：评估指标体系、中国评估指数的排名情况、中国在相关问题方面的法律法规及制度演进、政府的相关规制制度改革、法律法规修订与政府规制改革的效果、未来改革展望等内容。

第一章

开办企业

一 开办企业评估指标体系

开办企业是世界银行评估一个国家营商环境的"起点"。世界银行对开办企业设立了一系列评估指标,评估的前提是要假设一家大概适用于全球所有国家的企业类型。

世界银行《全球营商环境报告》对开办企业设置了三个评估维度:开办企业所需要经过的程序、需要的时间、支付的成本。程序包括开办企业者获得所有必要的批准、许可证、完成任何必要的通知时所经历的过程;成本包括实收的最低资本要求,以及开办过程中支付的其他费用。各经济体的创业容易程度排名是根据它们的创业得分来决定的。这些分数是每个组成指标分数的简单平均值。开办企业中假设的企业是开办一家有限责任公司,或者法律上的同等法律实体。开办企业的评估指标体系如下。

第一,合法开办和运营公司所需的程序(数量)

预先注册(例如,名称验证或预约、公证);在经济体最大的商业城市注册;注册后事项(例如,社会保险登记、公司印章);获得配偶的许可;注册企业;获取任何用于公司注册和运营的特定性文件或者国民身份。

第二,完成每项程序所需的时间(日历天数)

不包括收集信息的时间;每项程序从单独的日期开始(两项程序不能在同一天开始);全部在网上完成的程序记为0.5天,收到最终文件即视为程序已完成。

第三，完成每项程序所需的成本（占人均收入百分比）

仅为官方费用，不包括贿赂；无专业人士服务费，除非法律规定或实践中通常要求。

第四，在注册前或在注册后3个月内存入银行或第三方的资金

二 中国开办企业评估指数排名情况

（一）中国企业开办评估指数世界排名进展情况

2013年中国在《全球营商环境报告》的总体排名为第96位，企业开办评估指数排名第158位，开办一家企业需要走13个程序，需要33天时间。2016年企业开办指数排名为第136位。此后排名顺序逐年上升。2015年至2020年的排名情况如下：2015年排名第128位，2016年排名第136位，2017年第127位，2018年第93位，2019年排名第28位，2020年排名第27位。相应的指标如开办企业的程序、时间、成本、最低实缴资本都有不同程度的变化。

（二）2020年中国排名及与其他经济体比较

表1-1　　　　　2020年中国排名及与其他经济体比较

指标	北京	上海	中国	东亚及太平洋地区	OECD高收入经济体	最佳表现
程序（数量）	3	4	4	6.5	4.9	1（2个经济体）
时间（天数）	8	9	9	25.6	9.2	0.5（新西兰）
成本（占人均收入百分比）	0.7	1.4	1.1	17.4	3.0	0（2个经济体）
得分	95.1	93.3	94.1			
排名			27			

（三）中国开办企业存在的问题

中国在开办企业这一项上自2018年以来得分明显上升，排名上升速

度也很快,与近几年来中国立法机关和政府在修订相关法律,进行大规模的政府规制改革密切相关。虽然中国一直进行着商事制度改革,但根据世界银行营商环境评估指标体系进行有针对性的改革,还是从2018年开始的。这几年的商事制度改革,其问题导向十分明显,所有的改革措施都是从现实存在的问题出发的。根据世界银行营商环境评估指标体系,中国在开办企业方面存在如下问题。

1. 开办企业审批多

一般情况下,开办企业要确定企业的经营范围,并将企业的经营范围标明在营业执照上。中国企业的经营范围可分为一般经营项目和许可经营项目,一般经营项目只要符合企业设立条件均可经营,无须审批;许可经营项目则需要经过审批后才能经营。审批又分为前置审批与后置审批,前者只有先取得经营许可证后才能领取营业执照,后者则是可以先申请经营执照,再去申请经营许可证。

过去中国政府主管部门对企业经营约束较紧,曾经有69项经营项目需要前置审批。虽然经过改革开放以来几十年的多次改革,许多需要审批的经营项目已经取消审批,但与发达国家在营商环境方面相比,还存在较大的差距。在优化营商环境改革之前,大量的前置审批项目的存在,对开办企业设置了许多阻碍,要提高开办企业的效率,缩短开办企业的流程,必须对行政审批制度进行改革。

2. 开办企业环节多

中国实行开办企业流程改革之前,开办公司流程如下:(1)到工商局领取企业名称预先核准申请表,并出具企业名称预先核准通知书;(2)到会计师事务所领取银行征询函;(3)去银行开立公司验资户;(4)办理验资报告;(5)到工商局办理营业执照;(6)凭营业执照,到公安局指定的刻章社刻单位公章、财务章;(7)凭营业执照到技术监督局办理组织机构代码证;(8)凭营业执照、组织机构代码证到银行开立基本账户;(9)进行税务登记;(10)购买发票。

3. 开办企业时间长

由于开办企业时需要等待行政审批、经过诸多环节,开办企业的时间自然会长。如根据世界银行营商环境报告的统计,2015年至2018年中国开办企业的时间分别为29.4天、29.4天、26.9天、22.9天。这是北京与上海两个中国商业最发达的城市开办企业的天数，不是全国的平均数。

4. 开办企业成本高

全国人大常委会 2013 年 12 月 28 日对《公司法》作了修订，除法律、行政法规以及国务院决定对公司注册资本最低限额另有规定外，取消了有限责任公司最低注册资本 3 万元、一人有限责任公司最低注册资本 10 万元、股份有限公司最低注册资本 500 万元的限制。公司最低注册资本的取消，大大降低了开办企业的成本，极大地鼓励人们创业兴业。但开办企业过程中，开办者还要缴纳不少规费。如《公司登记管理条例》（2014 年修订版）第 55 条规定，公司办理设立登记、变更登记，应当按照规定向公司登记机关缴纳登记费。领取《企业法人营业执照》的，设立登记费按注册资本总额的 0.8‰缴纳；注册资本超过 1000 万元的，超过部分按 0.4‰缴纳；注册资本超过 1 亿元的，超过部分不再缴纳。领取《营业执照》的，设立登记费为 300 元。变更登记事项的，变更登记费为 100 元。申请人还要缴纳刻章费、资料费、复印费，等等。

三　中国开办企业法律法规及制度演进

在中国开办私人企业，可以选择的企业形式有公司、合伙企业、个人独资企业，对应相关的法律为《公司法》《合伙企业法》《个人独资企业法》。下面结合相关的行政法规、司法解释与部门规章，对涉及开办企业的有关法律法规及其演变情况作详细介绍。

（一）开办公司

中国《公司法》准许设立两种公司形式：有限责任公司与股份有限公司。《公司法》第 3 条规定，有限责任公司的股东以其认缴的出资额为限对公司承担责任；股份有限公司的股东以其认购的股份为限对公司承担责任。有限责任公司股东可由 50 人以下的股东组成。1 人可以设立一人有限责任公司。

中国公司法规定的公司注册制度，从 1993 年制定《公司法》以来经过了几次变革。1993 年《公司法》实行法定资本制，规定了最低资本出资额。有限责任公司的最低出资额，《公司法》第 23 条规定："有限责任公司的注册资本为在公司登记机关登记的全体股东实缴的出资额。有限责任公司的注册资本不得少于下列最低限额：（1）以生产经营为主的公司人民币 50 万元；（2）以商品批发为主的公司人民币 50 万元；（3）以商业零售为主的公司人民币 30 万元；（4）科技开发、咨询、服务性公司人民币 10 万元。特定行业的有限责任公司注册资本最低限额需高于前款所定限额的，由法律、行政法规另行规定。"关于股份有限公司的注册资本，《公司法》第 78 条规定："股份有限公司的注册资本为在公司登记机关登记的实收股本总额。股份有限公司注册资本的最低限额为人民币 1000 万。股份有限公司注册资本最低限额需高于上述所定限额的，由法律、行政法规另行规定。"在当时的经济发展水平下，公司设立的门槛很高，公司发起人或者创业者，需要筹集很大一笔资金才能设立公司。注册资金采用实缴制，需要一次性缴纳，不允许分期缴纳。《公司法》还规定了出资的方式，出资方式包括货币出资、实物、工业产权、非专利技术、土地使用权作价出资。以工业产权、非专利技术作价出资的金额不得超过公司注册资本的 20%，国家对采用高新技术成果有特别规定的除外。股东或者发起人必须一次性全部实缴公司章程规定的注册资本，不允许分期缴纳。出资方式只有五种，无形资产出资比例不得超过注册资本的 20%。1993 年，中国城镇居民人均可支配收入为 2577 元。股东出资之后，需要经过法定的验资机构出具证明，《公司法》第 26 条规定："股东全部缴纳出资后，必须经法定的验资机构验资并出具证明。"[1] 这也是公司设立登记的前提条件，在设立登记时需要提交验资证明，《公司法》对此作了具体规定。

为了配合公司登记工作，国务院于 1994 年 6 月 24 日发布了《公司登记管理条例》。从行政管辖来看，公司登记管辖分为三级管辖体制：国家级、省级、市县级，一般性公司由市、县登记管辖，市、县登记管辖的具体登记事宜，由省级政府规定。公司的登记事项包括：名称、住所、法定代表人、注册资本、企业类型、经营范围、营业期限、有限责任公

---

[1] 薛波：《改革开放 40 年中国公司资本制度立法的嬗变与启示》，《人文杂志》2019 年第 3 期。

司股东或者股份有限公司发起人的姓名或者名称。公司设立登记的程序与每个程序的时间为：

1. 公司名称预先核准

公司名称须由设立者预先申请并经名称预先核准，自然人申请设立公司，自行申请即可，法律、行政法规规定设立公司必须报经审批或者公司经营范围中有法律、行政法规规定必须报经审批的项目的，应当在报送审批前办理公司名称预先核准，并以公司登记机关核准的公司名称报送审批。《公司登记管理条例》第 15 条规定了申请核准公司名称应提交的材料，公司登记机构收到相关材料之日起 10 日内作出核准或者驳回的决定。公司登记机关决定核准的，应当发给《企业名称预先核准通知书》。名称预先核准时间最多为 10 天。

2. 申请设立登记

《公司登记管理条例》第 17 条规定了设立有限公司的条件，第 18 条规定了设立股份有限公司的条件，除了这些条件之处，法律、行政法规规定设立有限责任公司和股份有限公司必须报经审批的，还应当提交有关的批准文件。

3. 登记机关颁发《公司登记受理通知书》

公司登记机关收到申请人提交的符合《公司登记管理条例》规定的全部文件后，发给《公司登记受理通知书》，公司登记机关自发出该通知书之日起 30 日内，作出核准登记或者不予登记的决定。公司登记机关核准登记的，应当自核准登记之日起 15 日内通知申请人，发给、换发或者收缴《企业法人营业执照》或者《营业执照》。公司登记机关不予登记的，应当自作出决定之日起 15 日内通知申请人，发给《公司登记驳回通知书》。此程序最长时间为 45 天。

4. 登记成本

《公司登记管理条例》规定，申请办理设立登记、变更登记，应当按照规定向公司登记机关缴纳登记费。具体的费用标准如下：领取《企业法人营业执照》的，设立登记费按注册资本总额的 1‰ 缴纳；注册资本超过 1000 万元的，超过部分按 0.5‰ 缴纳；注册资本超过 1 亿元的，超过部分不再缴纳。

5. 营业执照成本

设立登记费为300元。变更登记事项的，变更登记费为100元。

2005年修订的《公司法》调整了公司的资本制度，主要修订了实缴资本制，增加了公司的出资形式，规定有限责任公司首次实缴资本不得低于注册资本的20%，其余部分可以自公司成立之日起2年之内缴足，投资公司可以在5年内缴足。修订的《公司法》取消了分类规定有限责任公司出资额的规定，将有限责任公司最低注册资本降至3万元，在一定程度上放宽了对资本缴纳的管制，但仍旧保留了最低实缴资本的规定。全体股东的货币出资金额不得低于有限责任公司注册资本的30%。《公司法》允许设立 人有限责任公司，一人有限责任公司的注册资本最低限额为10万元人民币，股东一次性缴足出资额。股份有限公司注册资本的最低限额调整为人民币500万元。2005年中国城镇居民人均可支配收入为10493元。

随后，2005年12月18日国务院对《公司登记管理条例》进行了修订，修订的《公司登记管理条例》根据修订后的《公司法》申请时提交的文件材料作了增减，登记过程中各个环节的时间节点进行了调整，此外，降低了公司登记的费用成本，领取《企业法人营业执照》的，设立登记费按注册资本总额的0.8‰缴纳；注册资本超过1000万元的，超过部分按0.4‰缴纳；注册资本超过1亿元的，超过部分不再缴纳。

2013年修订的《公司法》修订了注册资本出资制度，将实缴制改为认缴制，修订了法定最低资本额的限制性规定，不再限制股东或者发起人首次缴纳数额以及分期缴纳期限，同时取消了验资程序和证明条款。2013年中国城镇居民人均可支配收入为29547元。

2014年2月19日，国务院发布了新修订的《公司登记条例》。2016年2月6日国务院再次修订了《公司登记管理条例》，删除了原《公司登记管理条例》第55条的规定，不再收取公司登记费用，包括设立登记费与营业执照费均不收取。

从以上《公司法》与《公司登记管理条例》的修订变化可知，传统公司法采用严格的法定资本制，政府强制干预公司资本，中国立法机关亦采纳此种立法思路。但在现实生活中，严格的法定资本制并没有真正起到维护市场信用，保护公司债权人的实际作用。一是公司设立者可以采用规避法律的手法进行虚假出资，抽逃出资，导致公司的真实出资与名义出资的分离。二是即使公司的出资真实到位，公司从设立到实际运营需要经过一段时间，在这段时间内公司也不需要注册资本那么多的资金，造成出资人资金的占用与资金投资可能造成的损失。三是保护债权人利益主要依赖的是公司资产而不是公司的注册资本。在有限责任公司的经营中，公司的注册资本因公司的经营成本支付及流动性资金的需要很快消耗掉，实际起不到保护公司债权人的作用。况且，过高的公司设立门槛，在很大程度上打击了投资者和创业者的积极性，提高了企业的融资成本，妨碍了企业的自主经营权，违反了市场经济规律，不利于建立良好营商环境。需要多少资本才能设立公司应当由投资者自主决定，而非由法律进行强行限制。[①] 公司认缴制度改革，废除注册资本最低限额要求，简化了设立公司的程序，放松了政府对市场准入的管制，为投资者和企业营造一种自由、公平的市场环境。在完全认缴制下，不仅要简政放权，还要法律制度之间相互配套，才能打造良好营商环境，有效推动中国市场经济的发展。

（二）开办合伙企业

合伙企业，是指自然人、法人和其他组织依照《合伙企业法》在中国境内设立的普通合伙企业和有限合伙企业。中国的合伙企业分为普通合伙企业和有限合伙企业。普通合伙企业由普通合伙人组成，合伙人对合伙企业债务承担无限连带责任。有限合伙企业由普通合伙人和有限合伙人组成，普通合伙人对合伙企业债务承担无限连带责任，有限合伙人以其认缴的出资额为限对合伙企业债务承担责任。

《合伙企业法》第 14 条规定了合伙企业的设立条件。合伙人可以用货币、实物、知识产权、土地使用权或者其他财产权利出资，也可以用劳务出资。

国务院于 1997 年 11 月 19 日颁布《合伙企业登记管理办法》。合伙企业的登记分两级政府管理，国务院工商行政部门主管全国的合伙企业登记工作，市、县工商行政管理机关负责本辖区内的合伙企业登记工作。

[①] 施天涛：《公司资本制度改革：解读与辨析》，《清华法学》2014 年第 5 期。

该办法第8条规定了申请设立合伙企业应当提交的文件材料。企业登记机关应当自收到申请人依照前述规定提交的全部文件之日起30日内，作出核准登记或者不予登记的决定。该办法没有规定登记机关可以收取登记费用。

1997年《合伙企业法》只规定了普通合伙企业。2006年立法机关对《合伙企业法》进行了修订，增加了有限合伙企业，因此，合伙企业的定义也发生了变化。新的《合伙企业法》对普通合伙企业设立的条件基本上没有实质性的变化，只是强调合伙人为自然人的，应当具有完全民事行为能力。有限合伙企业由2个以上50个以下合伙人设立，法律另有规定的除外。有限合伙企业至少应当有1个普通合伙人。该法对两种类型的合伙企业的出资数额均未作明确的规定，由合伙协议约定。相应地，国务院于2007年5月9日对《合伙企业登记办法》进行了修订，修订的主要内容是根据两类不同的合伙企业的登记要求进行规定，其他没有作实质性的修订。

（三）开办个人独资企业

个人独资企业，是指依照《个人独资企业法》在中国境内设立，由一个自然人投资，财产为投资人个人所有，投资人以其个人财产对企业债务承担无限责任的经营实体。《个人独资企业法》第10条规定个人独资企业设立申请书应当载明的事项。登记机关应当在收到设立申请文件之日起15日内，对符合本法规定条件的，予以登记，发给营业执照；对不符合本法规定条件的，不予登记，并应当给予书面答复，说明理由。该法也未规定登记机关可以收取费用。

原国家工商行政管理局于2000年1月13日发布《个人独资企业登记管理办法》，登记应提交的材料以及答复是否登记的时间，与《合伙企业法》的规定相同。登记的管辖权分为三级：国家工商行政管理局主管全国个人独资企业的登记工作；省级工商行政管理部门负责本地区个人独资企业的登记工作；市、县（区）工商行政管理部门负责本辖区内的个人独资企业登记。2019年8月8日，国家市场监管总局对该办法进行了修订，主要修订内容为将原国家工商行政管理局改为国家市场监督管理总局。

世界银行《全球营商环境报告》对于"开办企业"的假设明确表示企业是"一个有限责任公司",但在括号里又指明"或同等法律实体"。由于世界银行建立营商环境评估指标体系的主要目的是要改善中小企业的营商环境,从而达到促进中小企业发展的目的,因此,根据中国的实际情况,中小企业尤其是小型企业,在中国除了有限责任公司,有些规模较小的股份有限公司、合伙企业、个人独资企业也是重要的市场主体,占有较为重要的市场份额。最近几年中国政府出台的一系列优惠政策,如减税降费的优惠政策主要是针对这些小型企业的,因此,本章阐述开办企业的相关市场主体法律制度时,除了介绍有限责任公司,还介绍了股份有限公司 [根据国家立法机关颁布的《公司法修订草案》(征求意见稿),将来允许设立一人股份有限公司]、合伙企业、个人独资企业的开办情况,这样才能比较符合中国的国情。根据国务院于 2021 年 7 月 27 日颁布的《市场主体登记管理条例》,中国的市场主体包括在中国境内以营利为目的的从事经营活动的下列自然人、法人及非法人组织:公司、非公司企业法人及其分支机构;个人独资企业、合伙企业及其分支机构;农民专业合作社(联合社)及其分支机构;个体工商户;外国公司分支机构;法律、行政法规规定的其他市场主体。基于篇幅的原因,其他的市场主体形式本书不作论述。

(四)建立统一的市场主体登记制度

之前中国的企业登记制度采取分类登记模式,即每一类型的企业按照相对应的企业登记规则进行登记注册。为进一步优化营商环境,国务院于 2021 年 7 月 27 日发布《市场主体登记条例》,针对所有的市场主体进行统一登记制度。该行政法规分为总则、登记事项、登记规范、监督管理、法律责任。该条例生效后,原来的几部行政法规与部门规章《公司登记管理条例》《企业法人登记管理条例》《合伙企业登记管理办法》《农民专业合作社登记管理条例》《企业法人法定代表人登记管理规定》同时废止。

四 政府开办企业规制制度改革

世界银行《全球营商环境报告》对开办企业的评估指标体系从四个维度展开：开办企业的程序、时间、成本和最低实缴资本数额。中国通过修订《公司法》，对设立有限责任公司不再要求最低实缴资本，开办其他市场主体如合伙企业、个人独资企业也不要求最低实缴资本。相应地，《公司登记管理条例》也将有限责任公司的登记费用全部取消。立法方面的改进，成为中国近几年来商事制度改革的亮点，营商环境评估结果也取得了很好的成绩，最低实缴资本近几年都是满分，开办企业的成本费用也降到最低，申请人只需付几毛钱的成本。近几年政府在开办企业方面进行的规制改革重点发力的方面是减少开办企业的审批环节，即减少流程，同时，压缩相关部门的审批时间，提高效率，这两方面取得了很大的进步。此部分介绍政府在开办企业的规制程序与压缩时间方面的改革措施。

（一）企业注册登记制度改革

在开办企业的四项指标中，最低实缴资本为零，这项指标中国已经达到世界最高水平，原因在于中国在2014年就完成了注册资本登记制度改革。

国务院于2014年2月7日发布《关于印发注册资本登记制度改革方案的通知》（国发〔2014〕7号），要求省级人民政府和国务院各部委改革工商登记制度，推进工商注册制度便利化。根据该改革方案，主要内容是放松市场主体准入管制，优化营商环境。一是实行注册资本认缴登记制。公司股东认缴的出资总额或者发起人认购的股本总额（即公司注册资本）应当在工商行政管理机关登记。除改革方案附件"暂不实行注册资本认缴登记制的行业"外，其他行业均可以实行注册资本认缴登记制。注册资本认缴登记信息通过市场主体信用信息公示系统向社会公示。公司股东（发起人）对缴纳出资情况的真实性、合法性负责。取消或者放宽了公司最低注册资本的要求。除法律、行政法规以及国务院决定对特定行业注册资本最低限额另有规定的外，取消有限责任公司最低注册资本3万元、一人有限责任公司最低注册资本10万元、股份有限公司最低注册资本500万元的限制。不再限制公司设立时全体股东（发起人）的首次出资比例，不再限制公司全体股东（发起人）的货币出资金额占注册资本的比例，不再规定公司股东（发起人）缴足出资的期限。公司登记时，无须提交验资报告。二是改革年度检验验照制度。将企业年度检验制度改为企业年度报告公示制度。改革个体工商户验照制度，建立符合个体工商户特点的年度报告制度。三是简化住所（经营场所）登记手续。申请人提交场所合法使用证明即可予以登记。四是推行电子营业执照和全程电子化登记管理。建立适应互联网环境下的工商登记数字证书管理系统，积极推行全国统一标准规范的电子营业执照，为电子政务和电子商务提供身份认证和电子签名服务保障。电子营业执照载有工商登记信息，与纸质营业执照具有同等法律效力。大力推进以电子营业执照为支撑的网上申请、网上受理、网上审核、网上公示、网上发照等全程电子化登记管理方式，提高市场主体登记管理的信息化、便利化、规范化水平。

（二）建立市场准入负面清单制度

建立负面清单制度首先是满足双边贸易协定的要求，"负面清单是私法自治的集中体现"。[①] 国务院于2014年7月9日发布《关于促进市场公平竞争维护市场正常秩序的若干意见》，要求改革市场准入制度，国务院以清单方式明确列出禁止和限制投资经营的行业、领域、业务等，清单以外的，各类市场主体皆可依法平等进入；地方政府需进行个别调整的，由省级政府报经国务院批准。国务院于2015年10月19日发布《关于实行市场准入负面清单制度的意见》（国发〔2015〕55号），制定了负面清单制度的实施步骤。中国的负面清单制度从自由贸易试验区开始探索，国家发改委与商务部自2016年发布《市场准入负面清单草案（试点版）》，在福建、广东、天津等地的自贸区开展试点工作。2018年正式发布，此后每年更新，总的趋向是逐渐减少负面清单里禁止进入的领域，增加市场主体准入的范围，"非禁即入"。如2020年版的负面清单中，相

---

① 王利明：《负面清单管理模式与私法自治》，《中国法学》2014年第5期。

比 2018 年版的禁入事项缩减 28 项，与 2016 年的试点版减少了 205 项。2021 年版比 2020 年版禁止准入与许可准入事项减少了 6 项，2022 年版与 2021 年版保持不变。有学者指出，我国的负面清单制度仍然存在认识不到位、制度的透明度不高、监管存在明显不足等问题。①

（三）企业"证照分离"改革

中国过去申请企业经营执照时，采"证照合一"模式，开办企业时，申请人在向市场主管机关申请营业执照时，需要获得行政许可的经营事项必须事先获得经营许可证后才能申办营业执照。"证照分离"即工商营业执照和经营许可证相分离的商事登记制度，重在解决市场主体办证难的问题，克服"准入不准营"现象，使企业更便捷拿到营业执照并尽快正常运营。② 其实质是逐渐建立商事主体资格和经营资格相互分离的体系，区分行政登记与行政许可。企业"证照分离"制度改革是简政放权，深化放管服改革的重要举措，有利于精简开办企业的流程，放松市场管制，优化营商环境，激发市场活力和社会创造力。

证照分离改革首先在上海浦东新区进行试点。2015 年 12 月 16 日，国务院常务会议审议通过了《关于上海市开展证照分离改革试点总体方案》，决定在上海浦东新区率先开展"证照分离"改革试点。浦东新区从与企业经营活动密切相关的行政许可事项中，选择 116 项行政许可事项先行开展改革试验，分别按照直接取消审批、审批改为备案、实行告知承诺、提高审批的透明度和可预期性、加强市场准入管理进行改革。此项改革从解决"办照难"到解决"办证难"。2018 年 2 月，时任国家工商总局局长张茅表示，将通过证照分离改革，全程电子化等企业注册便利化措施，计划在北上广深等有条件的地方，将企业注册时间压缩到世界经合组织国家标准，即 8.5 天，达到世界中上先进水平。③ 国务院于 2018 年 9 月 27 日发布《关于在全国推开"证照分离"改革的通知》，从 2018

---

① 汪晓贺：《市场准入负面清单的制度困境及其完善路径》，《齐齐哈尔大学学报》（哲学社会科学版）2021 年第 12 期。
② 俞晓波：《以"证照分离"改革促进营商环境优化》，《学习时报》2019 年 6 月 4 日。
③ 《"证照分离"改革今年将全面推进有条件的地方企业注册时间将大幅压缩》，《经济日报》2018 年 3 月 2 日。

年 11 月 10 日起，在全国范围内对第一批 106 项涉企行政审批事项分别按照直接取消审批、审批改为备案、实行告知承诺、优化准入服务四种方式实施"证照分离"改革。国务院同时发布第一批全国推开"证照分离"改革的具体事项表，涉及 106 项的改革项目。

国务院于 2019 年 11 月 6 日发布《关于在自由贸易试验区开展"证照分离"改革全覆盖试点的通知》（国发〔2019〕25 号），国务院决定，在全国各自由贸易试验区对所有涉企经营许可事项实行清单管理，率先开展"证照分离"改革全覆盖试点。实现涉企经营许可事项全覆盖，建立清单管理制度，分级实施清单管理，分类推进审批制度改革。

国务院于 2021 年 6 月 3 日发布《关于深化"证照分离"改革进一步激发市场主体发展活力的通知》，要求自 2021 年 7 月 1 日起全国实施"证照分离"改革全覆盖。随后，中央有关部委如商务部、国家林业和草原局、公安部等相继发布了实施方案。

当前"证照分离"的重点是"照后减证"。从"先证后照"到"照后减证"，破解企业"准入不准营"难题，增强"放"的彻底性。"证照分离"改革的实质是将市场主体资格登记与经营资格登记进行剥离，使行政登记与行政许可区分开来，把经营自主权归还给企业，压缩行政权力对市场主体微观经济事务的干预空间，促进市场在资源配置中起决定性作用。[①] 政府要把更多精力从关注事前审批转到事中事后监管上来，实现智慧监管。事中事后监管对政府提出更高要求，各部门之间应当明晰监管责任，建立有效的联合惩戒机制，才能实现政府职能转变，在市场经济中的角色从传统的市场准入审查者转变为市场秩序者维护者。

（四）企业"多证合一"改革

企业"多证合一"改革经历了一个改革的过程，第一是"两证整合"。国家工商行政管理总局等四部门于 2016 年 8 月 29 日发布《关于实施个体工商户营业执照和税务登记"两证整合"的意见》，要求将个体工商户的营业执照证与税务登记证进行"两证整合"。两证合一针对的是个体工商户。第二是"三证合一"。国务院办公厅于 2015 年 6 月 23 日发布

[①] 俞晓波：《以"证照分离"改革促进营商环境优化》，《学习时报》2019 年 6 月 4 日。

《关于加快推进"三证合一"登记制度改革的意见》(国办发〔2015〕50号),要求通过"一窗受理、互联互通、信息共享",将由工商行政管理、质量技术监督、税务三个部门分别核发不同证照,改为由工商行政管理部门核发一个加载法人和其他组织统一社会信用代码的营业执照,即"一照一码"登记模式。"三证合一"针对的是所有企业。第三是"五证合一"。国务院办公厅于2016年6月30日发布《关于加快推进"五证合一、一照一码"登记制度改革的通知》(国办发〔2016〕53号),从2016年10月1日起,全国范围内实施"五证合一""一照一码"登记,各地将在原有的工商营业执照、组织机构代码证、税务登记证"三证合一"改革基础上,整合社会保险登记证和统计登记证,推进"五证合一"改革。这标志着源自"温州瓯海模式"的"五证合一"开始在全国推行。第四是"多证合一"。国务院办公厅于2017年5月5日发布《关于加快推进"多证合一"改革的指导意见》(国办发〔2017〕41号),在全面实施企业、农民专业合作社工商营业执照、组织机构代码证、税务登记证、社会保险登记证、统计登记证"五证合一、一照一码"登记制度改革和个体工商户工商营业执照、税务登记证"两证整合"的基础上,将涉及企业(包括个体工商户、农民专业合作社)登记、备案等有关事项和各类证照进一步整合到营业执照上,实现"多证合一、一照一码"。

自国务院办公厅《关于加快推进"多证合一"改革的指导意见》发布以来,全面实施"多证合一"改革,整合证照事项数量从"十证合一"到"五十六证合一"不等,累计整合100项涉企证照事项,改革取得了明显成效。全国层面仍然存在整合证照数量差异大、推进程度不均衡、数据共享不充分、营业执照跨区域跨部门应用存在障碍等问题。因此,国家工商行政管理总局等13个部门于2018年3月11日联合发布《关于推进全国统一"多证合一"改革的意见》(工商企注字〔2018〕31号),要求自2018年6月底起,全面推进全国统一"多证合一"改革。经全面梳理、逐项研究,工商总局等13个部门达成一致意见,在"五证合一"基础上,将19项涉企证照事项进一步整合到营业执照上,在全国层面实行"二十四证合一",整合的证照事项包括《粮油仓储企业备案》《保安服务公司分公司备案》《公章刻制备案》《资产评估机构及其分支机构备案》《劳务派遣单位设立分公司备案》《房地产经纪机构及其分支机构备案》《单位办理住房公积金缴存登记》《工程造价咨询企业设立分支机构备案》《物业服务企业及其分支机构备案》《农作物种子生产经营分支机构备案》《再生资源回收经营者备案》《国际货运代理企业备案》《外商投资企业商务备案受理》《报关单位注册登记证书（进出口货物收发货人）》《出入境检验检疫报检企业备案证书》《设立出版物出租企业或者其他单位、个人从事出版物出租业务备案》《旅行社服务网点备案登记证明》《气象信息服务企业备案》和《分公司〈营业执照〉备案》。

（五）企业"一业一证"改革试点

企业"一业一证"改革源自上海浦东新区 2019 年推出的一项新的开办企业改革方式。作为一项改革试点，上海浦东新区选取了便利店、体育健身场馆、宾馆、饭店、小餐饮、现制现售小商铺、烘焙店/面包房、咖啡店/茶馆、酒吧、药店 10 个行业进行首批"一业一证"改革试点。开办企业时只要准备一套申请材料，登录上海市"一网通办"平台"一业一证"模块进行网上申请，没过几天就能收到短信通知，审批完成后领取一张综合许可证就能开门营业了。试点"一业一证"改革后，10 个行业的改革预期成效非常明显，平均每个行业实现审批事项压减 76%，审批时限压减 88%，申请材料压减 67%，填表要素压减 60%。国务院于 2020 年 11 月 14 日发布《关于上海市浦东新区开展"一业一证"改革试点大幅降低行业准入成本总体方案的批复》（国函〔2020〕155 号），上海浦东新区在改革试点的基础上，将 31 个行业首批纳入"一业一证"改革试点的行业目录。国务院的批复要求，扎实推进"一业一证"改革试点，推动审批管理服务从"以政府部门供给为中心"向"以市场主体需求为中心"转变，走出一条照后减证和简化审批新路径，为在全国范围持续深化"证照分离"改革、更好克服"准入不准营"现象积累一批可复制可推广的经验。

（六）行政许可与审批制度改革

行政许可与审批是政府规制企业的主要手段，要放松政府对企业的规制，行政许可与审批制度改革是其主要抓手之一。根据营商环境改革的要求，国务院近几年对行政许可与审批制度进行了大刀阔斧式的改革。

国务院于 2019 年 10 月 22 日发布《营商环境条例》，对行政许可与行政审批制度的改革措施规定如下：一是要求严格控制新设行政许可。新设行政许可应当按照行政许可法和国务院的规定严格设定标准，并进行合法性、必要性和合理性审查论证。对通过事中事后监管或者市场机制能够解决以及行政许可法和国务院规定不得设立行政许可的事项，一律不得设立行政许可，严禁以备案、登记、注册、目录、规划、年检、年报、监制、认定、认证、审定以及其他任何形式变相设定或者实施行政许可。二是国家实行行政许可清单管理制度，适时调整行政许可清单并向社会公布，清单之外不得违法实施行政许可。对实行行政许可管理的事项，行政机关应当通过整合实施、下放审批层级等多种方式，优化审批服务，提高审批效率，减轻市场主体负担。符合相关条件和要求的，可以按照有关规定采取告知承诺的方式办理。三是县级以上地方人民政府应当深化投资审批制度改革，根据项目性质、投资规模等分类规范投资审批程序，精简审批要件，简化技术审查事项，强化项目决策与用地、规划等建设条件落实的协同，实行与相关审批在线并联办理。四是设区的市级以上地方人民政府应当按照国家有关规定，优化工程建设项目（不包括特殊工程和交通、水利、能源等领域的重大工程）审批流程，推行并联审批、多图联审、联合竣工验收等方式，简化审批手续，提高审批效能。五是作为办理行政审批条件的中介服务事项（以下称法定行政审批中介服务）应当有法律、法规或者国务院决定依据；没有依据的，不得作为办理行政审批的条件。中介服务机构应当明确办理法定行政审批中介服务的条件、流程、时限、收费标准，并向社会公开。国家加快推进中介服务机构与行政机关脱钩。

国务院于 2019 年 11 月 15 日发布《关于在自由贸易试验区开展"证照分离"改革全覆盖试点的通知》（国发〔2019〕25 号），针对自由贸易试验区的行政审批制度改革部署了以下措施：一是下放审批权限。二是压减审批要件和环节。三是延长或取消有效期限。四是公布总量控制条件和存量情况。对有数量限制的事项，要定期公布总量控制条件、布局规划、企业存量、申请企业排序等情况，方便企业自主决策。同时，鼓励各地区、各部门积极探索优化审批服务的创新举措。

国务院办公厅于 2020 年 7 月 15 日发布《关于进一步优化营商环境更

好服务市场主体的实施意见》(国办发〔2020〕24号),进一步简化企业生产经营审批和条件。进一步降低市场准入门槛。围绕工程建设、教育、医疗、体育等领域,集中清理有关部门和地方在市场准入方面对企业资质、资金、股比、人员、场所等设置的不合理条件,列出台账并逐项明确解决措施、责任主体和完成时限。研究对诊所设置、诊所执业实行备案管理,扩大医疗服务供给。对于海事劳工证书,推动由政府部门直接受理申请、开展检查和签发,不再要求企业为此接受船检机构检查,且不收取企业办证费用。通过在线审批等方式简化跨地区巡回演出审批程序。

(七)优化政府服务改革

根据《优化营商环境条例》的要求,政府的政务服务改革措施如下:一是推进政务服务标准化,按照减环节、减材料、减时限的要求,编制并向社会公开政务服务事项标准化工作流程和办事指南,细化量化政务服务标准,压缩自由裁量权,推进同一事项实行无差别受理、同标准办理。没有法律、法规、规章依据,不得增设政务服务事项的办理条件和环节。二推行当场办结、一次办结、限时办结等制度,实现集中办理、就近办理、网上办理、异地可办。需要市场主体补正有关材料、手续的,应当一次性告知需要补正的内容;需要进行现场踏勘、现场核查、技术审查、听证论证的,应当及时安排、限时办结。三是国家加快建设全国一体化在线政务服务平台(以下称一体化在线平台),推动政务服务事项在全国范围内实现"一网通办"。国家建立电子证照共享服务系统,实现电子证照跨地区、跨部门共享和全国范围内互信互认。[①]

五 法律法规修订与政府规制改革的效果

(一)市场主体数量快速增长

此处所称市场主体,是指《市场主体登记管理条例》所涵盖的主体。

[①] 国家政务服务平台(全国一体化在线政务服务平台)正在试运营阶段。参见 https://gjzwfw.www.gov.cn/。

据统计，2013年以来平均每年新增市场主体超过千万户，登记在册的市场主体总数由2012年的近5500万户，增加到2021年9月份的1.46亿户，增长了1.6倍多。其中，企业从1300多万户增到4500多万户，个体工商户从4000多万户增到近9600万户，农民专业合作社从近70万家增到220多万家。市场主体目前活跃度在70%左右。

（二）开办企业程序减少

现在开办企业，大概经过以下4个流程即可：申请公司名称并进行核准；确定公司经营范围；确定注册地址；领取执照印章。相比，2016年，程序由9个减少至4个。根据北京、上海的情况，开办企业经历的4个程序为：注册公司并申请营业执照；刻制公司印章；申请打印或购买财务发票的授权；在社会福利保险中心进行员工登记。[①]

（三）开办企业的时间缩短

根据国务院2018年5月17日发布的《关于进一步压缩企业开办时间的意见》，要求当时开办企业平均20个工作日到2019年上半年减至8.5个工作日以内。根据世界银行《全球营商环境报告》，2020年北京和上海两市的开办企业时间为9天。根据各地的不同情况，开办企业的时间可能稍有差异，但全国开办企业的时间与改革前大幅度地下降了。

（四）开办企业的成本降低

中国目前开设公司，无须实缴最低注册资本。目前，中国负责办理企业登记注册的机构基本不再收取任何规费，因此，在中国开办企业的成本为零，达到了世界最先进水平。

（五）行政审批事项大幅减少

中央层面设定的523项涉企经营许可事项全部纳入改革试点，直接取消审批13项，审批改为备案8项，实行告知承诺60项，优化审批服务

---

① 罗培新：《世界银行营商环境评估：方法·规则·案例》，译林出版社2020年版，第37页。

442 项，大幅降低了部分行业的市场准营门槛。

六 未来改革展望

（一）继续减少开办企业程序

与世界最先进国家对标，目前世界上开办企业程序最少的国家只有一个程序，即一次性就可以开办企业。在这方面，我们还可以继续合并有关程序，整合办理流程，通过信息化手段与方式，将相关部门的要求进行系统集成，将开办企业程序压缩为2个。

全面推行"照、章、税、保、金、银"（申请营业执照、刻制印章、申领发票、税控设备、就业和参保登记、住房公积金缴存登记、预约银行开户）全流程办理。依托"开办企业一网通平台"，实现无介质一网联发电子营业执照、电子印章、电子发票。深化"证照分离"改革，简化开办企业生产经营和审批条件，聚焦市场准入多头审批、市场主体关注度高的行业，研究实施"一业一证"改革，实现准入准营同步提速，实质性地解决"准入不准营"问题，实现"一证准营"。落实"一照多址"改革，市场主体已公示其分支机构实际经营场所或在营业执照注明分支机构住所的，各审批部门应依法为其分支机构办理相关许可事项审批手续。进一步降低市场准入门槛。优化新业态新模式市场准入环境。

（二）继续缩短开办企业时间

目前世界上开办企业时间最短的只有半天。缩短时间最好的办法就是通过一网通办，实现无纸化办理。李克强总理于2018年6月28日在全国深化"放管服"改革转变政府职能电视电话会议上指出，开办企业5年内实现的目标是开办时间压缩到5个工作日以内。

提高企业开办效率，将"照、章、税、保、金、银"压缩至0.5天。

开展不含行政区划名称的企业名称自主申报改革，全面实行企业名称自主申报。

优化律师事务所核名管理，司法行政部门律师管理系统同司法部全国律师综合管理信息系统律师事务所名称数据库进行对接，对申请人申请的律师事务所名称，由试点城市司法行政部门作出名称预核准决定并报司法部备案，缩短核名时限。

企业住所（经营场所）标准化登记，通过相关部门数据共享，建立标准化住所（经营场所）数据库，建立健全住所（经营场所）负面清单管理制度，在便利住所登记的同时，防范虚假住所等突出风险。

（三）继续完善"一网通办"

充分利用信息化手段，申请人可以通过政府的"一窗通""e窗通"等，手机App等，继续优化申请流程，缩短办理时间。优化升级企业开办"一窗通"系统，力争实现具备条件的各类企业均可使用无纸全程电子化方式办理设立登记。优化企业开办"一表申请"和"一窗发放"措施。倡导企业在"一窗通"系统上通过"一表申请"完成所有开办企业事项，并办理企业开办所需发票、就业参保、公积金等事项。

进一步便利企业开立银行账户。探索整合企业开办实名验证信息、企业登记信息和银行开户备案信息，自然人、法人等通过线上平台申请营业执照时，经企业授权同意后，线上平台将有关基本信息和银行开户预约信息实时推送给申请人选定的开户银行，开户银行生成企业账户预约账号，并通过线上平台推送给税务、人力资源社会保障、住房公积金管理部门。开户银行根据预约需求，按规定为企业开立账户后，及时将相关信息通过线上平台推送至相关部门。

拓展企业开办"一网通办"业务范围。在企业开办过程中，将社保登记后续环节一并纳入"一网通办"平台。推进电子营业执照、电子发票、电子签章同步发放及应用，方便企业网上办事。

试行企业登记信息变更网上办理。通过企业开办"一网通办"平台完成登记注册的企业，可通过平台实现全程网上办理变更手续。

第二章

办理建筑施工许可证

一 办理建筑施工许可证评估指标体系

世界银行《全球营商环境报告》记录了建筑业企业建立仓库所需的所有程序,以及完成每个程序的时间和成本。此外,《全球营商环境报告》还衡量了建筑质量控制指数,评估了建筑法规的质量、质量控制和安全机制的强度、责任和保险制度以及专业认证要求。通过向建筑许可方面的专家如建筑师,土木工程师,建筑律师,建筑公司、公用事业供应商和处理建筑法规(包括批准、许可证发放和检查)的公职人员发放问卷收集信息。参加评估的各经济体在处理建筑许可方面的容易程度排名是根据它们在处理建筑许可方面的得分来决定的。这些分数是每个组成指标的简单平均分数。报告给定了建筑公司、仓库、公用设施、程序、时间、成本的假设,感兴趣的读者可以查阅报告原文或者中文著作,在此不赘述。

(一) 程序

程序是指建筑公司的职员、管理人员或代表公司的任何一方与政府机关、公证人、土地登记、地籍、公用事业公司、公共检查员等外部方的任何互动,以及在需要时聘请外部私人检查员和技术专家。公司员工之间的互动,如仓库计划的制订和内部工程师的检查,不计入程序。但是,建筑师为准备平面图和图纸(如获得地形或地质调查)而需要与外部各方进行的互动,或获得外部各方批准或盖章的此类文件,都被视为程序。公司将仓库与水和污水系统连接的程序也包括在内。所有法律要求的程序，以及大多数公司在建造仓库时在实践中所做的程序都被计算在内，即使在特殊情况下可以避免。例如，如果需要取得建筑许可证，则获得电力技术条件或通过电力图则被视为单独的程序。

（二）时间

时间以日历天数记录。该方法采取了当地专家指出在实践中完成一个程序所必需的时间中位值。假设每道工序所需的最短时间为1天，如果在网络上可以完成工序，所需时间记录为半天。虽然程序可以同时进行，但它们不能在同一天开始（即同时进行的程序在连续的日子里开始），同样，可以在网上完全完成的程序除外。如果在合法的情况下，可以通过选择增加费用的方式加快程序的推进。假设建筑公司没有浪费时间，并承诺不延迟地完成每个剩余过程。建筑公司在收集信息上花费的时间没有被考虑在内。假设建筑公司遵循所有的建筑需求及其顺序。

（三）成本

成本记录为仓库价值的百分比（假设为人均收入的50倍）。只记录官方的正式费用。所有与完成合法建造仓库的手续有关的费用都被记录下来，包括那些与获得土地使用许可和施工前设计许可有关的费用；在施工前、施工中、施工后接受检查；获得实用程序连接；在物业登记处登记仓库项目。完成仓库项目所需的非经常性税也要记录下来。销售税（如增值税）或资本利得税没有被记录。那些必须提前支付之后才会退还的押金也不存在。建筑规范、当地专家提供的信息、具体法规和费用表都被用作成本来源。如果几个本地合作伙伴提供不同的估计，则使用报告值的中位数。

（四）建筑质量控制

建筑质量控制指数由6个3级指标构成，它们是建筑法规质量、施工前质量控制、施工中质量控制、施工后质量控制、责任和保险制度以及专业认证6个指标。

1. 建筑质量规范指数

建筑法规质量指标由两个组成部分组成：一是建筑法规是否可及。

建筑法规（包括建筑规范）或建筑许可相关的法规在网站上是否可以看到，并且随着新法规的通过而更新。二是对获得建筑许可的要求说明是否清楚。建筑法规（包括建筑规范）可以从任何网站访问，有说明书或者手册，对需要提交的文件清单、需要支付的费用以及所有是否需要得到相关机构预先批准的图纸（例如，电、水和污水处理、环境）或者规划有明确规定。

2. 施工前质量控制指数

施工前的质量控制指数仅由一个部分组成。根据法律是否规定，审查和批准建筑许可申请的委员会或者团队的成员，必须是注册建筑师或工程师。另外，如果这个建筑平面图不符合规定，该成员是否有权拒绝。

3. 施工过程质量控制指数

施工过程质量控制指数由两个组成部分组成：一是施工过程中是否有法律规定的检查。分以下几种情况计分：（1）法律要求有一个政府机构在建筑施工的不同阶段进行技术检查，或者法律要求，一个内部工程师（即建筑公司的雇员），一个外部监理工程师或者一家审查公司须在建筑施工的不同阶段进行技术检查，并须在竣工时提交详细的检查报告；（2）法律要求进行基于风险的检查。如果法律仅仅要求一个政府机构在建筑施工的不同阶段进行技术检查，或者如果根据法律要求，内部工程师（即建筑公司的雇员）、外部监理工程师或外部检查公司须在建筑施工的不同阶段进行技术检查，并须在竣工时提交详细的检查报告。（3）如果法律要求政府部门进行不定期的检查，或者如果法律没有要求进行技术检查。二是法律所要求的建筑施工过程中的检查是否得到落实。

4. 施工后质量控制指数

施工后质量控制指标有两个组成部分：一是法律是否强制进行最后检查，以审查建筑是否符合批准的设计平面图和现行的建筑法规。这种检查通过法律规定由一名内部监督工程师（即建筑公司的雇员）、一名外部监督工程师或一家外部审查公司依法审查建筑是否符合批准的计划平面图和现有的建筑法规，或者政府机构在建筑物建成后，根据法律规定对建筑物进行最后检查。二是最后的审查制度是否完全落实。建筑物建成后，由一名审查工程师或者审查公司根据建筑物的设计平面图和现行的建筑法规对建筑物进行审查，在实际施工中经常进行法定的最终检查，或者监理工程师或公司证明建筑是按照批准的计划和现有的建筑规则建造的。

5. 责任和保险制度指数

责任和保险制度指数有两个组成部分：一是任何参与建造过程的参加者，在建筑物投入使用后，是否对建筑物的潜在缺陷（如结构缺陷或问题）承担法律责任。设计建筑图的建筑师或工程师、负责技术监管的专业人员或者机构，或者建筑公司，对建筑物投入使用后可能出现的结构缺陷或者问题投10年责任保险或者潜在缺陷责任保险，或者即使法律未做要求但上述各方中的大多数主体在实践中通常也会投保。二是法律是否要求参加施工过程的各方通过购买10年责任保险来承保投入使用的建筑物所有的潜在的结构缺陷或者问题责任。

6. 专业认证指数

专业认证指数由两部分组成：一是负责验证建筑平面图或图纸符合建筑规范的专业人员的资格要求。二是施工过程中进行技术检查的专业人员的资质要求。

建筑质量控制指数得分是建筑规范质量、施工前质量控制、施工中质量控制、施工后质量控制、责任保险制度、专业认证指数得分的总和。

7. 改革

施工许可指标每年跟踪施工许可制度效率和质量方面的变化。根据对数据的影响，某些变化被归类为改革，并在《全球营商环境报告》改革摘要中列出，以承认重大变革的实施。改革分为两类：使经商更容易的改革和使经商更难的改革。施工许可证的处理指数只用一个标准来确认改革。数据变化的影响是根据指数总体得分的绝对变化以及相对得分差距的变化来评估的。

二 中国办理建筑施工许可证评估指数排名情况

（一）中国办理建筑施工许可证评估指数的世界排名进展情况

近几年来，中国办理建筑许可在世界营商环境报告的排名，经过几年的徘徊后，于2019年与2020年上升的速度很快。2015年至2020年的排名情况：2015 年排名第 179 位，2016 年排名第 176 位，2017 年排名第 177 位，2018 年排名第 172 位，2019 年排名第 121 位，2020 年排名第 33 位。排名的快速上升，得益于中国在这个领域的有效改革。

（二）2020 年中国排名及与其他经济体比较

表 2-1　　　　　　　2020 年中国排名及与其他经济体比较

指标	北京	上海	中国	东亚及太平洋地区	OECD 高收入经济体	最佳表现
程序（数量）	18	18	18	14.8	12.7	无 2018/2019 年
时间（天数）	93	125.5	111	123.3	152.3	无 2018/2019 年
成本（占仓库价值百分比）	3.5	2.3	2.8	3.2	1.5	无 2018/2019 年
建筑质量控制（0—15）	15	15.0	15.0	9.4	11.6	15.0（6 个经济体）
得分	77.8	77	77.3			
排名			33			

（三）中国办理建筑施工许可证存在的问题

在世界银行营商环境报告中，中国在办理建筑施工许可证方面曾经得分不高，如 2017 年中国的整体排名为第 78 位，其中"办理建筑许可证"指标名列第 172 位，在 10 个评价指标排序中列最后。存在的问题有以下几个方面。

1. 规制建筑施工许可证的法律法规数量多且交叉重叠

中国规制建筑施工许可证的法律有：《建筑法》《合同法》（现《民法典》）《招标投标法》《土地管理法》《城乡规划法》《城市房地产管理法》《环境保护法》《环境影响评价法》《档案法》《消防法》《人民防空法》《噪声污染防治法》《固体废物污染环境防治法》。行政法规有：《建设工程质量管理条例》《建筑工程安全生产管理条例》《建设工程勘察设计管理条例》《土地管理法实施条例》。部门规章有《建筑工程施工许可管理办法》《工程监理企业资质管理规定》《注册监理工程师管理规定》

等十多部。每部法律都有相应的行政执法机构，意味着这些机构对建筑施工许可证的获得都有一定的审批权限。同时，建筑施工许可证是由地方政府颁发，不同地区、不同工程在审批事项、耗时等方面差异较大，在对建筑施工许可证的规制改革之前，有的地区对审批事项、流程、时间、依据等底数尚不清楚。要对建筑施工许可证规制进行改革，首先要认真梳理审批流程和环节，进行调查摸底，找出法律、法规和规定交叉重叠的情况，改革才具有针对性，改革的目标才能准确。

2. 申请建筑施工许可证审批手续多办事难耗时长

这是全国各地申请建筑施工许可证遇到的具有普遍性的突出问题。由于建筑施工许可证审批涉及法则的交叉重复、方式不当、分散管理等"堵点"和"痛点"，审批手续复杂，涉及部门多，办事难、办事慢、多头跑、来回跑等问题较为突出，审批效率低下。工程建设项目产生这些问题的一个重要原因就是工程建设项目审批流程不规范、不科学、不统一，前置审批、串联审批事项太多，有的地区还存在审批事项互为前置的现象。如北京市办理建设工程施工许可所涉及的部门包括了市发改委、市经信委、市规划委、市国土局、市住建委、市公安消防局、市环保局、市交通路政局、市水务局、市文物局、市园林绿化局、市民防局、市地震局等十多个政府机构。审批机构过多直接导致了审批事项繁复，因为将审批作为各政府职能部门行使行政管理权的主要方式，使得政府直接干预逐渐增多，更尴尬的是部分审批事项的设定于法无据。此外，审批环节的过多设置使得多头审批、多层审批、重复审批等现象长期存在。中国在进行此方面的规制改革之前，获得建筑许可证的时间为200多天。

3. 申请建筑施工许可证成本高

改革之前，办理建筑施工许可证需要缴纳的费用大概有：规划设计费，国家物价局、建设部〔1993〕价费字168号规定：建筑面积1元/㎡建设单位；施工图审查费，由省物价局、建设厅规定；交易中心服务费，省物价主管部门规定；招标代理费（标底编制费），由省级政府规定；工程建设监理费，由国家物价局、建设部〔1992〕价费字479号规定：合同造价500万元以内，设计阶段的监督理费为0.2%以内，施工及保修阶段监督理费为2.5%以内。建筑工程质量检测与建材试验费，由省物价局、财政厅、技术监督局规定,等等。仅施工许可证执照费,根据1988年的《北京市城市建设工程许可证执照费暂行办法》,执照费由城市规划管理机关按建设工程设计概算总金额(无设计概算的按工程投资额,下同)计收,标准如下:1.设计概算额20万元(含20万元)以下的,按概算额的3‰计收;按以上比例计算不足50元的,收50元。2.设计概算额20万元以上、200万元(含200万元)以下的,按概算额的2‰计收。3.设计概算额200万元以上、1000万元(含1000万元)以下的,按概算额的1.5‰计收。4.设计概算额1000万元以上的,按概算额的1‰计收。2003年北京规划委员会对该项费用进行了调整,稍有下降。

三 中国办理建筑施工许可证法律法规及制度演进

(一) 办理建设工程施工许可证的法律法规规制

建设工程施工许可证是建筑施工单位符合各种施工条件、允许开工的批准文件,是建设单位进行工程施工的法律凭证,也是房屋权属登记的主要依据之一。没有建设工程施工许可证的建设项目均属违章建筑,不受法律保护。当各种施工条件完备时,建设单位应当按照计划批准的开工项目,向工程所在地县级以上人民政府建设行政主管部门办理建设工程施工许可证手续,领取建设工程施工许可证。未取得建设工程施工许可证的不得擅自开工。

1. 《建筑法》的规制

建筑施工企业开工之前,必须取得建筑施工许可证。《建筑法》第7条规定,建筑工程开工前,建设单位应当按照国家有关规定向工程所在地县级以上人民政府建设行政主管部门申请领取建设工程施工许可证;但是,国务院建设行政主管部门确定的限额以下的小型工程除外。按照国务院规定的权限和程序批准开工报告的建筑工程,不再领取建设工程施工许可证。

2011年《建筑法》第8条规定,申请领取施工许可证,应当具备的条件为:(1)已经办理该建筑工程用地批准手续;(2)在城市规划区的建筑工程,已经取得规划许可证;(3)需要拆迁的,其拆迁进度符合施工要求；(4) 已经确定建筑施工企业；(5) 有满足施工需要的施工图纸及技术资料；(6) 有保证工程质量和安全的具体措施；(7) 建设资金已经落实；(8) 法律、行政法规规定的其他条件。建设行政主管部门应当自收到申请之日起 15 日内，对符合条件的申请颁发施工许可证。

对建筑工程实行建设工程施工许可证制度，是许多国家对建筑活动实施监督管理所采用的做法，不少国家在其建筑立法中对此作了规定。这项制度是指由国家授权有关行政主管部门，在建筑工程施工开始以前，对该项工程是否符合法定的开工必备条件进行审查，对符合条件的建筑工程发给建设工程施工许可证，允许该工程开工建设的制度。在中国对有关建筑工程实行建设工程施工许可证制度，有利于保证开工建设的工程符合法定条件，在开工后能够顺利进行；同时也便于有关行政主管部门全面掌握和了解其管辖范围内有关建筑工程的数量、规模、施工队伍等基本情况，及时对各个建筑工程依法进行监督和指导，保证建筑活动依法进行。

关于建筑工程质量，《建筑法》第 6 章规定了建筑工程质量管理，内容涉及建筑工程勘察、设计、施工的质量必须符合国家有关建筑工程安全标准的要求；对从事建筑行业的企业推行质量体系认证制度；建筑工程质量由工程承包单位负责，若实行总承包的，工程质量由总承包方负责；建筑工程的勘察设计单位必须对其勘察、设计的质量负责；建筑施工企业对工程的施工质量负责。法律还规定了建筑工程实行质量保修制度。

2019 年 4 月 23 日立法机关通过了《建筑法》的修订，将原法第 8 条修订为：申请领取施工许可证，应当具备下列条件："(1) 已经办理该建筑工程用地批准手续；(2) 依法应当办理建设工程规划许可证的，已经取得建设工程规划许可证；(3) 需要拆迁的，其拆迁进度符合施工要求；(4) 已经确定建筑施工企业；(5) 有满足施工需要的资金安排、施工图纸及技术资料；(6) 有保证工程质量和安全的具体措施。建设行政主管部门应当自收到申请之日起 7 日内，对符合条件的申请颁发施工许可证。"

2. 《城乡规划法》的规制

建设用地规划许可证的取得，根据国有土地是划拨还是出让而规定有所不同。如果国有土地使用权是通过划拨而取得的，根据《城乡规划法》第 36 条和第 37 条的规定，建设单位在报送有关部门批准或者核准前，应当向城乡规划主管部门申请核发选址意见书。建设项目经有关部门批准、核准、备案后，建设单位应当向城市、县人民政府城乡规划主管部门提出建设用地规划许可申请，由城市、县人民政府城乡规划主管部门依据控制性详细规划核定建设用地的位置、面积、允许建设的范围，核发建设用地规划许可证。建设单位在取得建设用地规划许可证后，方可向县级以上地方人民政府土地主管部门申请用地，经县级以上人民政府审批后，由土地主管部门划拨土地。

如果是以出让方式获得的国有土地使用权，《城乡规划法》第 38 条规定，在国有土地使用权出让前，城市、县人民政府城乡规划主管部门应当依据控制性详细规划，提出出让地块的位置、使用性质、开发强度等规划条件，作为国有土地使用权出让合同的组成部分。建设项目在签订国有土地使用权出让合同后，建设单位应当持建设项目的批准、核准、备案文件和国有土地使用权出让合同，向城市、县人民政府城乡规划主管部门领取建设用地规划许可证。

在城市、镇规划区内进行建筑物、构筑物、道路、管线和其他工程建设的，根据《城乡规划法》第 40 条的规定，建设单位或者个人应当向城市、县人民政府城乡规划主管部门或者省、自治区、直辖市人民政府确定的镇人民政府申请办理建设工程规划许可证。申请办理建设工程规划许可证，应当提交使用土地的有关证明文件、建设工程设计方案等材料。需要建设单位编制修建性详细规划的建设项目，还应当提交修建性详细规划。对符合控制性详细规划和规划条件的，由城市、县人民政府城乡规划主管部门或者省、自治区、直辖市人民政府确定的镇人民政府核发建设工程规划许可证。城市、县人民政府城乡规划主管部门或者省、自治区、直辖市人民政府确定的镇人民政府应当依法将经审定的修建性详细规划、建设工程设计方案的总平面图予以公布。

2019 年 4 月 23 日第十三届全国人民代表大会常务委员会第十次会议通过了《城乡规划法》的修订，第 38 条第 2 款修订为："以出让方式取得国有土地使用权的建设项目，建设单位在取得建设项目的批准、核准、备案文件和签订国有土地使用权出让合同后，向城市、县人民政府城乡规划主管部门领取建设用地规划许可证。"将原规定中的"在签订国有土地使用权出让合同后"删除,意即是否签订国有土地使用权出让合同不作为颁发建设用地规划许可证的条件。

3.《土地管理法》的规制

建设用地的审批权在有批准权的县级以上人民政府。根据《土地管理法》第53条的规定,经批准的建设项目需要使用国有建设用地的,建设单位应当持法律、行政法规规定的有关文件,向有批准权的县级以上人民政府自然资源主管部门提出建设用地申请,经自然资源主管部门审查,报本级人民政府批准。

4.《城市房地产管理法》的规制

关于城市房地产项目的施工,《城市房地产管理法》第27条规定,房地产开发项目的设计、施工,必须符合国家的有关标准和规范。房地产开发项目竣工,经验收合格后,方可交付使用。

5.《消防法》的规制

建筑工程竣工后,要接受消防部门的检查,是否达到了中国《消防法》对建筑工程的安全防火要求。《消防法》第10条规定建设单位应当自依法取得施工许可之日起7个工作日内,将消防设计文件报公安机关消防机构备案,公安机关消防机构应当进行抽查。第11条规定大型的人员密集场所和其他特殊建设工程,建设单位应当将消防设计文件报送公安机关消防机构审核。第12条规定依法应当经公安机关消防机构进行消防设计审核的建设工程,未经依法审核或者审核不合格的,负责审批该工程施工许可的部门不得给予施工许可,建设单位、施工单位不得施工;其他建设工程取得施工许可后经依法抽查不合格的,应当停止施工。第13条规定按照国家工程建设消防技术标准需要进行消防设计的建设工程竣工,依照下列规定进行消防验收、备案:(1)大型的人员密集场所和其他特殊建设工程,建设单位应当向公安机关消防机构申请消防验收;(2)其他建设工程,建设单位在验收后应当报公安机关消防机构备案,公安机关消防机构应当进行抽查。依法应当进行消防验收的建设工程,未经消防验收或者消防验收不合格的,禁止投入使用;其他建设工程经依法抽查不合格的,应当停止使用。第14条规定建设工程消防设计审核、消防验收、备案和抽查的具体办法,由国务院公安部门规定。

《消防法》于2019年4月23日由第十三届全国人民代表大会常务委员会第十次会议修订。修订主要内容如下。

第10条修订为："对按照国家工程建设消防技术标准需要进行消防设计的建设工程，实行建设工程消防设计审查验收制度。"

第11条修订为："国务院住房和城乡建设主管部门规定的特殊建设工程，建设单位应当将消防设计文件报送住房和城乡建设主管部门审查，住房和城乡建设主管部门依法对审查的结果负责。前款规定以外的其他建设工程，建设单位申请领取施工许可证或者申请批准开工报告时应当提供满足施工需要的消防设计图纸及技术资料。"

第12条修订为："特殊建设工程未经消防设计审查或者审查不合格的，建设单位、施工单位不得施工；其他建设工程，建设单位未提供满足施工需要的消防设计图纸及技术资料的，有关部门不得发放施工许可证或者批准开工报告。"

第13条修订为："国务院住房和城乡建设主管部门规定应当申请消防验收的建设工程竣工，建设单位应当向住房和城乡建设主管部门申请消防验收。前款规定以外的其他建设工程，建设单位在验收后应当报住房和城乡建设主管部门备案，住房和城乡建设主管部门应当进行抽查。依法应当进行消防验收的建设工程，未经消防验收或者消防验收不合格的，禁止投入使用；其他建设工程经依法抽查不合格的，应当停止使用。"

第14条修订为："建设工程消防设计审查、消防验收、备案和抽查的具体办法，由国务院住房和城乡建设主管部门规定。"

6. 建筑施工合同纠纷的法律适用

最高人民法院于2018年10月29日发布《关于审理建设工程施工合同纠纷案件适用法律问题的解释（二）》。该司法解释主要解决因建筑施工合同纠纷与建筑施工许可之间的法律关系问题。关于建筑施工合同的效力认定，第2条规定，当事人以发包人未取得建设工程规划许可证等规划审批手续为由，请求确认建设工程施工合同无效的，人民法院应予支持，但发包人在起诉前取得建设工程规划许可证等规划审批手续的除外。发包人能够办理审批手续而未办理，并以未办理审批手续为由请求确认建设工程施工合同无效的，人民法院不予支持。关于建筑工程因质量导致的民事责任问题,第 4 条规定,缺乏资质的单位或者个人借用有资质的建筑施工企业名义签订建设工程施工合同,发包人请求出借方与借用方对建设工程质量不合格等因出借资质造成的损失承担连带赔偿责任的,人民法院应予支持。

关于建筑工程质量与施工合同之间的关系,该司法解释也作了相应的规定。第 7 条规定,发包人在承包人提起的建设工程施工合同纠纷案件中,以建设工程质量不符合合同约定或者法律规定为由,就承包人支付违约金或者赔偿修理、返工、改建的合理费用等损失提出反诉的,人民法院可以合并审理。

关于建筑工程质量合格而施工合同无效或者工程折价或者拍卖的情形,人民法院是否支持工程价款的结算或者优先受偿权。第 11 条规定,当事人就同一建设工程订立的数份建设工程施工合同均无效,但建设工程质量合格,一方当事人请求参照实际履行的合同结算建设工程价款的,人民法院应予支持。第 19 条规定,建设工程质量合格,承包人请求其承建工程的价款就工程折价或者拍卖的价款优先受偿的,人民法院应予支持。第 20 条规定,未竣工的建设工程质量合格,承包人请求其承建工程的价款就其承建工程部分折价或者拍卖的价款优先受偿的,人民法院应予支持。

(二) 建筑工程质量的行政法规规制

建筑工程的质量控制与管理,主要由行政法规《建设工程质量管理条例》规制。《建设工程质量管理条例》对建设工程施工前、施工中、施工后的质量控制均作了详细的规定。2019 年 4 月 23 日国务院对《建设工程质量管理条例》进行了修订,原第 13 条规定:"建设单位在领取施工许可证或者开工报告前,应当按照国家有关规定办理工程质量监督手续。"修订为:"建设单位在开工前,应当按照国家有关规定办理工程质量监督手续,工程质量监督手续可以与施工许可证或者开工报告合并办理。"违反《建设工程质量管理条例》的行为,相关机构与人员要分别承担民事赔偿、行政处罚与刑事责任。

四 政府办理建筑许可证规制制度改革

(一) 国务院工程建设项目审批制度改革

国务院办公厅于2018年5月19日发布《关于开展工程建设项目审批制度改革试点的通知》(国办发〔2018〕33号),国务院选择北京市等4个直辖市、沈阳市等11个城市和浙江省作为改革试点地区,对工程建设项目审批制度进行改革试点。国务院办公厅于2019年3月13日发布《关于全面开展工程建设项目审批制度改革的实施意见》(国办发〔2019〕11号),将2018年5月工程建设项目审批制度改革试点开展以来形成的经验全面推广。具体的目标为:2019年上半年,全国工程建设项目审批时间压缩至120个工作日以内,省(自治区)和地级及以上城市初步建成工程建设项目审批制度框架和信息数据平台;到2019年年底,工程建设项目审批管理系统与相关系统平台互联互通;2020年年底,基本建成全国统一的工程建设项目审批和管理体系。具体措施如下。

1. 统一审批流程

采取"减、放、并、转、调"等措施,实现工程建设项目审批能减则减、能放则放、能并则并、能转则转、能调则调。一是"减",取消不合法、不合理、不必要的审批事项和前置条件。比如,取消施工合同备案、建筑节能设计审查备案等事项。二是"放",按照方便企业和群众办事的原则,扩大下放或委托下级机关审批的事项范围,并确保下级机关接得住、管得好。三是"并",由同一部门实施的管理内容相近或者属于同一办理阶段的多个审批事项,应整合为一个审批事项。推行联合勘验、联合测绘、联合审图、联合验收等。如将消防设计审核、人防设计审查等技术审查并入施工图设计文件审查,相关部门不再进行技术审查。四是"转",审批机关能够通过征求相关部门意见解决的事项,转变为政府内部协作事项。推行告知承诺制,由政府公布实行告知承诺制的审批事项清单及具体要求,申请人按照要求作出书面承诺,审批部门直接作出审批决定并监督申请人切实履行承诺。五是"调",完善相应制度设计,让审批时序更加符合工作实际。如将供水、供电等市政公用基础设施报装提前到施工许可证核发后办理等。

2. 优化审批阶段

将工程建设项目审批流程主要划分为立项用地规划许可、工程建设许可、施工许可、竣工验收四个阶段。其中，立项用地规划许可阶段主要包括项目审批核准备案、选址意见书核发、用地预审、用地规划许可等。工程建设许可阶段主要包括设计方案审查、建设工程规划许可证核发等。施工许可阶段主要包括消防、人防等设计审核确认和施工许可证核发等。竣工验收阶段主要包括规划、国土、消防、人防等验收及竣工验收备案等。其他行政许可、涉及安全的强制性评估、中介服务、市政公用服务以及备案等事项纳入相关阶段办理或与相关阶段并行推进。

3. 完善审批体系

新的审批体系实现"五个一"：一是"一张蓝图"统筹项目实施，以"多规合一"的"一张蓝图"为基础，统筹协调各部门提出项目建设条件。二是"一个系统"实施统一管理，整合形成横向到边、纵向到底的工程建设项目审批管理系统，所有审批都在一个系统上实施。通过工程建设项目审批管理系统，加强对地方工程建设项目审批工作的指导和监督管理。三是"一个窗口"提供综合服务，建立前台受理、后台审核机制，实现一个窗口对外服务和管理。四是"一张表单"整合申报材料，每一个审批阶段用一份办事指南、一张申请表单、一套申请材料完成多项审批。五是"一套机制"规范审批运行，建立健全配套制度，明确部门职责、工作规程和协调督查机制等，确保审批各阶段、各环节无缝衔接。

4. 统一信息数据平台

建立完善工程建设项目审批管理系统。地级及以上地方人民政府要整合建设覆盖地方各有关部门和区、县的工程建设项目审批管理系统，并与国家工程建设项目审批管理系统对接，实现审批数据实时共享。省级工程建设项目审批管理系统要将省级工程建设项目审批事项纳入系统管理，并与国家和本地区各城市工程建设项目审批管理系统实现审批数据实时共享。实现工程建设项目审批管理系统与全国一体化在线政务服务平台的对接后，推进工程建设项目审批管理系统与投资项目在线审批监管平台等相关部门审批信息系统的互联互通。

5. 统一监管方式

转变监管理念，完善事中事后监管体系，统一规范事中事后监管模式，建立以"双随机、一公开"监管为基本手段，以重点监管为补充，以信用监管为基础的新型监管机制，严肃查处违法违规行为。依托工程建设项目审批管理系统建立中介服务网上交易平台，对中介服务行为实施全过程监管。供水、供电、燃气、热力、排水、通信等市政公用服务要全部入驻政务服务大厅，实施统一规范管理，为建设单位提供"一站式"服务。

国务院办公厅于2020年7月21日发布《关于进一步优化营商环境更好服务市场主体的实施意见》（国办发〔2020〕24号）。要求优化再造投资项目前期审批流程。推动有条件的地方对项目可行性研究、用地预审、选址、环境影响评价、安全评价、水土保持评价、压覆重要矿产资源评估等事项，实行项目单位编报一套材料，政府部门统一受理、同步评估、同步审批、统一反馈，加快项目落地。进一步提升工程建设项目审批效率。要求2020年年底前将工程建设项目审批涉及的行政许可、备案、评估评审、中介服务、市政公用服务等纳入线上平台，公开办理标准和费用。深入推进"多规合一"。统筹各类空间性规划，积极推进各类相关规划数据衔接或整合，推动尽快消除规划冲突和"矛盾图斑"。统一测绘技术标准和规则，在用地、规划、施工、验收、不动产登记等各阶段，实现测绘成果共享互认，避免重复测绘。

（二）建筑施工许可证的行政规制及修订

住房和城乡建设部1999年10月15日发布《建筑工程施工许可证管理办法》。在中国境内从事各类房屋建筑及其附属设施的建造、装修装饰和与其配套的线路、管道、设备的安装，以及城镇市政基础设施工程的施工，建设单位在开工前应当依照该办法的规定，向工程所在地的县级以上地方人民政府住房城乡建设主管部门申请领取施工许可证。未取得建筑施工许可证之前，所有建筑项目一律不得开工。该办法2014年修订后规定了领取建筑施工许可证的条件，在《建筑法》规定的条件基础上增加了几项，并要提供相应的证明文件："（1）依法应当办理用地批准手续的，已经办理该建筑工程用地批准手续。（2）在城市、镇规划区的建筑工程，已经取得建设工程规划许可证。(3)施工场地已经基本具备施工条件，需要征收房屋的，其进度符合施工要求。(4)已经确定施工企业。按照规定应当招标的工程没有招标，应当公开招标的工程没有公开招标，或者肢解发包工程，以及将工程发包给不具备相应资质条件的企业的，所确定的施工企业无效。(5)有满足施工需要的技术资料，施工图设计文件已按规定审查合格。(6)有保证工程质量和安全的具体措施。施工企业编制的施工组织设计中有根据建筑工程特点制定的相应质量、安全技术措施。建立工程质量安全责任制并落实到人。专业性较强的工程项目编制了专项质量、安全施工组织设计，并按照规定办理了工程质量、安全监督手续。(7)按照规定应当委托监理的工程已委托监理。(8)建设资金已经落实。建设工期不足一年的，到位资金原则上不得少于工程合同价的50%，建设工期超过一年的，到位资金原则上不得少于工程合同价的30%。建设单位应当提供本单位截至申请之日无拖欠工程款情形的承诺书或者能够表明其无拖欠工程款情形的其他材料，以及银行出具的到位资金证明，有条件的可以实行银行付款保函或者其他第三方担保。(9)法律、行政法规规定的其他条件。县级以上地方人民政府住房城乡建设主管部门不得违反法律法规规定，增设办理施工许可证的其他条件。"

申请建筑施工许可证的程序：(1)建设单位向住房城乡建设主管部门领取《建筑工程施工许可证申请表》。(2)建设单位持加盖单位及法定代表人印鉴的《建筑工程施工许可证申请表》，并附《建筑施工许可证管理办法》规定的证明文件，向住房城乡建设主管部门提出申请。(3)住房城乡建设主管部门在收到建设单位报送的《建筑工程施工许可证申请表》和所附证明文件后，对于符合条件的，应当自收到申请之日起15日内颁发施工许可证；对于证明文件不齐全或者失效的，应当当场或者5日内一次告知建设单位需要补正的全部内容，审批时间可以自证明文件补正齐全后作相应顺延；对于不符合条件的，应当自收到申请之日起15日内书面通知建设单位，并说明理由。建筑工程在施工过程中，建设单位或者施工单位发生变更的，应当重新申请领取施工许可证。

为响应国务院"放管服"改革的要求，进一步优化营商环境，住房和城乡建设部于 2018 年 9 月 28 日对《建筑工程施工许可管理办法》进行了修订。修订的主要内容为：（1）删除了原办法第 4 条第 1 款第 7 项，即申请许可证时，不需要以工程是否委托监理为条件。（2）将原办法第 4 条第 1 款第 8 项修订为："建设资金已经落实。建设单位应当提供建设资金已经落实承诺书"，删除了工程到位资金的要求。（3）将原办法第 5 条第 1 款第 3 项的时间修订为 7 日，比原办法规定的 15 日大大缩短申请许可证的时间。

（三）建筑工程质量安全规制

政府对工程建设负有全过程的质量监管责任。中共中央、国务院于 2016 年 2 月 6 日印发《关于进一步加强城市规划建设管理工作的若干意见》，要求完善工程质量安全管理制度，落实建设单位、勘察单位、设计单位、施工单位和工程监理单位等五方主体质量安全责任。政府对工程建设全过程的质量监管，特别是强化对工程监理的监管，充分发挥质监站的作用。深化建设项目组织实施方式改革，推广工程总承包制，加强建筑市场监管，严厉查处转包和违法分包等行为，推进建筑市场诚信体系建设。实行施工企业银行保函和工程质量责任保险制度。建立大型工程技术风险控制机制，鼓励大型公共建筑、地铁等按市场化原则向保险公司投保重大工程保险。

建立建筑工程质量的首要责任与主体责任制。国务院办公厅于 2017 年 2 月 24 日发布《关于促进建筑业持续健康发展的意见》，要求严格落实工程质量责任。在工程质量责任方面，建设单位要负首要责任，勘察、设计、施工单位要负主体责任。严格执行工程质量终身责任制，在建筑物明显部位设置永久性标牌，公示质量责任主体和主要责任人。对违反有关规定、造成工程质量事故的，依法给予责任单位停业整顿、降低资质等级、吊销资质证书等行政处罚并通过国家企业信用信息公示系统予以公示，给予注册执业人员暂停执业、吊销资格证书、一定时间直至终身不得进入行业等处罚。对发生工程质量事故造成损失的，要依法追究经济赔偿责任，情节严重的要追究有关单位和人员的法律责任。参与房地产开发的建筑业企业应依法合规经营，提高住宅品质。

（四）建立建筑工程质量保险制度

工程质量保险制度起源于法国，由于该制度对工程质量的提高起到了很好的促进作用，并且较好地兼顾了参建各方和业主的利益，国际上很多国家先后效仿，推广并建立了工程质量保险制度。世界银行《全球营商环境报告》将此项制度纳入评估指标体系，也是反映目前世界上大多数国家的要求。

中国于2005年始实行建筑工程质量保证金制度，以解决建筑工程在缺陷责任期内的维修责任。为此，当时的建设部与财政部联合制定了《建设工程质量保证金管理暂行办法》。建设工程质量保证金（保修金），是指发包人与承包人在建设工程承包合同中约定，从应付的工程款中预留，用以保证承包人在缺陷责任期内对建设工程出现的缺陷进行维修的资金。缺陷是指建设工程质量不符合工程建设强制性标准、设计文件，以及承包合同的约定。缺陷责任期一般为6个月、12个月或24个月，具体可由发、承包双方在合同中约定。保证金的预留比例，如果是全部或者部分使用政府投资的建设项目，按工程价款结算总额5%左右的比例预留保证金。如果是社会投资项目采用预留保证金方式的，预留保证金的比例可参照执行。2017年该办法修订后，将缺陷责任期最低改为1年，最长不超过2年。中国的建筑工程质量保证金，实质是保修金，保修期最多不超过2年，对于一个使用期限较长的建筑工程来说，保修金是无法为建筑质量提供保险的。

上海市是中国最先探索建立建筑工程质量保险制度的城市。2019年2月26日，上海市住房和城乡建设管理委员会、上海市地方金融监督管理局、中国银行保险监督管理委员会上海监管局发布《关于本市推进商品住宅和保障性住宅工程质量潜在缺陷保险的实施意见》，该意见所称建设工程质量潜在缺陷保险，是指由住宅工程的建设单位投保的，保险公司根据保险条款约定，对在保险范围和保险期限内出现的由于工程质量潜在缺陷所导致的投保建筑物损坏，履行赔偿义务的保险。住宅工程包括商品住宅和保障性住宅工程在同一物业管理区域内其他建筑物。工程质量潜在缺陷，是指因设计、材料和施工等原因造成的工程质量不符合工程建设强制性标准以及合同的约定，并在使用过程中暴露出的质量缺陷。

地基基础工程和主体结构工程的保险期为10年，保温和防水工程的保险期限为5年。投保工程质量潜在缺陷保险的建设单位应当在办理施工许可手续时间节点前，与保险公司签订工程质量潜在缺陷保险合同，并一次性支付合同约定的保险费（含不高于30%的风险管理费用）。一个工程项目作为一个保险标的，出具一份保险单，保险合同涵盖的范围应当包括投保的住宅和同一物业管理区域内的其他建筑，保险公司在该保单项下承担的最大赔偿限额为保单记载的保险金额。

（五）调整工程招标项目标准

国家发改委于2018年3月27日发布《必须招标的工程项目规定》。根据该规定，必须招标的项目包括两类：一类是指全部或者部分使用国有资金投资或者国家融资的项目，具体包括：（1）使用预算资金200万元人民币以上，并且该资金占投资额10%以上的项目；（2）使用国有企业事业单位资金，并且该资金占控股或者主导地位的项目。另一类是指使用国际组织或者外国政府贷款、援助资金的项目。不属这两类情形的大型基础设施、公用事业等关系社会公共利益、公众安全的项目，必须招标的具体范围由国务院发展改革部门会同国务院有关部门按照确有必要、严格限定的原则制订，报国务院批准。以上规定范围内的项目，其勘察、设计、施工、监理以及与工程建设有关的重要设备、材料等的采购达到下列标准之一的，必须招标：（1）施工单项合同估算价在400万元人民币以上；（2）重要设备、材料等货物的采购，单项合同估算价在200万元人民币以上；（3）勘察、设计、监理等服务的采购，单项合同估算价在100万元人民币以上。同一项目中可以合并进行的勘察、设计、施工、监理以及与工程建设有关的重要设备、材料等的采购，合同估算价合计达到前款规定标准的，必须招标。国家发改委的这一规定，提高了之前规定的建筑工程招标的标准。

根据国家发改委的规定，住房和城乡建设部2018年9月28日发布《关于修订〈房屋建筑和市政基础设施工程施工招标投标管理办法〉的决定》，修订的内容为：删除了原规定第3条内容，即房屋建筑和市政基础设施工程（以下简称工程）的施工单项合同估算价在200万元人民币以上，或者项目总投资在3000万元人民币以上的，必须进行招标。省、自治区、直辖市人民政府建设行政主管部门报经同级人民政府批准，可以根据实际情况，规定本地区必须进行工程施工招标的具体范围和规模标准，但不得缩小本办法确定的必须进行施工招标的范围。删除原规定第11条第2款中的"具有相应资格的"。删除原规定第18条第1款第1项中的"（包括银行出具的资金证明）"。删除原规定第47条第1款中的"订立书面合同后7日内，中标人应当将合同送工程所在地的县级以上地方人民政府建设行政主管部门备案"。删除原规定第53条中的"招标人拒不改正的，不得颁发施工许可证"。删除原规定第54条中的"在未提交施工招标投标情况书面报告前，建设行政主管部门不予颁发施工许可证"。

（六）完善施工图审查制度

目前世界上许多国家和地区建立了施工图审查制度。[1] 中国也建立了国家实施施工图设计文件（含勘察文件）审查制度，住房和城乡建设部于2004年8月23日发布了《房屋建筑和市政基础设施工程施工图设计文件审查管理办法》，该办法所称施工图审查，是指施工图审查机构（以下简称审查机构）按照有关法律、法规，对施工图涉及公共利益、公众安全和工程建设强制性标准的内容进行的审查。施工图审查应当坚持先勘察、后设计的原则。施工图未经审查合格的，不得使用。从事房屋建筑工程、市政基础设施工程施工、监理等活动，以及实施对房屋建筑和市政基础设施工程质量安全监督管理，应当以审查合格的施工图为依据。审查机构是专门从事施工图审查业务，不以营利为目的的独立法人。审查机构按承接业务范围分两类：一类机构承接房屋建筑、市政基础设施工程施工图审查业务范围不受限制；二类机构可以承接中型及以下房屋建筑、市政基础设施工程的施工图审查。该办法对两类审查机构的专业人员构成、资格要求、年龄要求均作了规定。审查机构应当对施工图审查下列内容：（1）是否符合工程建设强制性标准；（2）地基基础和主体结构的安全性；（3）是否符合民用建筑节能强制性标准，对执行绿色建

---

[1] 参见罗培新《世界银行营商环境评估：方法·规则·案例》，译林出版社2020年版，第92—100页。

筑标准的项目,还应当审查是否符合绿色建筑标准;(4)勘察设计企业和注册执业人员以及相关人员是否按规定在施工图上加盖相应的图章和签字;(5)法律、法规、规章规定必须审查的其他内容。施工图审查原则上不超过下列时限:(1)大型房屋建筑工程、市政基础设施工程为15个工作日,中型及以下房屋建筑工程、市政基础设施工程为10个工作日。(2)工程勘察文件,甲级项目为7个工作日,乙级及以下项目为5个工作日。以上时限不包括施工图修订时间和审查机构的复审时间。按规定应当进行审查的施工图,未经审查合格的,住房城乡建设主管部门不得颁发施工许可证。县级以上人民政府住房城乡建设主管部门应当加强对审查机构的监督检查。住建部分别于2013年4月27日、2018年12月13日对该办法进行了修订。

五 法律法规修订与政府规制改革的效果

(一)办理建筑施工许可证指数排名大幅度上升

在世界银行营商环境报告评估指标排名中,办理建筑施工许可证排名较长时间排在低位,而且一直徘徊不前,主要的原因是政府长期以来没有对这个领域进行实质性的改革,影响分数的办理程序、时间、成本、建筑质量控制等问题,虽然在国内业界饱受诟病,但痼疾难返,须有敢啃硬骨头、敢入深水区的改革勇气,才能破解长期形成的行业利益固化、行政规制权力的盘根错节问题。这种改革不是增量改革,蛋糕做大了大家都有份,而是存量的改革,要动一部分人与部门的蛋糕,改革的难度很大。但从中央到地方,政府改革的紧迫感与改革的力度都很大,出台的改革措施也是切中肯綮,具有可操作性,改革的效果自然显现。2018年排名第172位,2019年排名第121位,2020年排名直接上升至第33位,与中国的总体排名第31位相差无几了。办理施工许可证排名的上升直接提升了中国的总体排名。

(二)办理建筑施工许可证在程序、时间与成本上大幅度减少

经过政府减少审批程序,优化与再造流程,合并程序,调整流程顺

序等措施，办理建筑施工许可证的程序从之前的近 30 个，减少到 2020 年 18 个。办理时间也从过去的 265 天减少到 2020 年的 111 天，虽然 2019 年还需要 155 天，没有实现李克强总理要求的 2019 年实现 120 天以内的改革目标，但 2020 年比 2019 年有了一定幅度的减少，减少了 44 天，相当不容易。办证成本也是大幅度地下降，2015 年时成本占人均收入的 8.9%，2020 年时占 2.8%，下降了 2/3，在办证过程中，许多政府部门不再收取任何规费，提供免费服务。

（三）建筑质量控制获得满意效果

建筑质量控制在 2020 年得满分，15 分，跻身世界最佳表现国家。这一成果，利益于中国政府主管部门对建筑质量的重视与有效控制，将质量保障规则贯彻到整个建筑施工过程中。

（四）"一网通办"平台建设优化了流程增加了透明度

借助现代信息技术建成的"一网通办"，让数据多跑路，群众少跑路。可以说，现在申请许可证的建设单位或者业主，永远告别了办一个证要盖 100 多个公章的时代。如北京市住建委充分运用"互联网+政务服务"的工作模式，按照"数据多跑路，群众少跑腿""下发审批权，重视常监管"的改革目标，优化网上服务流程，全面实施施工许可证电子证照、精简网上报件、联合验收资料审验全程网上办理等工作。上海市优化升级"市工程建设项目审批管理系统"，完善全流程信息共享，继续整合单部门办理事项"进出口"，做好线上线下咨询服务，形成本市工程建设项目透明便捷的"一个系统"以及办事服务和监督机制，提升企业对本市全覆盖工程建设项目办事的便利度和"获得感"。

六 未来改革展望

如何进一步优化办理建筑施工许可证，世界银行根据中国的评估结果，对相关人员提出了短期改革与长期改革的建议，① 可以将其建议列入我们的改革议程。结合中国实际情况，提出以下建议。

（一）加快推进相关涉法修订

在中国，房产业涉及上下游几十个产业，与该产业有关的政府规制部门也有10多个，过去几年，中国立法机关修订了《建筑法》《城乡规划法》等几部与建筑施工许可直接相关的法律，但还有些法律虽然与建筑施工许可没有直接的关系，但由于该法律所规制的内容与优化建筑施工许可的营商环境有关，涉及其中的某个环节，因此需要立法机关对其进行修订。如《档案法》《人民防空法》《环境影响评价法》等。② 还有一些法律需要修订，原因是与现行的规则冲突。如2014年修订的《环境保护法》与2015年修订的《大气污染防治法》取消了原法规定的"环保竣工验收行政许可"，但《噪声污染防治法》《固体废物法治环境防治法》还保留了相关规定，修订法律才能保持法律之间规则的一致性。

（二）试行分阶段整合相关测绘测量事项

探索将勘测定界测绘、宗地测绘合并为一个测绘事项；将房产预测绘、人防面积预测绘、定位测量、建设工程规划验线、正负零检测等事项，在具备条件的情况下进行整合；将竣工规划测量、用地复核测量、房产测量、机动车停车场（库）测量、绿地测量、人防测量、地下管线测量等事项，在具备条件的情况下进行整合。加快统一相关测绘测量技术标准，实现同一阶段"一次委托、成果共享"，避免对同一标的物重复测绘测量。

（三）推行水电气暖等市政接入工程涉及的行政审批在线并联办理

对供电、供水、供气、供暖等市政接入工程涉及的建设工程规划许

---

① 罗培新：《世界银行营商环境评估：方法·规则·案例》，译林出版社2020年版，第101—102页。

② 参见罗培新《世界银行营商环境评估：方法·规则·案例》，译林出版社2020年版，第109—108页。

可、绿化许可、涉路施工许可等实行全程在线并联办理，对符合条件的市政接入工程审批实行告知承诺管理。改革后，有关行政审批部门加强抽查核验力度，对虚假承诺、违反承诺等行为实行惩戒。

（四）开展联合验收"一口受理"

对实行联合验收的工程建设项目，由住房城乡建设主管部门"一口受理"建设单位申请，并牵头协调相关部门限时开展联合验收，避免建设单位反复与多个政府部门沟通协调。

（五）进一步优化工程建设项目联合验收方式

对实行联合验收的工程建设项目，根据项目类别科学合理确定纳入联合验收的事项，原则上未经验收不得投入使用的事项（如规划核实、人防备案、消防验收、消防备案、竣工备案、档案验收等）应当纳入联合验收，其他验收事项可根据实际情况纳入，并综合运用承诺制等多种方式灵活办理验收手续，提高验收效率，减少企业等待时间，加快项目投产使用。改革后，相关主管部门和单位对未纳入联合验收的事项也要依申请及时进行验收，并优化验收流程，对验收时发现的问题及时督促建设单位整改。

（六）简化实行联合验收的工程建设项目竣工验收备案手续

对实行联合验收的工程建设项目，可在通过联合验收后现场出具竣工联合验收意见书，政府部门直接备案，不动产登记等相关部门通过系统数据共享获得需要的验收结果，企业无须再单独办理竣工验收备案。

（七）试行对已满足使用功能的单位工程开展单独竣工验收

对办理了一张建设工程规划许可证但涉及多个单位工程的工程建设项目，在符合项目整体质量安全要求、达到安全使用条件的前提下，对已满足使用功能的单位工程可采用单独竣工验收方式，单位工程验收合格后，可单独投入使用。

（八）推进产业园区规划环评与项目环评联动

在环境质量符合国家相关考核要求、环境管理体系较为健全的产业园区，对环境影响较小的项目环评，探索入园建设项目环评改革，推进规划环评与项目环评联动，避免重复评价。改革后，对相关产业园区加强环境监测，明确园区及园区内企业环境风险防范责任，对破坏生态环境的项目及时依法依规处理。

（九）下放部分工程资质行政审批权限

将省级审批的电子与智能化工程二级、消防设施工程二级、防水防腐保温工程二级、建筑装修装饰工程二级、建筑幕墙工程二级和特种工程资质的审批（包括企业发生重组、合并、分立、跨省变更等事项后资质核定），下放至有关城市进行改革试点。

（十）建立完善建筑师负责制

推动有序发展建筑师个人执业事务所。探索在民用建筑工程领域推进和完善建筑师负责制，充分发挥建筑师的主导作用，鼓励提供全过程工程咨询服务，与国际工程建设模式接轨。

第三章

获得电力

一 获得电力的评估指标体系

世界银行《全球营商环境报告》记录了企业为获得标准化仓库的永久电力连接和供应所需的所有程序。这些程序包括与电力公司的申请和合同,来自配电公司以及其他机构所有必要的检查和许可,在建筑和电网之间的外部和最后的连接工作。获得电力的过程分为不同的程序,这项研究记录了完成每个程序的时间和成本的数据。

此外,《全球营商环境报告》还衡量了电力供应的可靠性和电费指数的透明度(包括在综合评分和营商环境排名中)和电价(不包括在综合评分中)。供应的可靠性和电费指数的透明度包括关于停电持续时间和频率的定量数据,以及关于公用事业公司为监测停电和恢复供电而建立的机制的定性信息,由监管者监督停电,电价的透明度和可访问性,以及最后电力公司是否面临旨在限制停电的财务威慑(例如,停电超过一定上限时,需要赔偿客户或支付罚款)。

各个经济体在获得电力的便利程度上的排名是根据它们获得电力的分数来决定的。这些分数是除电价之外的所有组成指标分数的简单平均。

关于供电可靠性的数据是根据数据的具体技术性质从电力分配机构或监管机构收集的。其余的资料,包括有关收费透明度和接驳电力程序的数据,均来自所有市场参与者、电力分配公用事业、电力监管机构和独立专业人士,如电气工程师、电力承建商和建筑公司。所咨询的配电设施是为仓库所在地提供服务的设施。如果有一种配电设施可供选择,则选择服务客户最多的那一种。

(一) 程序

程序定义为公司员工或主要电工或电气工程师（也就是可能完成内部布线的人）与外部人员如配电机构、供电机构、政府机构、电业承办商及电业公司。公司员工之间的互动和内部电气布线相关的步骤，如内部电气安装计划的设计和执行，不计入程序。然而，内部布线检查和认证是获得新连接的先决条件，被算作程序。必须使用相同的实用程序但使用不同的部门完成的程序被算作单独的程序。

除非强制要求第三方（例如，只有在公用事业公司注册的电工才能提交申请），否则公司员工将自行完成所有程序。如果公司可以，但不要求专业人员（如私人公司）的服务，则实际中通常进行的每次互动都将计算程序。

无论仓库和电网之间的外部工程是由公用事业公司或私人承包商进行的，都要计算一个程序。但是，外部工作程序和仪表安装可以算作一个唯一的程序，但必须满足两个特定条件：（1）外部工作和仪表安装都是由同一家公司或机构完成，（2）对于客户来说，外部工程和仪表安装之间没有额外的交互作用（例如，需要签订的供应合同或需要支付的保证金）。

如果需要进行内部布线检查或相关的安装认证才能获得新的连接，则算作一个程序。但是，如果内部检查和仪表安装发生（1）在相同时间和（2）没有额外的跟进或通过单独的请求，那么这些都被算作一个程序。

(二) 时间

时间以日历天数记录。这一措施采用的是电力公司和专家指出的实际需要而不是法律要求的持续时间中位数，以完成最低限度的后续行动，而且不需要额外支付。假定每个程序所需的最短时间为一天。虽然程序可以同时进行，但它们不能在同一天开始（也就是说，同时的程序在连续的几天开始）。假设公司不浪费时间，并承诺不延误地完成每一个剩下的程序。公司准备信息填写表格所花费的时间是不计算的。假定公司从一开始就知道所有的电力连接要求及其顺序。

（三）成本

成本以国民人均收入的百分比记录，不包括增值税。所有与完成仓库用电连接程序有关的费用和成本都被记录下来，包括与获得政府机构的许可、申请连接、接受现场和内部布线的检查、采购材料、获得真正的连接并支付保证金。来自当地专家的信息和具体的规章制度和费用表被用作成本来源。如果几个本地合作伙伴提供不同的估计，则使用报告值的中位数。在所有情况下，费用都不包括贿赂或非官方付款。

（四）保证金

公用事业公司要求保证金作为对客户可能无法支付其消费账单的担保。由于这个原因，新客户的保证金通常是作为客户估计消费的函数来计算的。

《全球营商环境报告》没有记录保证金的全部金额。如果存款是基于客户的实际消费，则根据标准化案例中的假设。公用事业公司因长期扣押保证金所遭受的利息收益损失的现值，在大多数情况下保证金被扣押到合同履行结束时（假定合同有限期为 5 年）。如果保证金是用于支付第一个月的消费账单，则不会被记录。为了计算利息损失收益的现值，使用了国际货币基金组织（IBM）的《国际金融统计》中的 2018 年年末贷款利率。在保证金连本带利返还的情况下，贷款利率和公用事业公司支付的利息之间的差额被用来计算损失的利息收益的现值。

在一些经济体中，保证金可以以债券的形式支付：公司可以从银行或保险公司获得对其在该金融机构持有的资产的担保。与客户以现金支付给公用事业公司的情况不同，在这种情况下，公司不会失去对全部金额的所有权控制，并可以继续使用它。作为回报，公司将向银行支付获得债券的佣金。根据公司的信用状况，收取的佣金可能有所不同。假定信用状况最好，因而佣金最低。如果可以使用保证金，则保证金的金额为每年的佣金乘以假定的五年合同期限。如果两个选项都存在，则记录较便宜的选项。

(五) 供电可靠性和电费透明度

《全球营商环境报告》使用系统平均中断持续时间指数（the system average interruption duration index，SAIDI）和系统平均中断频率指数（the system average interruption frequency index，SAIFI）来衡量每个经济体中最大的商业城市的电力中断持续时间和频率（在 11 个经济体中，也收集了第二大商业城市的数据）。SAIDI 是每一个客户在一年中服务中断的平均总持续时间，而 SAIFI 是客户在一年中经历的服务中断的平均次数。年度数据（包括历年）收集自配电公司和 SAIDI 和 SAIFI 的国家监管机构。SAIDI 和 SAIFI 的估计都应该包括计划内和计划外的停电，以及减负荷的数据。

一个经济体如果满足两个条件，就有资格获得供电可靠性和电费透明度指数：首先，该经济体的公用公司必须收集关于所有类型的停机数据（测量每个用户的平均停电总持续时间和每个用户的平均停电次数）。其次，SAIDI 值必须低于 100 小时的阈值，并且 SAIFI 值必须低于 100 次停电的阈值。

如果停电太频繁或持续太长时间，电力供应无法被认为是可靠的，即 SAIDI 或 SAIFI 值超过了确定的阈值，经济体就不符合获得评分的资格。如果一个经济体没有收集或部分收集停电数据（例如，SAIDI 和 SAIFI 指标的计算中没有包括计划停电或减负荷），该经济体也不符合该指标的得分标准，SAIDI 和 SAIFI 指标计算时考虑的最小停机时间大于 5 分钟。

对于符合《全球营商环境报告》所确定的标准的所有经济体，有关供电可靠性和电费透明度的评分是根据以下六个要素计算的：(1) SAIDI 和 SAIFI 的阈值。(2) 配电公司使用什么工具来监控停电。(3) 配电公司使用什么工具来恢复供电。(4) 是否有一个独立于公用事业公司的实体监控电力供应的可靠性。(5) 是否存在经济上的遏制措施来限制中断。(6) 电费是否透明，是否容易获取电费信息。

(六) 电价

《全球营商环境报告》在计算获得电力的分数或获得电力的便利程度

时，不包括电价。这些数据可在《全球营商环境报告》网站（http://www.doingbusiness.org）上获得，数据基于标准化假设，以确保各经济体之间的可比性。电价是以每千瓦时美分为单位来计算的。

假设一个月的电力消耗，然后计算一个基于经济体中最大商业城市的仓库1月的月度账单（对于11个经济体，也收集了第二大商业城市的数据）。如上所述，仓库每月用电30天，从上午9点到下午5点，因此如果有使用时间的电价，则可能适用不同的电价表。

（七）改革

获得电力指数可以追踪连接过程的效率、供电的可靠性、电费的透明度等方面的变化。根据对数据的影响，某些变化被归类为改革，并在《全球营商环境报告》改革摘要中列出，以确认重大变革的实施。改革分为两类：使经商更容易的改革和使经商更难的改革。获利电力指数采用两个标准来确认改革。首先，根据指数总体得分的绝对变化和相对得分差距的变化来评估数据变化的影响。其次，数据中的产业化必须与公用事业或政府领导的行动挂钩，而不是外部事件，才能被视为一种改革。

二　中国获得电力指数排名情况

（一）中国获得电力评估指数世界排名进展情况

2012年以来，世界银行将"获得电力"作为营商环境评价体系的一项关键指标。具体来讲，"获得电力"主要由程序步骤、天数（时间）、获得电力连结的成本（以占人均收入百分比计算）、供电可靠性和电费透明度指数四个部分构成。8年来，中国"获得电力"部分的得分排名不断攀升。

2015年至2020年中国获得电力排名情况：2015年排名第124位，2016年排名第92位，2017年排名第97位，2018年排名第98位，2019年排名第14位，2020年排名第12位。获得电力的排名远高于中国的总体排名，说明获得电力排名为中国的总体排名做出贡献。

(二) 2020 年中国排名及与其他经济体比较

表 3–1　　2020 年中国排名及与其他经济体比较

指标	北京	上海	中国	东亚及太平洋地区	OECD 高收入经济体	最佳表现
程序（数量）	2	2	2	4.2	4.4	3（28 个经济体）
时间（天数）	32	32	32	63.2	74.8	18（3 个经济体）
成本（占人均收入百分比）	0	0	0	594.6	61.0	0（3 个经济体）
供电可靠性和电费标准透明度指数（0—8）	7	7	7	4.0	7.4	8（26 个经济体）
得分	95.4	95.4	95.4			
排名			12			

(三) 中国获得电力存在的问题

1. 获得电力的程序较多

2018 年以前，中国公司获得电力的平均程序有 5~6 个，与发达经济体相比，存在一定的差距。

2. 获得电力的时间较长

在 2018 年前，中国获得电力的时间大概要 145 天，与发达经济体只需 18 天左右的时间存在较大的差距。

3. 获得电力的成本较高

2012 年中国获得电力的成本（占人均收入比）640 元，经过几年改革后，到了 2018 年还有 356 元，与发达经济体的零成本相比，成本非常高。

4. 基础电网薄弱，体量大，自然灾害较多

长期以来，受供电区域复杂性、特殊性以及体制的影响，公司投资渠道始终不畅，投资力度与体量严重不匹配，长期按一个县供电公司体量投资，造成了电网欠账多、改造面小等问题。隐患治理、雪灾遗留问

题整治、多年投诉低电压台区整改等工作迫切需要资金安排整改和实施。

5. 高层建筑、重要客户供电可靠性偏低

高层建筑、重要客户供电可靠性要求更高，但由于多年来城郊供电公司区域内电网基础薄弱，造成此类项目电网布点及双电源供电需求难以保障。

三 中国获得电力法律法规及制度演进

(一)《电力法》的规制

电力行业实行国家规制。根据《电力法》第 24 条的规定，国家对电力供应和使用，实行安全用电、节约用电、计划用电的管理原则。中国在输电和供电环节实行自然垄断，即输电与供电由区域性的独家企业垄断，输电企业目前只有两家：国家电网公司和南方电网公司，各自在划定的区域进行输电。供电公司只能在批准的供电营业区内向用户供电。根据《电力法》第 25 条的规定，供电营业区的划分，应当考虑电网的结构和供电合理性等因素。一个供电营业区内只设立一个供电营业机构。供电营业区的设立、变更，由供电企业提出申请，电力管理部门依据职责和管理权限，会同同级有关部门审查批准后，发给'电力业务许可证'。供电营业区设立、变更的具体办法，由国务院电力管理部门制定。因为供电企业独家垄断了其区域内的供电业务，因此，《电力法》第 26 条规定，供电营业区内的供电营业机构，对本营业区内的用户有按照国家规定供电的义务；不得违反国家规定对其营业区内申请用电的单位和个人拒绝供电。申请新装用电、临时用电、增加用电容量、变更用电和终止用电，应当依照规定的程序办理手续。供电企业应当在其营业场所公告用电的程序、制度和收费标准，并提供用户须知资料。法律给供电企业设定的法定义务，主要是要保证其营业区内的正常供电，保证区域内的生活与生产用电。本质上说，供电合同也是民事合同，电力供应与使用双方应当根据平等自愿、协商一致的原则，按照国务院制定的电力供应与使用办法签订供用电合同，确定双方的权利和义务。供电企业应当保证供给用户的供电质量符合国家标准。用户对供电质量有特殊要求的，供电企业应当根据其必要性和电网的可能，提供相应的电力。《电力法》对供电企业规定了一项法定义务，即供电企业在发电、供电系统正常的情况下，应当连续向用户供电，不得中断。因供电设施检修、依法限电或者用户违法用电等原因，需要中断供电时，供电企业应当按照国家有关规定事先通知用户。

依据《电力法》的规定，中国的电力产业分为电力建设、电力生产、电力供应与电力使用。电力建设应按照电力发展规划进行，电力发展规划应当根据国民经济和社会发展的需要制定。电力生产与电网管理，直接影响电力的连续供应。电网运行实行统一调度、分级管理。供电机构实行区域垄断，一个供电营业区内只设立一个供电营业机构。供电营业区设立、变更的具体办法，由国务院电力管理部门制定。

电力法的修订。《电力法》经2009年8月27日第十一届全国人民代表大会常务委员会第十次会议、2015年4月24日第十二届全国人民代表大会常务委员会第十四次会议、2018年12月29日第十三届全国人民代表大会常务委员会第七次会议进行了三次修正，但这三次修订的内容不多，只是对个别条款进行了修订，如2009年的修订只是法律条文中的有关法律名称修订了而作的相应修订，2005年修订，删去第25条第3款中的"供电营业机构持《供电营业许可证》向工商行政管理部门申请领取营业执照，方可营业"。2018年修订的内容为将第25条第3款修订为："供电营业区的设立、变更，由供电企业提出申请，电力管理部门依据职责和管理权限，会同同级有关部门审查批准后，发给'电力业务许可证'。供电营业区设立、变更的具体办法，由国务院电力管理部门制定。"取消了"供电营业许可证"，而代之以"电力业务许可证"。

（二）《价格法》的规制

输配电价格实行政府规制。电价关系国计民生，电力行业里的输电与配电具有自然垄断属性，电力价格受政府规制。根据《价格法》第18条的规定，自然垄断经营的商品价格政府必要时可以实行政府指导价或者政府定价。第19条规定了中央与省级政府在价格规制方面的权限，中央定价目录由国务院价格主管部门制定、修订，报国务院批准后公布。地方定价目录由省、自治区、直辖市人民政府价格主管部门按照中央定价目录规定的定价权限和具体适用范围制定，经本级人民政府审核同意，报国务院价格主管部门审定后公布。省、自治区、直辖市人民政府以下各级地方人民政府不得制定定价目录。第 23 条规定，制定关系群众切身利益的公用事业价格、公益性服务价格、自然垄断经营的商品价格等政府指导价、政府定价，应当建立听证会制度，由政府价格主管部门主持，征求消费者、经营者和有关方面的意见，论证其必要性、可行性。根据国家发展改革委 2020 年《中央定价目录》的规定，省级及省级以上电网输配电价由国务院价格主管部门制定。通过市场交易的电量价格，由市场形成。燃煤发电电价机制以及核电等尚未通过市场交易形成价格的上网电价，暂由国务院价格主管部门制定，视电力市场化改革进程适时放开由市场形成。尚未通过市场交易形成价格的销售电价暂按现行办法管理，视电力市场化改革进程适时放开由市场形成。居民、农业等优先购电电量的销售电价，由国务院价格主管部门制定定价原则和总体水平，省级价格主管部门制定具体价格水平。

（三）行政法规对获得电力的规制及制度演进

《电力供应与使用条例》是一部规制中国电力供应与使用的行政法规，于 1996 年 4 月 17 日由国务院发布。2016 年 2 月 6 日，根据国务院《关于修订部分行政法规的决定》，对《电力供应与使用条例》进行了修订，删去《电力供应与使用条例》第 9 条第 1 款中的"供电营业机构持'供电营业许可证'向工商行政管理部门申请领取营业执照，方可营业"。第 37 条第 2 款修订为："承装、承修、承试供电设施和受电设施的单位，必须经电力管理部门审核合格，取得电力管理部门颁发的'承装（修）电力设施许可证'。"

四 政府获得电力规制制度改革

（一）中央政府关于获得电力的改革政策

中国电力体制改革迄今经历了四个阶段：第一阶段，1978 年至 1985 年，主要解决电力领域投资不足问题，倡导社会集资办电，打破了单一的电价模式，培育了市场定价的机制。第二阶段，1987 年至 2002 年，主要解决政企合一问题。提出"政企分开，省为实体，联合电网，统一调度，集资办电"的"二十字方针"和"因地因网制宜"的电力改革与发展方针。1997年成立中国国家电力公司。第三阶段，2002年至2012年，厂网开与电力市场初步发育阶段。第四阶段，2013年至今，电力体制改革进入新常态，市场化改革步伐加快。

电价是电力体制改革的核心问题之一。2003年7月3日，国务院办公厅发布《关于印发电价改革方案的通知》（国办发〔2003〕62号），提出了详细的电力价格改革方案。2005年，国家发展改革委发布了《上网电价管理暂行办法》《输配电价管理暂行办法》《销售电价管理暂行办法》三个部门规章。

2015年3月15日，中共中央、国务院发布《关于进一步深化电力体制改革的若干意见》，认为虽然经历了多轮改革，但电力价格关系没有理顺，因此，提出的改革任务之一是有序推进电价改革，理顺电价形成机制。与获得电力相关的具体要求为：（1）单独核定输配电价。政府主要核定输配电价，并向社会公布，接受社会监督。输配电价逐步过渡到按"准许成本加合理收益"原则，分电压等级核定。用户或售电主体按照其接入的电网电压等级所对应的输配电价支付费用。（2）分步实现公益性以外的发售电价格由市场形成。放开竞争性环节电力价格，把输配电价与发售电价在形成机制上分开。（3）减少和规范电力行业的行政审批。进一步转变政府职能、简政放权，取消、下放电力项目审批权限，有效落实规划，明确审核条件和标准，规范简化审批程序，完善市场规划，保障电力发展战略、政策和标准有效落实。

国务院总理李克强2020年9月17日主持召开国务院常务会议，确定政务服务"跨省通办"和提升"获得电力"服务水平的措施，持续优化企业和群众办事创业环境。

（二）获得电力的政府规制政策

1. 电力业务许可证管理制度

根据原国家电力监管委员会（现国家能源局）于2005年12月1日发布的《电力业务许可证管理规定》，在中国境内从事电力业务，应按照此规定取得电力业务许可证，这里的电力业务是指发电、输电、供电业务。其中，供电业务包括配电业务和售电业务。电力业务许可证分为发电、输电、供电三个类别。从事供电业务的，应当取得供电类电力业务许可证。条例第11条规定了申请电力业务许可证应当具备的基本条件：（1）具有法人资格；（2）具有与申请从事的电力业务相适应的财务能力；（3）生产运行负责人、技术负责人、安全负责人和财务负责人具有3年以上与申请从事的电力业务相适应的工作经历，具有中级以上专业技术任职资格或者岗位培训合格证书；（4）法律、法规规定的其他条件。供电类电力业务许可证除了前述条件外，还应当具备下列条件：（1）具有经有关主管部门批准的供电营业区；（2）具有与申请从事供电业务相适应的供电网络和营业网点；（3）承诺履行电力社会普遍服务义务；（4）供电项目符合环境保护的有关规定和要求。申请电力业务许可证的程序为：申请，申请时提交条例所要求的材料；审查，国家能源局对申请材料进行实质性审查；决定，审查通过后，即可向申请人颁发许可证。审查的时间，国家能源局受理申请之日起20日内作出许可决定。20日内不能作出决定的，可以延长10日。作出准予许可决定的，自作出决定之日起10日内向申请颁发。电力业务许可证的有效期为20年。

国家能源监管机构建立健全电力业务许可监督检查体系和制度，对被许可人按照电力业务许可证确定的条件、范围和义务从事电力业务的情况进行监督检查。能源监管机构依法开展监督检查工作，被许可人应当予以配合。

2. 电价费率规制

根据中国商品与服务价格的规制方法，分为政府指定价、政府指导价和市场调节价。电价分不同情况，将电价划分为上网电价、输电价格、配电价格和终端销售电价；发电、售电价格由市场竞争形成；输电、配电价格由政府制定。同时，建立规范、透明的电价管理制度。中国经过了多轮电价改革，现行电价定价依据是2003年7月3日国务院办公厅发布的《关于印发电价改革方案的通知》（国办发〔2003〕62号）。中国的销售电价将用户分为居民生活用电、农业生产用电、工商业及其他用电三类，每类用户按电压等级和用电负荷特性定价。对具备条件的用户普遍推行两部制电价，也可同时实行季节电价、高可靠性电价、可中断电价等有利于系统平衡、降低系统成本的电价形式。

2005年3月28日，国家发展改革委发布《销售电价管理暂行办法》，销售电价实行政府定价，统一政策，分级管理。销售电价由购电成本、输配电损耗、输配电价及政府性基金四部分构成。销售电价分为居民生活用电、农业生产用电、工商业及其他用电价格三类。工商业及其他用户中受电变压器容量在100千伏安或用电设备装接容量100千瓦及以上的用户，实行两部制电价。受电变压器容量或用电设备装接容量小于100千伏安的实行单一电度电价，条件具备的也可实行两部制电价。各级政府价格主管部门负责对销售电价的管理、监督。在输、配分开前，销售电价由国务院价格主管部门负责制定；在输、配分开后，销售电价由省级人民政府价格主管部门负责制定，跨省的报国务院价格主管部门审批。

提高电费指数透明度。2019年4月22日国家发展改革委办公厅发布《关于优化电价政策发布机制的通知》（发改办价格〔2019〕487号），要求各省（自治区、直辖市）价格主管部门制定或调整涉及终端电力用户用电价格的政策文件，须提前一个月通过发布单位的门户网站向社会公布，便于电力用户提前知晓电价政策信息。电网企业应做好电价政策信息的宣传、告知和解释工作，并严格遵守相关政策规定及执行时间。国家发改委于2020年3月13日发布《中央定价目录》，省级及省级以上电网输配电价，由国务院价格主管部门负责制定。

国家发展改革委于2020年1月19日发布《省级电网输配电价定价办法》，对输配电价的形成机制进行了详细的规定。监管周期为3年。国家发改委于2020年9月28日发布《关于核定2020~2022年省级电网输配电价的通知》（发改价格规〔2020〕1508号），通知要求：2020年年初以来实施了阶段性降低企业用电成本政策，2020年继续执行现行输配电价，本通知所附各省级电网输配电价自2021年1月1日起执行。北京市发改委于2020年11月30日发布《关于调整本市销售电价有关事项的通知》（京发改〔2020〕1708号），北京市非居民销售电价分为城区、郊区、经济技术开发区三类不同的标准，根据该通知的要求，2021年1月1日起，北京市城区、郊区（含北京经济技术开发区）一般工商业用户电度电价每千瓦时下调1.74分、大工业用户电度电价每千瓦时下调4.24分；同步调整北京经济技术开发区两部制用户的基本电价标准。上海市发改委于2020年11月26日发布《关于降低本市大工业用电价格的通知》（沪发改价管〔2020〕35号），上海市大工业用电价格每千瓦时平均降低0.97分钱（含税，下同）。合理调整不同电压等级间的价差，大工业用电不满1千伏电压等级电价平均每千瓦时降低0.77分钱。同时，优化调整大工业用电各电压等级峰、平、谷时段比价关系，促进输配电价应用于电力市场化交易。一般工商业及其他用电、居民生活用电、农业生产用电价格不作调整。各省级政府在大致差不多的时间发布了本辖区内的销售电价的调整通知。总体来看，销售电价呈下降趋势。

3. 压缩用电报装时间规制改革

国家能源局于2017年4月20日发布《压缩用电报装时间实施方案》，要求到2017年7月底，用电报装工作实现以下目标：（1）精简申请资料。减轻用户负担，加快受理进度，合理精简、整合用电报装申请资料，明确用电报装各环节申请资料清单目标表。（2）简化业务流程。在保证供电安全的前提下，尽量简化业务流程，对于居民用户的用电报装业务，取消设计审查和中间检查环节。（3）压缩报装时间。通过压缩用电报装供电方案答复、设计审查、中间检查、竣工验收及装表接电等环节办理时间，明确用电报装各环节压缩时间目标表，用电报装时间在现行《供电监管办法》规定基础上压缩1/3以上。鼓励供电企业随着工作推进并结合业务办理实际，进一步压缩各环节办理时间。

表3-2　　　　　　　　　用电报装各环节申请资料清单目标

序号	业务名称	申请资料清单	备注
1	业务受理	1. 用电申请书或用电业务表 2. 用电人有效身份证明 3. 用电地址物业权属证明 4. 用电容量需求清单 5. 用电工程项目批准文件	①如委托他人办理，需同时提供经办人有效身份证明 ②第4、5项资料仅限高压用户提供 ③原用电范围内的增容业务无须重复提供第2、3、5项资料
2	设计文件和有关资料审核	1. 设计单位资质证明材料 2. 用电工程设计及说明书	无
3	中间检查	1. 施工单位资质证明材料 2. 隐蔽工程施工及试验记录	无

续表

序号	业务名称	申请资料清单	备注
4	竣工检验	1. 用电工程竣工报告 2. 交接试验报告	居民用户无须提供第1、2项资料

注：本表为申请必备资料。对于法律法规另有规定的，按相关规定执行。

表3-3　　　　　　用电报装各环节压缩时间目标

用户类别	各环节办理时限（工作日）					合计天数（工作日）	目前规定办理时限（工作日）	压缩比例（%）
^	供电方案答复	设计审查	中间检查	竣工检验	装表接电	^	^	^
居民用户	2	—	—	3	2	7	22	68.18
其他低压供电用户	5	5	2	3	3	18	29	37.93
高压单电源供电用户	15	10	3	5	5	38	59	35.59
高压双电源供电用户	30	10	3	5	5	53	84	36.90

4. 全面提升获得电力服务水平

国家发改委、国家能源局于2020年9月25日发布《关于全面提升"获得电力"服务水平持续优化用电营商环境的意见》（发改能源规〔2020〕1479号）。提出的工作目标为：2022年年底前，在全国范围内实现居民用户和低压小微企业用电报装"三零"服务、高压用户用电报装"三省"服务，用电营商环境持续优化，"获得电力"整体服务水平迈上新台阶。具体目标为：（1）办电更省时。2020年年底前，将低压、20kV及以下高压电力接入工程审批时间分别压减至5个、10个工作日以内；将供电企业办理用电报装业务各环节合计时间在现行规定基础上压缩40%以上，未实行"三零"服务的低压非居民用户、高压单电源用户、高压双电源用户的合计办理时间分别压减至6个、22个、32个工作日以内；将居民用户、实行"三零"服务的低压非居民用户从报装申请到装表接电的全过程办电时间分别压减至5个、25个工作日以内。2021年、

2022年年底前，将实行"三零"服务的低压非居民用户全过程办电时间进一步分别压减至20个、15个工作日以内。（2）办电更省心。2020年年底前，将居民用户、实行"三零"服务的低压非居民用户的用电报装压减至2个环节，未实行"三零"服务的低压非居民用户的用电报装压减至3个环节。在全国范围实现用电报装业务线上办理。（3）办电更省钱。2021年年底前，实现城市地区用电报装容量160kW及以下、农村地区100kW及以下的小微企业用电报装"零投资"；2022年年底前，实现全国范围160kW及以下的小微企业用电报装"零投资"。（4）用电更可靠。2022年年底前，将直辖市、计划单列市、省会城市的中心区、市区、城镇、农村地区用户年均停电时间分别压减至1个、2个、5个、11个小时以内，或年均同比压缩8%以上；将其他地级行政区的中心区、市区、城镇、农村地区用户年均停电时间分别压减至2个、5个、9个、15个小时以内，或年均同比压缩8%以上。具体改革措施如下。

第一，压减办电时间。

压减用电报装业务办理时间。各供电企业要加快业务办理速度和配套电网接入工程建设，实现用电报装业务各环节限时办理。要如实记录用电报装时间信息，禁止"体外循环"、后补流程或重走流程。鼓励创新服务方式，拓展服务渠道，在现行规定时限基础上进一步压减办电时间。

压减电力接入工程审批时间。各省级能源（电力）主管部门要牵头推进审批服务标准化，出台完善配套政策文件，优化审批流程，简化审批手续，明确审批时限，推行并联审批、限时办结，提高办理效率。对于符合条件的低压短距离电力接入工程，积极探索实行告知承诺、审批改备案或取消审批等方式。鼓励和支持有条件的地区大幅压缩35kV及以上电力接入工程的审批时间。

第二，提高办电便利度。

优化线上用电报装服务。供电企业要持续优化用电报装线上服务功能，推行低压用户供用电合同电子化，推广高压用户客户经理预约上门服务，为用户提供用电报装、查询、交费等"一网通办"服务。鼓励有条件的地区，全面推广用电报装全流程线上办理，实现"业务线上申请、信息线上流转、进度线上查询、服务线上评价"，提升用户办电体验。用户有权自主选择用电报装线上线下办理渠道，供电企业不得加以限定。

压减用电报装环节和申请资料。供电企业要进一步压减现有用电报装环节，取消低压用户的设计审查、中间检查和竣工检验环节。低压用户在业务受理环节仅需提供用电人有效身份证件和用电地址物权证件，高压用户需同时提供用电工程项目批准文件。高压用户在设计审查环节仅需提供设计单位资质证明材料和用电工程设计及说明书，在中间检查环节仅需提供施工单位资质证明材料和隐蔽工程施工及试验记录，在竣工检验环节仅需提供工程竣工报告（含竣工图纸）。除法律法规另有规定外，供电企业不得增设或变相设置用电报装业务办理环节、前置条件，不得增加申请资料，不得强制用户签订申请用电承诺书。鼓励和支持有条件的地区进一步压减用电报装环节和申请资料。

加快政企协同办电信息共享平台建设。省级能源（电力）主管部门要按照国家有关规定，依托政务服务平台，牵头加强电子证照的推广应用，推进办电审批服务信息系统建设，推动省、市、县跨层级纵向联通，加强与供电企业用电报装信息管理系统的横向联通，提供数据互认共享服务，实现政企协同办电。实行行政审批申请"一窗受理"，审批结果自动反馈供电企业，审批流程公开透明，用户可在线查询；供电企业在线获取和验证营业执照、身份证件、不动产登记等用电报装信息，实现居民用户"刷脸办电"、企业用户"一证办电"。2021年年底前，各省级能源（电力）主管部门要牵头完成政企协同办电信息共享平台建设工作。鼓励和支持有条件的地区推进工程建设项目审批平台与供电企业用电报装信息管理系统的互联互通，供电企业提前获取用电需求、提前开展配套电网工程规划建设，提高办电效率。

第三，降低办电成本。

优化接入电网方式。供电企业要逐步提高低压接入容量上限标准，对于用电报装容量160kW及以下实行"三零"服务的用户采取低压方式接入电网。对于高压用户，要按照安全、经济和实用的原则确定供电方案，并结合当地电网承载能力，优先使用现有公用线路供电，实行就近就便接入电网。鼓励和支持有条件的地区进一步提高低压接入容量上限标准。鼓励推广临时用电的租赁共享服务，通过供电设施以租代购等方式满足用户临时用电需求。

延伸电网投资界面。各供电企业要逐步将电网投资界面延伸至居民用户和低压小微企业用户红线（含计量装置），鼓励和支持适当延伸高压用户电网投资界面，对涉及防范化解重大风险、精准脱贫、污染防治三大攻坚战的项目可优先延伸。有条件的地区可进一步扩大"零投资"服务用户范围，已实行"三零"服务的地区不得缩小"零投资"服务用户范围。

规范用电报装收费。供电企业要依法依规规范用电报装收费，为市场主体提供稳定且价格合理的用电报装服务，不得以任何名义直接或通过关联企业向用户收取不合理费用。对于居民用户和已承诺实行"三零"服务的低压非居民用户要确保做到办电"零投资"。

第四，提升供电能力和供电可靠性。

加强配电网和农网规划建设。供电企业要加大投资力度，科学制订配电网和农网建设投资方案，推动项目及时落地，持续提升供电能力。各省级能源（电力）主管部门要牵头加强配电网和农网发展规划的统筹协调，推动纳入城乡发展规划统筹考虑，并建立规划实施情况定期评估及滚动调整机制。

减少停电时间和停电次数。供电企业要进一步提高供电可靠性，为市场主体提供更好用电保障，不得以各种名义违规对企业实施拉闸断电。要强化计划检修管理，科学合理制订停电计划，推广不停电作业技术，减少计划停电时间和次数。要加强设备巡视和运行维护管理，开展配电网运行工况全过程监测和故障智能研判，准确定位故障点，全面推行网格化抢修模式，提高电网故障抢修效率，减少故障停电时间和次数。停电计划、故障停电、抢修进度和送电安排等信息要通过即时通信软件（微信等）、短信、移动客户端等渠道主动推送到用户。各省级能源（电力）主管部门要牵头建立健全相关工作机制，加大对违章作业、野蛮施工、违规用电等行为的查处力度，减少因违规施工导致的停电时间和次数。

第五，加大信息公开力度。

提高用电报装信息公开透明度。各供电企业要规范用电报装服务，制定用电报装工作流程、办理时限、办理环节、申请资料等服务标准和收费项目目录清单，及时作优化调整并向社会公开；要及时公布本地区配电网接入能力和容量受限情况。2020年年底前，供电企业要完成服务标准和收费项目目录清单制定工作,并在移动客户端、营业场所等渠道予以公开;要将12398能源监管热线和95598等供电服务热线同步、同对象公布到位,保障用户知情权。各地电力接入工程审批相关部门要按照《优化营商环境条例》要求,通过政府网站、全国一体化在线政务服务平台,向社会公布电力接入工程审批相关政策文件;各省级价格主管部门制定或调整涉及终端电力用户用电价格政策文件时,提前一个月向社会公布,提高电费透明度。

5. 供电企业的改革措施

供电企业在中国属于自然垄断行业,具有自然垄断属性。供电企业的投资、治理、经营、定价等均受政府的严格规制。在这个意义上,我们可以将其视为准政府部门。因此,此部分将供电企业的获得电力方面的改革措施归入政府规制改革部分。

2018年以来,国家电网公司率先在北京、上海开展低压小微企业零上门、零审批、零投资"三零"办电服务,世界银行"获得电力"指标排名由第98位跃升至第12位,达到国际领先水平。2020年9月18日,国家电网公司贯彻国务院常务会议精神,为全面提升"获得电力"服务水平制定了九项举措。具体措施:(1)办电更省时。2020年年底,居民、低压小微企业办电分别在5个和25个工作日内送电。2022年年底前,低压小微企业办电15个工作日内完成送电,大幅压缩高压企业办电时间。(2)办电更省心。推行低压企业供用电合同电子化,推广高压企业预约上门服务,提供办电、查询等"一站式"服务。通过流程"串改并",取消设计审查、中间检查等,将高、低压办电环节由平均8个、6个,精简至4个、3个环节以内。(3)办电更省钱。为居民和低压小微企业办电提供零上门、零审批、零投资"三零"服务,2022年年底前实现城乡全覆盖。提供最优供电方案,满足企业就近接入电网。(4)服务更便捷。推动政企协同办电信息共享,全面推广线上办电,实行"业务线上申请、信息线上流转、进度线上查询、服务线上评价",提升企业办电服务体验。(5)服务更透明。通过营业厅、手机App、95598网站等线上线下渠道,公开电费电价、服务流程、作业标准、承诺时限等信息,提供配电网接入能力和容量情况查询服务。(6)服务更温馨。主动为企业群众提供咨询解答服务,提供从技术咨询到装表接电"一条龙"服务。提供电子账单、电子发票服务。(7) 用电更可靠。科学合理制订停电计划, 推广"不停电"作业, 减少计划停电时间和次数。推行"网格化"抢修服务, 提高故障抢修效率, 减少故障停电时间和次数。(8) 用电更经济。向客户提供能效账单和节能咨询服务, 指导客户实施电能替代、节能改造, 实现降本增效。(9) 用电更安全。加强安全用电宣传, 指导客户排查整改隐患, 配合制定事故应急预案, 开展事故应急演练, 做到检查、告知、备案、服务"四到位"。

五　法律法规修订与政府规制改革的效果

(一) 提升了中国营商环境总体排名

中国获得电力的改革着力点在于减环节、压时间、降费用、优服务, 通过这些措施使营商环境的评估得分得到了很大的提升。2020 年的排名第 12 位, 世界银行认为中国在获得电力方面已经处于世界领先水平了, 这为中国营商环境排名的整体提升做出了重要贡献。中国的整体排名 2017 年是第 78 位, 2020 年的整体排名是第 31 位。"获得电力"的单项指标排名在第 12 位, 在 10 项指标中贡献度第二, 仅次于办理施工许可指标。

(二) 提供优化营商环境的"中国样本"

为了提高办电便利度, 京沪两地推出线上用电报装服务和移动作业终端实时响应服务等创新办法。过去申请电力供应都要到电力部门现场填表、提申请, 现在可以线上申办, 通过供电服务热线、手机 App 等。2020 年 7 月, 世界银行发布了《中国优秀营商环境的成功经验》, 指出中国"获得电力"指标已接近或位于全球最佳实践的前沿, 并向全球推介中国线上办电、电子合同、移动作业终端等做法。

(三) 提高政务服务水平

"获得电力"是一项综合性的指标, 跟地方政府部门联系广泛, 比如绿化、园林、道路, 等等, 涉及供电企业以外许多部门。通过推动"获得电力"提升工作,有效促进地方政府相关部门创新工作方法,提高政务服务的效率。

六 未来改革展望

中国在获得电力方面已经处于世界前列,成为最佳表现案例。下一步还有改革空间吗？即使获得电力改革成果显著,但并不意味着获得电力方面令市场主体完全满意,在以下方面还存在改革的需求。

(一) 在全国推广成熟的改革经验

中国地区间经济发展水平不一,政府的改革力度与政策的执行效率也存在较大差异。北京、上海作为世界银行营商环境评估指标选择的中国两个城市,也是中国经济最发达,改革意识最强烈,行政执行效率最高的城市。北京、上海的改革经验值得全国推广,全国范围内要实现居民用户和低压小微企业办电"三零"服务、高压用户办电"三省"服务,推动用电营商环境持续优化。

(二) 继续在程序、时间、成本方面进行改革

政府主管部门与供电公司在全国层面继续实行"三压减":压减流程环节,目前北京、上海只有两个程序,其他城市还有压减的空间；压减接电时间,目前北京、上海的、压减办电成本,聚焦压减大中型用电客户的办电成本；按照一省一策的原则,由各省公司因地制宜延伸电网投资。通过投资建设供配电设施至客户家门口等举措,降低企业接电成本,实现高、低压平均接电的各项成本降低。"二加强":加强服务创新、加强监督监察；"一提高":提高供电可靠性。

(三) 进一步提高供电可靠性

供电可靠性的目标值:持续减少客户年均停电时间和停电次数,A+、A、B、C类供电区域供电可靠率分别达到99.999%、99.989%、99.965%、99.897%、99.828%；北京和上海城市地区率先实现户均停电时间、次数分别不超过1小时/年和1次/年的目标。

采取的措施：一是提升电网规划建设精准化管理水平；二是提升电网精益化管理水平；三是提高电网故障抢修效率；四是全面推广"不停电"作业。

（四）继续推行用电便利化

全面推广"办电e助手"，支持客户在线查询典型设计、工程造价及设计、施工等企业信息，实现服务需求"实时响应"、交流信息"有痕可溯"。

（五）加大信息公开力度，提高用电报装工作透明度

供电企业要严格按照《供电企业信息公开实施办法》有关要求做好供电信息公开工作，通过营业厅、95598电话及网站、手机客户端等多种便于公众知晓的渠道，全面公开用电报装服务流程、时间要求、收费标准及有关政策等信息，定期公布并及时更新本地区配电网接入能力和容量受限情况，便捷提供业务咨询、用电申请、自助查询、资料下载等服务，切实提高用电报装工作透明度，方便用电报装业务办理。

第四章

登记财产

一 登记财产评估指标体系

世界银行《全球营商环境报告》记录的是一家有限责任公司（买方），为了扩大业务而购买另一家企业（卖方）的财产的完整过程，这个过程包括财产所有权人的名称变更，或者将此财产抵押获取贷款，或者在必要时将此财产出售给其他企业。报告还记录完成每一个程序的时间和成本。营商环境排名还衡量每个经济体的土地管理系统的质量。土地管理质量指数有五个维度：基础设施可靠性、信息透明度、地理覆盖范围、土地纠纷解决和平等享有财产权。

（一）转让财产的效率

根据《全球营商环境报告》的记载，转让财产的过程是，如果有必要，首先要取得卖方最新的所有权复印件等必要的文件，然后根据需要进行调查。当交易可以与第三方进行对抗时，当买方可以将财产用于扩大业务，作为银行贷款的抵押品或转售财产时，交易才被认为是完成。无论是法律规定还是一方要求，每一个程序都包括其中，不管是卖方还是买方的责任，或者是由第三方所代表。当地的房地产律师、公证人和房地产登记处提供了有关程序的信息，以及完成每一项程序的时间和成本。为了使数据在不同经济体之间具有可比性，对交易当事人、财产和程序进行了若干假设。

（二）程序

程序被定义为买方、卖方或他们的代理人（如果法律上或实践中需要代理人的话）与外部当事人（包括政府机构、检查员、公证员、建筑师、测量师等）的任何互动。公司管理人员和员工之间的互动不被考虑。所有法律上或实践上为财产登记所要求的程序都要记录在案，即使在特殊情况下可以避免。每一个电子过程作为一个单独的过程计算。资本利得税的支付可以作为一个单独的程序，但被排除在成本措施之外。如果在合法的情况下，只要支付一定的费用，就可以加快程序的速度，如果这种方法对经济效益更有利，而且大多数业主都使用，就会选择最快的程序。尽管买方在必要时可以在注册过程中使用律师或其他专业人员，但假定买方在注册过程中不雇用外部协助人，除非法律或实践中需要这样做。

（三）时间

时间以日历天数记录。这一措施涵盖了财产律师、公证人或登记官员表示完成手续所需的中间时间。假设每道工序所需的最短时间为1天，但可以完全在线完成的工序除外，所需时间记录为半天。虽然程序可以同时进行，但它们不能在同一天开始（同样，除了可以完全在线完成的程序）。假设买方不浪费时间，并承诺不延误地完成每一个剩余程序。如果需要额外的费用就可以加快一项程序，那么就选择大多数业主可以使用的最快的法律程序。假设所涉及的各方从一开始就知道所有的需求及其顺序。不考虑收集信息所花费的时间。如果不同来源的时间估计不同，则使用报告的中位值。

（四）成本

成本按财产价值的百分比记录，假定等于人均收入的50倍。只有法律要求的官方费用才会被记录下来，包括费用、转让税、印花税和任何其他支付给房产登记处、公证员、公共机构或律师的费用。其他税收，如资本利得税或增值税，被排除在成本计量之外。但是，在可以用增值税代替转让税的国家，转让税将被记录下来。由买方和卖方承担的费用均包括在内。如果不同来源的成本估计不同，则使用报告的中位值。

（五）土地管理质量指数

土地管理质量指数由 5 个指标组成：基础设施的可靠性、信息的透明度、地理覆盖范围、土地纠纷解决和平等获得产权。数据收集源自每个经济体最大的商业城市。11 个经济体的数据也收集到了第二大商业城市。

1. 基础设施可靠性指数

基础设施可靠性指数由 6 个部分组成：（1）产权在这个经济体中最大的商业城市的不动产登记处如何保存。保存形式有数字化保存、扫描登记保存与纸质形式保存。（2）是否有一个全面和有效的电子数据库，用于检查已登记产权的所有产权负担、警告、收费或特权。（3）在经济体中最大的商业城市的测绘机构中，地籍图以何种形式保存。（4）是否有地理信息系统，即是一个记录边界、检查图纸及提供地籍信息的数据库。（5）土地所有权登记机构和测绘机构是否有关联。土地所有权的信息和地图保存在一个数据库中或者保存在相连的数据库中，或者数据库之间互不相连。（6）不动产如何标识。只有唯一的标识码还是有多个标识码。

2. 信息透明度指数

信息透明度指数由 10 个部分组成：（1）是否公开土地所有权的资料。（2）是否公开产权交易所需文件的清单。（3）是否公开完成产权登记的费用表。（4）不动产代理机构是否承诺在规定时间内提供证明财产所有权的具有法律约束力的文件。（5）是否有专门的、独立的机制对不动产登记机构发生的问题进行投诉。（6）在经济体最大的商业城市，是否有公开的官方统计数据跟踪不动产登记机构的交易数量。（7）是否分开土地地块地图。（8）是否公开获取地图的费用表。（9）地图测绘机构是否承诺在规定时间内提供最新的地图。（10）是否有一个具体的、独立的机制来对地图测绘机构发生的问题提出投诉。

3. 地理覆盖指数

地理覆盖指数由 4 个组成部分：（1）对经济体最大的商业城市而言，土地登记部门覆盖的全面程度。（2）在经济层面上，土地登记的覆盖范围的全面程度。（3）测绘机构在最大商业城市层面覆盖的全面程度。（4）测绘机构在经济体层面覆盖的全面程度。

4. 土地纠纷解决指数

土地纠纷解决指数评估不动产登记的法律框架和纠纷解决机制的可及性。该指数有8个组成部分：（1）法律是否要求所有财产买卖交易都要在不动产登记处登记，以使其可以对抗第三方。（2）不动产登记的正式制度是否受到担保。（3）是否有专门的庭外赔偿机制，以补偿当事人基于不动产登记所证明的错误信息进行财产交易所造成的损失。（4）法律制度是否要求对产权交易所需文件的法律效力予以核实（如买卖契约、转让契约）。（5）法律制度是否需要核实财产交易当事人的身份。（6）是否有国家数据库来核实政府签发的身份证件的准确性。（7）在最大的商业城市，两家当地企业之间就人均收入50倍的土地使用权发生的标准土地纠纷，需要多长时间才能得到一审法院的判决（没有上诉）。（8）经济层面的土地纠纷一审法院是否有公开的统计数字。对于11个同时收集第二大商业城市数据的经济体，城市一级的统计数据被考虑在内。

5. 平等获取产权指数

平等获得财产权利指数有两个组成部分：（1）未婚男性和未婚女性对财产的所有权是否平等。（2）已婚男女对财产的所有权平等。

所有权包括管理、控制、获取、负担、接收、处置和转让财产的能力。如果考虑到默认的婚姻财产制度，法律对男性和女性有区别对待，则考虑这一限制。对于习惯上的土地制度，除非有规定差别待遇的一般法律规定，否则假定平等。

6. 土地管理质量指数

土地管理质量指数是基础设施可靠性、信息透明度、地理覆盖范围、土地纠纷解决和平等获得物业等指标得分的总和。该指数的取值范围为0—30，数值越高，说明土地管理系统的素质越好。

7. 改革

登记财产指标每年跟踪与土地管理系统的效率和质量有关的变化。根据对数据的影响，某些变化被归类为改革，并在《全球营商环境报告》改革摘要中列出，以确认重大变革的实施。改革分为两类：使经商更容易的改革和使经商更难的改革。登记财产指标只使用一个标准来识别改革。

数据变化的影响是根据指标总体得分的绝对变化，以及相对得分差距的变化来评估的。任何导致改变0.5分以上的分数，2%或以上的相对分数差距的数据更新时归类为改革（除非该项变动是由于官方费用自动与物价或工资指数挂钩）。例如，如果实施新的产权电子登记制度，分数提高0.5分以上，整体差距减少2%以上，从而缩短了时间和程序，就被归类为改革。对整体成绩影响小于0.5分或对差距影响小于2%的轻微费用更新或其他指标的小变化不被视为改革，但数据会相应更新。

二 中国登记财产评估指数排名情况

（一）中国登记财产评估指数世界排名进展情况

《全球营商环境报告》2015年到2020年的中国排名情况：2015年排名第37名，2016年排名第43名，2017年第42名，2018年第41名，2019年第27名，2020年第28名。

（二）中国2020年排名情况及与其他经济体比较

表4-1　　　　中国2020年排名情况及与其他经济体比较

指标	北京	上海	中国	东亚及太平洋地区	OECD高收入经济体	最佳表现
程序（数量）	3	4	4	5.5	4.7	1（5个经济体）
时间（天数）	9	9	9	71.9	23.6	1（2个经济体）
成本（占财产价值的百分比）	4.6	4.6	4.6	4.5	4.2	0（沙特阿拉伯）
土地管理质量（0—30）	24.5	23.5	24	16.2	23.2	无2018/2019年
得分	82.6	79.7	81			
排名			28			

(三) 中国登记财产存在的问题

1. 登记财产依据不统一法出多门

涉及中国登记财产的法律有《物权法》《房地产管理法》《土地管理法》等,还有《城镇国有土地使用权出让和转让暂行条例》《土地登记规则》等,动产登记方面,航空器、车辆、船舶等登记均由相应的《民用航空法》《道路交通安全法》《船舶登记条例》等法律法规确定。分类登记原则是中国登记财产长期形成的立法格局,想通过一部法律很难实现登记财产法律制度的统一。《民法典》的颁布,也没能建立统一的登记财产制度的法律体系。因此,建立统一的登记财产制度信息系统就成为必要,这一系统不改变现行法律的规定,但须建立统一的信息接口,从根本上解决财产登记的信息孤岛问题。

2. 登记财产程序多时间长

由于登记财产时涉及众多政府部门,审批流程多,相应的办理时间长,严重影响了登记效率。根据世界银行营商环境评估指标的要求,要提升登记财产的得分,就必须在缩短登记流程、压缩登记时间上寻求突破。构建统一的登记信息系统,通过数据的流通与共享,减少登记环节,节省登记时间。

3. 没有建立可查询的地籍图信息系统

地籍图信息的公开透明,查询申请人均可查询到所查区域内全部地籍区和地籍子区信息,包括地籍区、地籍子区的名称、编号等内容。任何人通过查询均可即时获取已登记宗地的宗地代码、不动产单元号、坐落、面积及权利类型等内容及附图。不动产权利人可通过宗地所在区不动产登记大厅的自助查询设备或查询窗口获取宗地图及宗地相关信息,不动产利害关系人可通过查询窗口查询相应宗地的权利人、权利类型、坐落、宗地代码、不动产单元号、面积、用途、四至范围等相关信息。因此,完善地籍图信息系统,既可以保护不动产权利人的权利,也可以让不动产利害关系人查询到相关不动产的信息。

4. 需要进一步公开土地争议案件与土地争议审判依据

中国裁决文书网建成后,涉及土地争议案件的裁决文书都在网上进行了公开,但作为社会申请人,需要熟悉相应的查询技术才有可能在中国裁判文书网上查询到相关信息。对于正在审理的土地争议纠纷案件，如果受理法院没有及时公布相关的案件审理信息，争议土地的权利人或者利害关系人则无从知道相关信息。中国土地争议解决战线拉得过长，争议数据及处理流程透明度不强，政府针对市场中测绘项目成果的审核并不成熟，整体表现流于形式，使得土地质量管理指数失分严重。

在众多经济体中，尽管中国营商环境连续两年获封"进步最显著的经济体"，但中国营商环境"登记财产指数"仅处于中上地位，与中国经济实力及招商引资号召力存在较大出入。

三 中国登记财产的法律法规及制度演进

一般而言，财产分为不动产与动产。不动产是指根据财产的物理性质不能移动或者移动后将严重损害其经济价值的有体物，主要指土地及其附着物。对应而言，动产就是在物理性质上能够移动的财产。财产所有权是指所有权人对自己的不动产或者动产，依法享有占有、使用、收益和处分的权利。中国《民法典》对财产所有权作出了明确的规定。其中，财产所有权的类型主要包括：国家所有权、集体所有权和私人所有权。

（一）财产的取得方式

财产所有权的取得方式分为原始取得和继受取得两种。

原始取得是指所有权首次产生或不依赖于原所有人的意志而取得物的所有权。根据法律的规定，原始取得的方式主要有：(1) 生产。这是指民事主体通过自己的劳动创造出新的财产进而取得该财产的所有权的方式。劳动创造财富。除了通过投资创业获得合法财产，大多数人通过自己的劳动所得积累财产。(2) 先占。这是指民事主体以所有的意思占有无主动产而取得其所有权的法律事实。先占应具备以下构成要件：标的须为无主物；标的须为动产；行为人须以所有的意思占有无主物。(3) 添附。这是指不同所有人的物因一定的行为而结合在一起形成不可分割的物或具有新质的物。添附包括三种情形：混合。即指不同所有人的动产因相互掺杂或融合而难以分开而形成新的财产。附合。即指不同所有人的财产密切结合在一起而形成新的财产。加工。即指一方使用他人的财产加工改造为具有更高价值的财产。《民法典》第322条规定："因加工、附合、混合而产生的物的归属，有约定的，按照约定；没有约定或者约定不明确的，依照法律规定；法律没有规定的，按照充分发挥物的效用以及保护无过错当事人的原则确定。"（4）善意取得。又称即时取得，是指不法占有他人动产的人将其无权处分的动产转让给第三人时，如果该受让人取得财产是出于善意，则可取得该财产的所有权。善意取得的构成要件包括：须让与人无权处分该动产。受让人须通过有偿交换取得该动产。受让人取得财产时必须出于善意。转让的财产须是依法可以流通的动产。《民法典》第311条、第313条规定了善意取得制度。（5）发现埋藏物和隐藏物。埋藏物和隐藏物是指埋藏或隐藏于他物之中，其所有权归属不明的动产。根据《民法典》第319条的规定，所有权人不明的埋藏物和隐藏物归国家所有。（6）拾得遗失物。这是指发现他人不慎丧失占有的动产而予以占有的法律事实。根据《民法典》第314条至318条规定，拾得遗失物应当归还失主，拾得人不能取得遗失物的所有权。（7）孳息。孳息分为天然孳息与法定孳息。天然孳息，由所有权人取得；既有所有权人又有用益物权人的，由用益物权人取得。当事人另有约定的，按照其约定。法定孳息，当事人有约定的，按照约定取得；没有约定或者约定不明确的，按照交易习惯取得。

继受取得，又称传来取得，是指通过一定的法律行为或基于法定的事实从原所有人处取得所有权。根据法律的规定，所有权继受取得的原因主要包括：因一定的法律行为而取得所有权。法律行为具体包括买卖合同、赠予、互易等；因法律行为以外的事实而取得所有权。例如继承遗产，接受他人遗赠等。因其他合法原因取得所有权。如合作经济组织的成员通过合股集资的方式形成新的所有权形式。

现实中，人们所拥有的大量财产通过交易而获得。财产买受人通过自己劳动所得在市场上通过买卖或者交换获得财产所有权。动产交付即可占有。不动产交易需要通过法定的程序，缴纳各种税费后才能完成交易，获得所有权，通过登记而对抗第三人。

（二）不动产交易的法定税费

不动产交易分为一手房交易与二手房交易。一手房屋交易时，要缴纳三种税费：契税、房屋维修基金、物业管理费。二手房交易涉及的税种有契税、增值税、所得税、印花税四种。

1. 契税

《契税法》规定，在中国境内转移土地、房屋权属，承受的单位和个人为契税的纳税人，应当依照本法规定缴纳契税。契税由财产的受让方缴纳。契税税率为3%～5%。契税的具体适用税率，由省级人民政府在法定的税率幅度内提出，报同级人民代表大会常务委员会决定，并报全国人民代表大会常务委员会和国务院备案。省级人民政府可以依照前款规定的程序对不同主体、不同地区、不同类型的住房的权属转移确定差别税率。2021年9月1日，北京市人民代表大会常务委员会《关于北京市契税具体适用税率等事项的决定》，北京市契税税率为3%。对涉及房地产交易环节的契税，目前仍按《财政部、国家税务总局关于调整房地产交易环节契税营业税优惠政策的通知》（财税〔2016〕23号）执行，如个人购买住房的契税，仍执行现行优惠政策："对个人购买家庭唯一住房，面积为90平方米及以下的，减按1%税率征收契税；面积为90平方米以上的，减按1.5%税率征收契税。"非住宅、单位购买房屋、个人购买非家庭唯一住房，按3%计征。目前上海市的契税标准与北京一样，也是3%。

2. 住宅专项维修基金

住宅专项维修基金，又称房屋维修基金，商品房公共维修基金，2007年根据当时建设部和财政部联合发布的《住宅专项维修基金管理办法》称为住宅专项维修基金。住宅专项维修资金，是指专项用于住宅共用部位、共用设施设备保修期满后的维修和更新、改造的资金。商品住宅的业主、非住宅的业主按照所拥有物业的建筑面积交存住宅专项维修资金，每平方米建筑面积交存首期住宅专项维修资金的数额为当地住宅建筑安装工程每平方米造价的5%至8%。省级人民政府建设（房地产）主管部门应当根据本地区情况，合理确定、公布每平方米建筑面积交存首期住宅专项维修资金的数额，并适时调整。

3. 物业管理费

物业管理，是指业主通过选聘物业服务企业，由业主和物业服务企业按照物业服务合同约定，对房屋及配套的设施设备和相关场地进行维修、养护、管理，维护相关区域内的环境卫生和秩序的活动。物业管理费用由业主根据物业管理服务合同的约定定期缴纳。根据《物业管理条例》第7条规定的业主义务中，"按照交纳物业服务费用"是业主应当履行的义务之一。物业管理费根据不同地方、不同住宅小区而不同。一手房交易时，开发商一般会预收一年的物业管理费。

4. 印花税

《印花税法》规定，在中国境内书立应税凭证、进行证券交易的单位和个人，为印花税的纳税人，应当依照本法规定缴纳印花税。在境外书立在境内使用的应税凭证的单位和个人，应当依照本法规定缴纳印花税。印花税由财产的出让方缴纳。根据印花税科目税率表，不动产转让印花税率为0.05%。个人购买住宅免征印花税。个人转让非住宅、企业间转让二手房产，买卖双方均需要缴纳印花税。符合《财政部税务总局关于实施小微企业普惠性税收减免政策的通知》（财税〔2019〕13号）规定的增值税小规模纳税人减半征收城市维护建设税、教育费附加、地方教育附加、印花税。

5. 增值税

《增值税暂行条例》规定，在中国境内销售货物或者加工、修理修配劳务，销售服务、无形资产、不动产以及进口货物的单位和个人，为增值税的纳税人，应当依照本条例缴纳增值税。不动产交易的增值税利率为11%。（1）个人转让住宅，增值税的适用条件：取得不动产产权证未满2年，按计税金额×5.6%征收；取得不动产产权证满2年，普通住宅免征；非普通住宅，按照（计税金额－上手发票或契税完税征金额）×5.6%计征。（2）个人转让非住宅，增值税的适用条件：提供上手发票或契税完税税证，按照（计税金额－上手发票或契税完税征金额）×5.6%计征；无法提供上手购房发票、契税完税税证，计税金额×5.6%。

6. 个人所得税

《个人所得税法》规定，在中国境内有住所，或者无住所而一个纳税年度内在中国境内居住累计满183天的个人，为居民个人。居民个人从中国境内和境外取得的所得，依照本法规定缴纳个人所得税。在中国境内无住所又不居住，或者无住所而一个纳税年度内在中国境内居住累计不满183天的个人，为非居民个人。非居民个人从中国境内取得的所得，依照本法规定缴纳个人所得税。（1）个人转让住宅出让方的个人所得税计征方法：转让自用满5年家庭唯一住宅，免征；据实征收的情形：提供房产原值（购房发票或契税完税证等）以及上手来源为赠予的，税额按照（计税金额－房产原值－合理费用）×20%计征。核定征收的情形：非赠予取得的房屋，且不能提供房屋原值（发票或契税完税证等）的，税额按照计税金额×1%，或者计税金额×3%（法院拍卖）计征。（2）个人转让非住宅出让方的个人所得税计征方法：提供房产原值（购房发票或契税完税证等）以及上手来源为赠予的，按照（计税金额－房产原值－合理费用）×20%计征；非赠予取得的房屋，且不能提供房屋原值（发票或契税完税征等）的，按照计税金额×1.5%（普通交易）计征，或者计税金额×3%（拍卖）计征。

7. 企业所得税

《企业所得税法》规定，中国境内的企业和其他取得收入的组织为企业所得税的纳税人，依照本法的规定缴纳企业所得税。转让财产收入应缴纳企业所得税。企业所得税的税率为25%。

8. 土地增值税

《土地增值税暂行条例》规定，转让国有土地使用权、地上的建筑物及其附着物并取得收入的单位和个人，为土地增值税的纳税义务人，应当依照本条例缴纳土地增值税。纳税人转让房地产所取得的收入减除本条例规定扣除项目金额后的余额，为增值额。纳税人转让房地产所取得的收入，包括货币收入、实物收入和其他收入。（1）个人转让非住宅土地增值税，分两种情形，第一种情形：提供房屋及建筑物重置价格评估报告或购物发票的：土地增值税＝增值额×四级超率累进税率－扣除项目金额×速算扣除系数。其中：①提供房屋及建筑物重置价格评估报告的：增值额＝房地产转让收入－重置成本价×成新度折扣率－取得土地使用权所支付的地价款和费用－转让环节缴纳的税金；②不能提供房屋及建筑重置价格评估报告，但能提供购房发票的：增值额＝房地产转让收入－购房发票所载金额×（1＋从购买年度起至转让年度止的间隔年数

×5%)－转让环节缴纳的税金。第二种情形，既没有评估报告，又不能提供购房发票的，计税金额×5%。(2)企业间二手房转让土地增值税，土地增值税=增值额×四级超率累进税率－扣除项目金额×速算扣除系数。其中：①提供房屋及建筑物重置价格评估报告的：增值额=房地产转让收入－重置成本价×成新度折扣率－取得土地使用权所支付的地价款和费用－转让环节缴纳的税金；②不能提供房屋及建筑重置价格评估报告，但能提供购房发票的：增值额=房地产转让收入－购房发票所载金额×（1+从购买年度起至转让年度止的间隔年数×5%)－转让环节缴纳的税金。

土地增值税增值额=房地产转让收入－扣除项目金额，增值率=增值额/扣除项目金额×100%，根据增值率确定使用税率，税率表如下：

表4-2　　　　　　　　土地增值税计算方法

档次	级距	税率（%）	速算扣除系数（%）	税额计算公式	说　明
1	增值额未超过扣除项目金额50%的部分	30	0	增值额30%	扣除项目指取得土地使用权所支付的金额；开发土地的成本、费用；新建房及配套设施的成本、费用或旧房及建筑物的评估价格；与转让房地产有关的税金；财政部规定的其他扣除项目
2	增值额超过扣除项目金额50%，未超过100%的部分	40	5	增值额40%－扣除项目金额5%	
3	增值额超过扣除项目金额100%，未超过200%的部分	50	15	增值额50%－扣除项目金额15%	
4	增值额超过扣除项目金额200%的部分	60	35	增值额60%－扣除项目金额35%	

9. 城市维护建设税

《城市建设维护税暂行条例》规定，凡缴纳增值税的单位和个人，都是城市维护建设税的纳税义务人，都应当依照本条例的规定缴纳城市维护建设税。城市建设维护税与增值税同时缴纳。城市维护建设税税率如下：纳税人所在地在市区的，税率为7%；纳税人所在地在县城、镇的，税率为5%；纳税人所在地不在市区、县城或镇的，税率为1%。增值税税额×7%。符合《财政部税务总局关于实施小微企业普惠性税收减免政策的通知》（财税〔2019〕13号）规定的增值税小规模纳税人减半征收城市维护建设税、教育费附加、地方教育附加、印花税。

10. 教育费附加

《征收教育费附加的暂行规定》规定，凡缴纳消费税、增值税的单位和个人，除按照《国务院关于筹措农村学校办学经费的通知》（国发〔1984〕174号文）的规定，缴纳农村教育事业费附加的单位外，都应当依照本规定缴纳教育费附加。教育费附加，以各单位和个人实际缴纳的增值税、消费税的税额为计征依据，教育费附加率为3%，分别与增值税、消费税同时缴纳。企业间二手房转让方缴纳的增值税税额×3%。符合《财政部税务总局关于实施小微企业普惠性税收减免政策的通知》（财税〔2019〕13号）规定的增值税小规模纳税人减半征收城市维护建设税、教育费附加、地方教育附加、印花税。

11. 地方教育费附加

《教育法》规定，省级人民政府根据国务院的有关规定，可以决定开征用于教育的地方附加费，专款专用。税务机关依法足额征收教育费附加，由教育行政部门统筹管理，主要用于实施义务教育。2010年11月7日，财政部发布《关于统一地方教育附加政策有关问题的通知》（财综〔2010〕98号），地方教育附加征收标准统一为单位和个人（包括外商投资企业、外国企业及外籍个人）实际缴纳的增值税、消费税税额的2%。增值税税额×2%。符合《财政部税务总局关于实施小微企业普惠性税收减免政策的通知》（财税〔2019〕13号）规定的增值税小规模纳税人减半征收城市维护建设税、教育费附加、地方教育附加、印花税。

12. 河道维护费（上海）：增值税的1%。

（已停征。）

（三）不动产登记制度

中国的不动产登记制度大致经历了四个阶段：1949—1978年为起步阶段，初步建立土地、房产登记制度，如1950年6月28日颁布的《土地改革法》规定："土地改革完成后，由人民政府发给土地所有证，并承认一切土地所有者自由经营、买卖及出租其土地的权利。土地制度改革以前的土地契约，一律作废。"随着生产资料的社会主义改造的完成，土地与房产逐渐转变为社会主义集体所有制，不再进行确权登记；1978—2013年，分散登记阶段，随着相关法律的制定，如《中外合资经营企业法》《土地管理法》《物权法》等，土地制度与房产制度改革的深入，逐步建立起由土地、房屋、林地等种类不动产行政主管部门负责的分散登记制度；2013—2017年，统一登记改革阶段，以《不动产登记条例》为依据，开始构建中国的统一不动产登记制度；2018年至今，创新发展阶段，根据世界银行《全球营商环境报告》的评估指标体系的要求，探索不动产登记便民利民的新举措，不断压缩登记办理时间，优化营商环境，推动不动产登记的效率，提高不动产登记的质量。[①]

中国不动产登记制度的法律规则源自2007年制定的《物权法》。《物权法》第6条规定："不动产物权的设立、变更、转让和消灭，应当依照法律规定登记。动产物权的设立和转让，应当依照法律规定交付。"《物权法》规定的不动产登记制度，包括以下内容：（1）国家对不动产实行统一登记制度。不动产登记实行属地原则，由不动产所在地的登记机构办理。统一登记的范围、登记机构和登记办法，由《不动产登记条例》规定。（2）物权设立登记生效主义。不动产物权的设立、变更、转让和消灭，依照法律规定应当登记的，自记载于不动产登记簿时发生效力。当事人之间订立有关设立、变更、转让和消灭不动产物权的合同，除法律另有规定或者合同另有约定外，自合同成立时生效；未办理物权登记的，不影响合同效力。合同效力与物权效力相区分。（3）不动产登记簿的法律性质。不动产登记簿是物权归属和内容的根据。不动产登记簿由登记机构管理。不动产权属证书是权利人享有该不动产物权的证明。不动产权属证书记载的事项，应当与不动产登记簿一致；记载不一致的，除有证据证明不动产登记簿确有错误外，以不动产登记簿为准。（4）不动产登记信息的查询。权利人、利害关系人可以申请查询、复制登记资

[①] 《从分散走向统一　产权维护更有力——不动产登记制度建设与改革发展70年》，《国土资源》2019年11月号。

料，登记机构应当提供。(5) 登记机构收取登记费。不动产登记费按件收取，不得按照不动产的面积、体积或者价款的比例收取。具体收费标准由国务院有关部门会同价格主管部门规定。不动产首次登记、变更登记、转移登记、注销登记、更正登记、异议登记、预告登记、查封登记等，适用本条例。

《物权法》虽然规定了国家对不动产实行统一登记，但法律颁布之后相关部门的职能没有进行调整，"多头共管"的登记模式存续了一段时间。如建设部门主管房屋所有权证；国土资源部门主管集体土地使用证；农业部门主管承包土地的土地承包经营权证等。2014年国务院制定了《不动产登记暂行条例》，2015年原国土资源部制定了《不动产登记暂行条例实施细则》，2016年原国土资源部制定了《不动产登记操作规范（试行）》，这一系列法规与部门规章的制定，使便利不动产登记具有了可操作性。

《民法典物权编》基本上沿用了原《物权法》有关不动产登记的规定。

不动产登记具有公信力，不动产交易人与善意第三人因信任不动产登记机构公示的不动产不实或者错误信息而受到损害，登记机构或者造成登记错误的人应当承担赔偿责任。《民法典》第222条规定："当事人提供虚假材料申请登记，造成他人损害的，应当承担赔偿责任。因登记错误，造成他人损害的，登记机构应当承担赔偿责任。登记机构赔偿后，可以向造成登记错误的人追偿。"这一条款规定的不是两份责任，而是一个责任。[①] 登记机关造成的错误，权利人受到损害，由登记机构承担。登记机构根据登记申请人提供的错误信息造成的损害，登记机构先行赔偿后，再向造成登记错误的人追偿。

国务院于2014年11月24日颁布《不动产登记条例》。该条例规定，国家实行不动产统一登记制度。不动产登记的种类包括：首次登记、变更登记、转移登记、注销登记、更正登记、异议登记、预告登记、查封登记等。登记范围包括：集体土地所有权；房屋等建筑物、构筑物所有

---

① 最高人民法院贯彻实施工作领导小组主编：《中华人民共和国民法典物权编理解与适用》，人民法院出版社2020年版，第121页。

权；森林、林木所有权；耕地、林地、草地等土地承包经营权；建设用地使用权；宅基地使用权；海域使用权；地役权；抵押权；法律规定需要登记的其他不动产权利。不动产登记一般由不动产所在地的县级人民政府不动产登记机构办理；直辖市、设区的市人民政府可以确定本级不动产登记机构统一办理所属各区的不动产登记。不动产登记簿应当采用电子介质，暂不具备条件的，可以采用纸质介质。不动产登记机构应当明确不动产登记簿唯一、合法的介质形式。

不动产登记程序为：1. 申请。申请人应当提交下列材料，并对申请材料的真实性负责：（1）登记申请书；（2）申请人、代理人身份证明材料、授权委托书；（3）相关的不动产权属来源证明材料、登记原因证明文件、不动产权属证书；（4）不动产界址、空间界限、面积等材料；（5）与他人利害关系的说明材料；（6）法律、行政法规以及本条例实施细则规定的其他材料。不动产登记机构应当在办公场所和门户网站公开申请登记所需材料目录和示范文本等信息。2. 受理。不动产登记机构未当场书面告知申请人不予受理的，视为受理。3. 查验与查看。查验是登记机构对申请人提交的书面材料与申请登记的内容是否一致；查看指登记机构对以下情况的登记进行实地查看：（1）房屋等建筑物、构筑物所有权首次登记；（2）在建建筑物抵押权登记；（3）因不动产灭失导致的注销登记；（4）不动产登记机构认为需要实地查看的其他情形。对可能存在权属争议，或者可能涉及他人利害关系的登记申请，不动产登记机构可以向申请人、利害关系人或者有关单位进行调查。不动产登记机构进行实地查看或者调查时，申请人、被调查人应当予以配合。4. 登记时间。不动产登记机构应当自受理登记申请之日起30个工作日内办结不动产登记手续，法律另有规定的除外。5. 不予登记的情形。登记申请有下列情形之一的，不动产登记机构应当不予登记，并书面告知申请人：（1）违反法律、行政法规规定的；（2）存在尚未解决的权属争议的；（3）申请登记的不动产权利超过规定期限的；（4）法律、行政法规规定不予登记的其他情形。

中国不动产登记机构分国家、省、市、县四级，同时登记的有关信息与有关部门的审批信息、交易信息有关，因此，跨层级的、跨部门之间要建立信息互通共享机制。同时，国土资源、公安、民政、财政、税务、工商、金融、审计、统计等部门应当加强不动产登记有关信息互通共享。

为优化营商环境，自 2017 年 5 月以来，原国土资源部先后发布了一系列制度规章，确保不动产登记规范有序、便民利民，使不动产登记在程序上得以减少，在时间上得以缩短，从而提升了中国在该指标上的得分。①

（四）动产登记制度

原《物权法》对动产登记没有作出规定。动产物权的设立和转让，自交付时发生效力，但法律另有规定的除外。几类特殊的动产，如船舶、航空器和机动车等，其物权的设立、变更、转让和消灭，未经登记，不得对抗善意第三人。这几类特殊动产根据相应的法律法规确定了登记制度，具有相应的登记机构，它们的登记采登记对抗主义，不经登记，不得对抗善意第三人。动产登记制度将在"获得信贷"部分再作详细的阐述。

1. 车辆登记制度

中国最早的车辆管理法规是 1960 年 2 月 11 日国务院批准、交通部发布的《机动车管理办法》，该办法规定，有机动车的部门、个人申请领用号牌和行车执照时，应填写"机动车检验异动登记表"，送当地车辆管理机关审查。车辆管理机关检验车辆（新车可酌免检验）认为合格后，发给号牌和行车执照。车辆转籍和变更时要到车辆管理机关办理登记，车辆管理机关可以收取规定的手续费及有关牌照书表等工本费。

《道路交通安全法》对中国的车辆登记作了规定。国家对机动车实行登记制度，登记主管机构是公安机关交通管理部门，机动车经过登记后方可上道路行驶。申请机动车登记，应当提交规定的证明、凭证。该法还规定了受理登记的时间，"公安机关交通管理部门应当自受理申请之日起 5 个工作日内完成机动车登记审查工作，对符合前款规定条件的，应当发放机动车登记证书、号牌和行驶证；对不符合前款规定条件的，应当向申请人说明不予登记的理由"。机动车所有权发生了所有权的转移、

---

① 《我国登记财产指标排名跻身全球先进行列》，《国土资源》2019 年 1 月号。

机动车登记内容发生了变更、机动车用作抵押、机动车报废的情况，应当办理相应的登记。该法后经过 2007 年、2011 年、2021 年作了三次修订，但有关登记制度没有修订。

《道路交通安全法实施条例》第 4 条规定，机动车的登记，分为注册登记、变更登记、转移登记、抵押登记和注销登记。第 5 条规定，初次申领机动车号牌、行驶证的，应当向机动车所有人住所地的公安机关交通管理部门申请注册登记。申请机动车注册登记，应当交验机动车，并提交规定的证明、凭证。第 7 条规定，已注册登记的机动车所有权发生转移的，应当及时办理转移登记。申请机动车转移登记，当事人应当向登记该机动车的公安机关交通管理部门交验机动车，并提交规定的证明、凭证。2017 年国务院对该条例进行了修订。

2. 船舶登记制度

《船舶登记条例》第 13 条规定，船舶所有人申请船舶所有权登记，应当向船籍港船舶登记机关交验足以证明其合法身份的文件，并提供有关船舶技术资料和船舶所有权取得的证明文件的正本、副本。该条规定了登记时应当提供的文件。第 14 条规定，船籍港船舶登记机关应当对船舶所有权登记申请进行审查核实；对符合本条例规定的，应当自收到申请之日起 7 日内向船舶所有人颁发船舶所有权登记证书，授予船舶登记号码，并在船舶登记簿中载明规定事项。船舶登记机关对不符合本条例规定的，应当自收到申请之日起 7 日内书面通知船舶所有人。

3. 航空器登记制度

民用航空器，是指除用于执行军事、海关、警察飞行任务外的航空器。《民用航空器法》第 6 条规定，经中华人民共和国国务院民用航空主管部门依法进行国籍登记的民用航空器，具有中华人民共和国国籍，由国务院民用航空主管部门发给国籍登记证书。国务院民用航空主管部门设立中华人民共和国民用航空器国籍登记簿，统一记载民用航空器的国籍登记事项。下列民用航空器应当进行中华人民共和国国籍登记：（1）中华人民共和国国家机构的民用航空器；（2）依照中华人民共和国法律设立的企业法人的民用航空器；企业法人的注册资本中有外商出资的，其机构设置、人员组成和中方投资人的出资比例，应当符合行政法规的规定；（3）国务院民用航空主管部门准予登记的其他民用航空器。

自境外租赁的民用航空器，承租人符合前款规定，该民用航空器的机组人员由承租人配备的，可以申请登记中华人民共和国国籍，但是必须先予注销该民用航空器原国籍登记。依法取得中华人民共和国国籍的民用航空器，应当标明规定的国籍标志和登记标志。国务院《民用航空器国籍登记条例》对民用航空器的登记事宜进行了具体规定。

（五）《电子签名法》的修订

2019年4月中国立法机关对《电子签名法》进行了修订，删去原《电子签名法》第3条第3款第2项；将第3项改为第2项"（2）涉及土地、房屋等不动产权益转让的"；不适用电子签名，意即此后涉及土地、房屋等不动产权益转让的文书可以适用电子签名，方便财产转让登记。

四 政府登记财产规制制度改革

（一）建立统一的不动产登记制度

根据2013年《国务院机构改革和职能转变方案》的要求，房屋登记、林地登记、草原登记、土地登记的职责由一个部门承担。国务院办公厅于2013年3月26日发布《关于实施〈国务院机构改革和职能转变方案〉任务分工的通知》，要求在2014年制定并实施不动产统一登记制度。2013年11月20日，国务院常务会议决定整合不动产登记职责、建立不动产统一登记制度。随后国务院发布的《不动产登记暂行条例》，就不动产登记簿、登记程序、登记信息共享与保护等涉及不动产登记的内容作了详细的规定，使中国不动产统一登记有了法律依据。

（二）减免不动产登记行政收费

财产登记收费，之前广泛存在于不同类型的登记规则之中，由进行登记的机构收取。例如船舶登记费，国家计委、财政部于1997年7月3日发布的《关于调整渔业船舶登记收费标准的通知》规定船舶登记费分为国籍登记费与变更登记费，两项费用的标准如下：（1）国籍登记费标准：主机功率15千瓦（20马力）以下的机动渔船，每艘100元；主机功率16—44千瓦（21—60马力）的机动渔船，每艘200元；主机功率45—146千瓦

(61—199 马力）的机动渔船，每艘 300 元；主机功率 147—440 千瓦（200—599 马力）的机动渔船，每艘 400 元；主机功率 441 千瓦（600 马力）以上的机动渔船，每艘 500 元；船舶总吨位 1 吨以上的非机动渔船，每艘 50 元。（2）变更登记费标准：机动渔船变更登记费 50 元。船舶总吨位 1 吨以上的非机动渔船变更登记费 20 元。船舶总吨位 1 吨以下的非机动渔船，免收国籍登记费和变更登记费。减免登记财产的费用，成为政府规制改革的重要内容。中央有关政府机构采取了如下的减免措施。

财政部、国家发改委于 2016 年 12 月 6 日发布《关于不动产登记收费有关政策问题的通知》（财税〔2016〕79 号），要求不动产登记机构办理不动产权利的首次登记、变更登记、转移登记、更正登记、异议登记时，收取不动产登记费，但未规定具体的收费标准；不动产登记费由不动产登记申请人缴纳。不动产登记费按件定额收取。不动产登记费中包含不动产权属证书工本费。该通知还规定了免收、减收不动产登记费的情形。

国家发改委、财政部于 2016 年 12 月 12 日发布《关于不动产登记收费标准等有关问题的通知》，规范了不动产登记的收费标准：住宅类 80 元/件，非住宅类 550 元/件，申请不动产异议登记的或者国家法律、法规规定予以减半收取的，减半收取登记费，40 元/件或 275 元/件。其他登记事项免费。登记费 10 元/本；证书工本费，10 元/本。据估计，该项政策实施后，全国每年可减轻不动产登记申请人负担约 5 亿元。

财政部、国家发改委于 2017 年 3 月 15 日发布《关于清理规范一批行政事业性收费有关政策的通知》（财税〔2017〕20 号），取消或者停止 41 项行政事业性收费。与登记财产相关的有：取消机动车抵押登记费、取消房屋转让手续费；停征船舶登记费、停征河道工程修建维护管理费、停征民用航空器国籍、权利登记费。

财政部、国家发改委于 2019 年 5 月 8 日发布《关于减免部分行政事业性收费有关政策的通知》（财税〔2019〕45 号）。对下列情形免征不动产登记费：申请办理变更登记、更正登记的；申请办理森林、林木所有权及其占用的林地承包经营权或林地使用权，以及相关抵押权、地役权不动产权利登记的；申请办理耕地、草地、水域、滩涂等土地承包经营权或国有农用地使用权，以及相关抵押权、地役权不动产权利登记的。对申请办理车库、车位、储藏室不动产登记，单独核发不动产权属证书或登记证明的，不动产登记费由原非住宅类不动产登记每件550元，减按住宅类不动产登记每件80元收取。

（三）压缩不动产登记时间

压缩不动产登记时间，既是提升世界银行《全球营商环境报告》的评估指数得分，提升排名，也是政府为深化"放管服"改革，深入推进审批服务便民化，不断增强企业和群众改革获得感的措施。国务院办公厅于2019年2月26日发布《关于压缩不动产登记办理时间的通知》（国办发〔2019〕8号），提出的工作目标是：2019年年底前，全国所有市县一般登记、抵押登记业务办理时间力争分别压缩至10个、5个工作日以内；2020年年底前，不动产登记数据完善，所有市县不动产登记需要使用有关部门信息的全部共享到位，"互联网＋不动产登记"在地级及以上城市全面实施，全国所有市县一般登记、抵押登记业务办理时间力争全部压缩至5个工作日以内。主要措施有：（1）推动信息共享集成。要求所有与登记有关的信息互通共享；推进"互联网＋不动产登记"。通过"外网申请、内网审核"模式，推行线上统一申请、联网审核、网上反馈、现场核验、一次办结，提供网上预约、网上查询、网上支付和网上开具电子证明等服务，实现服务企业和群众零距离。夯实不动产登记信息基础，按照国家政务信息整合共享要求，积极推进不动产登记信息平台与政府统一的数据共享交换平台有序衔接，为及时共享相关信息提供便利。（2）推动流程集成。一窗受理、并行办理；取消不必要环节、合并相近环节；精简申请材料；优化测绘成果获取方式。（3）推动人员集成。将涉及不动产登记中各部门交叉办理相关事项的有关人员集中办公，可以在政务服务大厅设立综合受理窗口，统一受理各相关办理事项，一次性收取所需全部材料，人工分发各相关部门分别办理，同一个窗口发放办理结果。同时，中国地方政府发布了一系列有关优化不动产登记制度营商环境的规则，极大地简化了程序，缩短了时间。①

---

① 李建星：《营商环境中的登记财产——以世界银行问卷为核心》，《中国应用法学》2018年第5期。

(四) 建立不动产信息查询规则

自然资源部于 2018 年 3 月 2 日发布《不动产登记资料查询暂行办法》，对不动产查询的权利人与利害关系人作了明确的规定，权利人指的是不动产登记簿上记载的权利人。不动产登记机构可以设置自助查询终端，为不动产权利人提供不动产登记结果查询服务。自助查询终端应当具备验证相关身份证明，以及出具查询结果证明的功能。继承人、受遗赠人因继承和受遗赠取得不动产权利的，适用本章关于不动产权利人查询的规定。利害关系人指的是以下人员：(1) 因买卖、互换、赠予、租赁、抵押不动产构成利害关系的；(2) 因不动产存在民事纠纷且已经提起诉讼、仲裁而构成利害关系的；(3) 法律法规规定的其他情形。利害关系人查询不动产登记结果时，需要提交利害关系证明材料。

(五) 建立土地争议案件审判信息公开制度

2018 年 5 月 2 日，最高人民法院依托中国裁判文书网和中国司法大数据服务网面向社会公开京沪土地纠纷案件数据。最高人民法院以公开数据为基础，由中国司法大数据研究院形成了首期《京沪土地纠纷案件数据报告 (2016—2018.3)》，同步发布于中国司法大数据服务网。

北京市在此方面做了一些探索。北京市规划和国土资源管理委员会《关于进一步加强全市土地权属争议调查处理工作的通知》（市规划国土发〔2017〕289 号）的要求，市规划和自然资源委负责定期汇总统计全市土地权属争议案件的调查处理情况，并在"北京市建设项目办事服务互联网平台"—"服务"板块中设立"土地权属争议调查处理统计查询"栏目，向社会公开土地权属争议案件的调查处理情况。北京市规划和自然资源委员会、北京市高级人民法院于 2018 年 12 月 26 日《关于建立完善全市土地争议案件审判信息公开制度的通知》（京规自发〔2018〕81 号），市规划和自然资源委在所属的"北京市建设项目办事服务互联网平台"—"服务"板块中设立"北京法院涉及土地纠纷案件统计查询"栏目，向社会同步公开"北京法院审判信息网"涉及土地纠纷案件的审理情况及数据。

这一制度建立后，查询人既可在市规划自然资源委官方网站上查询到土地权属争议案件调查处理情况和涉及土地纠纷案件的审理情况及数据，也可以在北京法院审判信息网上单独查询涉及土地纠纷案件的审理情况及数据。查询方式有两种：查询人可登录市规划自然资源委官方网站，在"北京市建设项目办事服务互联网平台"—"服务"板块中专门设立"土地权属争议调查处理统计查询"栏目；另一种方式为查询人可登录北京法院审判信息网"诉讼服务"—"营商环境"板块，其中设立有"涉土地纠纷案件统计"，公开涉及土地纠纷案件的审理情况及数据。

土地争议案件审判信息公开制度的建立和完善，将切实保护产权，夯实制度基础，纵深推进营商环境优化。

（六）解决因历史遗留问题导致的不动产"登记难"问题

由于中国不动产登记制度建立较晚，新中国成立以来因各种复杂原因造成的不动产产权权属不清、手续不完备、拖欠税费等问题，这些问题如果不能得到切实有效的解决，不动产统一制度难以建立起来。自然资源部于2021年1月4日发布《关于加快解决不动产登记若干历史遗留问题的通知》（自然资发〔2021〕1号），提出了化解这些困难的解决办法。

1. 关于用地手续不完善的问题

不同的建房主体，不同属性的房屋获得的土地属性不同，用地手续会存在不同程度的不完善。政府主导的安置房、棚改房、经济适用房等项目，可按照划拨、协议出让等方式补办用地手续；国家机关、企事业单位利用自有土地建设房改房、集资房的，可按划拨方式补办用地手续。对于其他建设项目，可以按照地方实际情况，分不同时间段、不同类型分别采取划拨、协议出让等方式按照项目建设时的政策规定补办用地手续。对于已经办理了房屋所有权登记的，经公告权属清晰无争议的，报经地方人民政府同意，直接按现状核发用地划拨决定书或者补办协议出让手续。

2. 关于欠缴土地出让价款和相关税费的问题

房屋已销售且已入住的住宅项目，开发单位未按出让合同约定足额缴纳土地出让价款，以及将经济适用房等政策性住房按商品房对外出售但未补缴土地出让价款，或者开发单位欠缴税费的，可报经地方人民政府同意，按照"证缴分离"原则，在有关部门追缴土地出让价款和税费的同时，办理不动产登记手续。房屋尚未入住的住宅项目，开发单位未按规定缴纳土地出让价款和相关税费的，以及划拨土地上自建房擅自对外出售，未补缴土地出让价款的，应当依法缴纳所欠价款和税费后，方可办理不动产登记。

3. 关于未通过建设工程规划核实的问题

对于按规定能够补办规划验收等手续的，应当依法依规处理并补办相关核实手续后办理不动产登记，对确因建成时间较早等原因不具备补办条件的，在符合国土空间规划的前提下，报经地方人民政府同意后，自然资源主管部门按现状出具认定或核实意见。建设项目部分符合规划的，自然资源主管部门可以对符合规划的部分先行核实，并出具规划核实意见。

4. 关于开发建设主体灭失的问题

因开发企业或有关单位灭失，有承继单位或上级主管部门的，由承继单位或上级主管部门办理；没有承继单位和上级主管部门的，可以由不动产所在地县级人民政府指定的机构或组织代为申请办理。开发企业或有关单位灭失的，首次登记与转移登记可一并办理，并在登记簿中对权利主体灭失情况予以记载。已办理首次登记，开发企业或有关单位已经灭失的，购房人可单方申请办理转移登记。

5. 关于原分散登记的房屋、土地信息不一致，项目跨宗地建设问题

分散登记时，已经分别登记的房屋和土地用途不一致的不动产，继续分别按照原记载的房屋、土地用途进行登记，未经依法批准不得改变已登记的不动产用途；因房屋所有权多次转移、土地使用权未同步转移导致房屋、土地权利主体不一致的，经核实，权属关系变动清晰且无争议的，可以根据规定程序由房屋所有权人单方申请办理房地权利主体一致的不动产登记。房屋和土地有合法权属来源文件、跨宗地建设未超出批准用地范围，无调整宗地需求的，可按照所在宗地分别办理不动产登记；有调整宗地需求的，经自然资源主管部门进行宗地边界调整或宗地合并、分割后，办理不动产登记。

(七) 建立土籍图查询系统

以北京市为例。北京市规划和自然资源委员会于 2020 年 3 月 3 日《关于进一步加强地籍图查询与更新工作的通知》(京规自发〔2019〕106 号),要求:1. 建立多渠道查询方式。地籍图是不动产登记资料的重要内容,市、区登记中心应按照有关规定做好地籍图的对外查询工作。①健全任何人查询渠道。自 2019 年 4 月 20 日起,任何人通过北京市不动产登记领域网上办事服务平台"网上查询"栏目的"地籍图查询"模块,均可查询到本市域内全部地籍区和地籍子区信息,包括地籍区、地籍子区的名称、编号等内容。任何人通过"网上查询"栏目的"宗地图查询"模块,输入宗地代码、不动产单元号或宗地具体坐落,便可即时获取对应宗地的宗地代码、不动产单元号、坐落、面积及权利类型等内容及附图。对于集体土地所有权宗地,还可获取土地所有权人名称等信息。②完善依申请查询机制。不动产权利人持身份证明材料,可通过宗地所在区不动产登记大厅的自助查询设备或查询窗口获取宗地图及宗地相关信息,由不动产登记大厅为不动产权利人复制不动产登记资料或出具不动产登记资料查询结果告知单。不动产利害关系人可持身份证明材料及存在利害关系的证明材料,通过宗地所在区不动产登记大厅的查询窗口查询相应宗地的权利人、权利类型、坐落、宗地代码、不动产单元号、面积、用途、四至范围等相关信息,由不动产登记大厅为不动产利害关系人出具不动产地籍信息查询结果告知单。地籍图的查询、复制不收取任何费用。2. 确保数据库及时更新。各分局应以"北京市不动产登记信息系统 V2.0"为基础,建立对不动产权籍调查成果的图形、属性、资料等信息的一体化管理。日常不动产权籍调查形成的数据成果在完成审查与登记之后,应及时更新系统数据,确保证载信息与数据成果的统一。

五 法律法规修订与政府规制改革的效果

(一) 压缩了登记财产的流程与时间

根据 2020 年世界银行营商环境报告的评估结果,中国登记财产的程序减少为 4 个，登记时间减少为 9 天。与改革之前的 2015 年相比，程序减少了 1 个，时间减少了 14.5 天，取得了较为明显的成效。如有的地方政府设立的综合窗口服务模式，按照"一窗受理、内部流转、即时办结、同窗出证"的运行，对其业务分类进行了详细的划分，并对不同类型的业务办理时间予以规定，极大地便利了申办人办理登记财产。

（二）推进了不动产统一登记制度的法治化进程

2014 年国务院制定了《不动产登记暂行条例》，自然资源部于 2016 年 1 月 1 日颁布了《不动产登记暂行条例实施细则》，2019 年 3 月 24 日对《不动产登记条例》进行了修订。虽然还未实现不动产登记全国联网，但这些法规与部门规章的完善，对不动产登记制度的规范化、法治化、信息化起到了重要的指导与推动作用。

（三）为解决登记财产历史遗留问题提供了方案

基于不动产登记遇到的问题错综复杂，需要中央政府制定相应的指导规则。自然资源部及时发布《关于加快解决不动产登记若干历史遗留问题的通知》，就不动产登记中遇到的若干历史遗留问题提出了相应的解决方案。有了此依据，各地政府结合本地具体情况，相继制定了解决不动产登记中历史遗留问题的解决办法，以解决不动产权属不清、权利纠纷、历史欠账等实际问题，极大地促进了不动产登记的覆盖面，提升了不动产登记的效率。

（四）提高了涉及登记财产相关信息的透明度

为了提高不动产登记信息的透明度，满足公民及权利关系人查询不动产信息的需要，《不动产登记暂行条例》第 4 章规定了登记信息共享与保护，要求："不动产的权利人、利害关系人可以依法查询、复制不动产登记资料，不动产登记机构应当提供。""查询不动产登记资料的单位、个人应当向不动产登记机构说明查询目的，不得将查询获得的不动产登记资料用于其他目的；未经权利人同意，不得泄露查询获得的不动产登记资料。"中国登记财产信息系统的建设是全方位的，各地政府建立的"一网通办"，连接与登记财产相关的部门，前台受理，后台联通，一网通办。全国各地政府主管部门基本上开通了地籍图信息系统，方便当事人查询。许多法院建立了土地争议案件的信息查询系统，方便权利人或者利害关系人查询相关的土地争议信息。

六 未来改革展望

（一）简化不动产非公证继承手续

法定继承人或受遗赠人到不动产登记机构进行登记材料查验，有第一顺序继承人的，第二顺序继承人无须到场，无须提交第二顺序继承人材料。登记申请人应承诺提交的申请材料真实有效，因承诺不实给他人造成损失的，承担相应法律责任。

（二）对办理不动产登记涉及的部分事项试行告知承诺制

申请人因特殊原因确实难以获取死亡证明、亲属关系证明材料的，可以书面承诺代替死亡证明、亲属关系证明，并承诺若有隐瞒实际情况，给他人造成损失的，承担相应法律责任。

（三）探索将遗产管理人制度引入不动产非公证继承登记

探索研究将遗产管理人制度引入不动产非公证继承登记的查验、申请程序，简化相关流程，提高办理效率。

（四）探索对个人存量房交易开放电子发票功能

探索对个人存量房交易开放代开增值税电子普通发票功能，允许自然人网上缴税后获取增值税电子普通发票，推动实现全业务流程网上办理。

（五）实施不动产登记、交易和缴纳税费"一网通办"

推进全业务类型"互联网+不动产登记"，实施不动产登记、交易和缴纳税费"一窗受理、并行办理"。加快实施网上缴纳税费，推行税费、登记费线上一次收缴、后台自动清分入账（库）。

（六）推行办理不动产登记涉及的政务信息共享和核验

公安部门依托国家人口基础信息库、"互联网＋可信身份认证平台"等对外服务系统，向不动产登记机构提供"公安部—人口库—人像比对服务接口"进行全国人口信息核验，并提供户籍人口基本信息；公安、卫生健康、民政等部门提供死亡证明、火化证明、收养登记等信息；公安、民政部门提供涉及人员单位的地名地址等信息；司法行政部门提供委托、继承、亲属关系等涉及不动产登记公证书真伪核验服务。

（七）探索开展不动产登记信息及地籍图可视化查询

依托互联网拓展不动产登记信息在线可视化检索和查询服务，任何人经身份验证后可在电子地图上依法查询不动产自然状况、权利限制状况、地籍图等信息，更大便利不动产转移登记，提高土地管理质量水平。

（八）试行有关法律文书及律师身份在线核验服务

优化律师查询不动产登记信息流程，司法行政部门向不动产登记机构提供律师身份在线核验，人民法院提供律师调查令、立案文书信息在线核验，便利律师查询不动产登记信息。

（九）建立统一的动产和权利担保登记信息查询系统

实行动产和权利担保登记信息统一查询，完善以担保人名称为索引的机动车担保登记电子数据库，将机动车、船舶、知识产权等动产和权利担保登记信息接入中国人民银行征信中心动产融资统一登记公示系统，企业可实时掌握担保品登记状态，便利其开展融资。

第五章

获得信贷

一　获得信贷的评估指标体系

世界银行《全球营商环境报告》通过一套指标衡量借款人和贷款人在有担保交易方面的合法权利，并通过另一套指标报告信用信息。第一个标准是衡量适用的抵押品和破产法中是否存在某些有利于借贷的特征。第二个指标衡量信用报告服务提供商（如征信机构或征信登记处）提供的信用信息的覆盖范围、领域和可访问性。经济体获得信用的容易程度排名是通过对其获得信用的分数进行排序来确定的。这些分数是法律权利强度指数和信用信息深度指数的分数之和。

（一）借款人和贷款人的合法权利

借款人和贷款人的合法权利数据是通过一份由金融律师管理的问卷收集的，并通过对法律法规以及有关抵押品和破产法的公共信息来源的分析进行核实。通过与回答者进行多轮的后续沟通、联系第三方、咨询公共资源等方式验证问卷回复。问卷数据是通过电话会议或在所有经济体的现场访问来确认的。

（二）合法权利强度指数

合法权利强度指数衡量抵押品和破产法保护借款人和贷款人权利的程度，从而促进了借贷。对于每个经济体，首先要确定是否存在统一的担保交易系统。然后用案例 A 和案例 B 两种情形来确定非占有的担保权益是如何依法产生、公示和执行的。特别强调附属登记如何运作（如果有可能登记担保权益）。本案例涉及有担保借款人 ABC 公司和贷款人 BizBank。

在一些经济体中，担保交易的法律框架只允许 A 或 B（而不是两种情况）适用。这两个案例都审查了同一套关于动产抵押使用的法律规定。

合法权利强度指数仅在第一个组成部分中涵盖了与动产担保权益（如金融租赁和保留所有权的销售）的功能等价物，以评估担保交易的经济法律框架的整合或统一程度。

合法权利强度指数包括担保法和破产法相关的多个方面。（1）经济体有一个完整或统一的担保交易法律框架，延伸到动产担保利益的四种功能等价物的创建、公示和执行：信托所有权转让；金融租赁；应收款项转让与保留所有权。（2）法律允许企业授予单一类别的动产（如应收账款、有形动产和存货）的非占有担保权，而无须对抵押品进行具体说明。（3）法律允许企业对其几乎所有的动产授予非占有担保权，而无须对抵押品进行具体说明。（4）担保权可以授予未来和收购后的资产，并自动延伸到产品、收益和原始资产的替换。（5）双方之间可以担保所有类型的债务和义务，担保协议和登记文件中允许对此类债务和义务进行一般性说明。（6）有一个正常运营的动产抵押登记处或登记机构，法人或者非法人主体都可使用；登记处的地理位置与资产类别相统一，并拥有一个以担保债务人姓名为索引的电子数据库。（7）抵押登记机构以通知为基础——登记机构只注册担保物权的存在（不是具体的文件），并且不对交易进行法律审查。登记机构也公示与担保权利功能等同的权益。（8）抵押登记机构具有现代化特征，例如允许有担保的债权人（或其代表）在网上登记、搜索、修订或取消担保权益。（9）当债务人在破产程序之外违约时，担保债权人将首先得到偿付（例如，在税务索赔和雇员索赔之前）。（10）当企业被清算时，担保债权人首先得到赔付（例如，在税务索赔和雇员索赔之前）。（11）当债务人进入法院监督的重组程序时，担保债权人受自动冻结或延期偿付的限制，但法律保护担保债权人的权益，规定担保债权人在特定依据下可免予自动冻结或延期偿付（如存在损失动产的危险），另外，法律规定了自动冻结的期限。（12）法律允许双方在担保协议中同意，贷款人可以在庭外强制执行其担保权益；法律允许资产通过公开或私人拍卖出售，并允许担保债权人获得资产以偿还债务。

改革的确认。法律权利强度指数每年都在跟踪与担保交易和破产有关的变化。根据对数据的影响，某些变化被归类为改革，并在研究的2018—2019年度营商环境改革总结中列出，以确认重大变革的实施。为了全面实施担保交易法，并将其视为营商环境的改革，必须设立可登记动产担保权益的担保登记簿。改革分为两类：使经商更容易的改革和使经商更难的改革。法律强度指数的强弱用以下几个标准来确认改革。

对得分有任何影响的法律法规的变化都取决于担保交易法律框架是否存在。就会对其产生影响。担保交易法律框架规定了非占有担保利益及其功能等价物的创建、公示和执行。每年都会对新的法律和修正案进行评估，看它们是否有助于中小企业获得信贷，在选择可作为抵押品的资产方面给予最大的灵活性。指南、示范规则、原则、建议和判例法除外。

影响合法权利强度指数的改革包括修订或引入担保交易法、破产法或民法典，以及根据指标衡量的担保登记处的建立或其特征的现代化。例如，引入一项法律，规定了担保登记处并建立了担保登记处在地理上是集中的，对所有类型的动产以及可按债务人姓名查找的法人和非法人实体实行统一，将意味着一项增加1个百分点的改革，因此将在研究报告中得到认可。

（三）信贷信息指数

信用信息报告的数据建立分两个阶段。第一，对银行监管机构和公共信息来源进行调查，以确认存在信用报告服务提供商，如信用局或信用登记处。第二，在适用的情况下，对实体本身管理涉及的信用报告服务提供商的结构、法律和相关规则进行详细问卷调查。通过与信用报告服务提供商的回答者进行几轮跟踪沟通，以及联系第三方和咨询公共资源，核实问卷的回答。问卷数据通过电话会议或现场访问进行确认。

1. 信贷信息深度指数

信贷信息深度指数衡量的是影响信用信息的覆盖范围、领域和可获得性的规则和惯例，这些信息是通过信用服务机构或信用登记处获得。

信用服务机构或信用登记处（或两者兼有）有以下8个特征：（1）关

于公司和个人的数据都被发布。(2)信息包括正面的信贷信息与负面的信贷信息,正面的信贷信息包括原始贷款数额、未偿还贷款数额和按时偿还的模式,负面的信贷信息包括逾期未还贷款和违约欠款的数量。(3)除了来自金融机构的数据,来自零售商或公用事业公司的数据也被发布。(4)至少发布两年的历史数据。如果信用机构和注册中心在违约被偿还后立即删除违约数据,或在违约被偿还10年后发布负面信息,则该组的得分为零。(5)发布低于人均收入1%的贷款数据。(6)根据法律,借款人有权在经济体中最大的信用机构或登记处获取自己的数据。(7)银行和其他金融机构可以在线访问信用信息(例如,通过web界面、系统到系统连接或两者兼有)。(8)信用服务机构或登记处的信用评分是一项增值服务,帮助银行和其他金融机构评估借款人的信用。

2. 信用服务机构覆盖面指数

信用服务机构覆盖面指数是指,截至2019年1月1日,在信用服务机构数据库中列出的个人和企业数量,以及过去5年的借贷历史信息,加上在2018年1月2日至2019年1月1日期间,贷款人要求国家统计局出具信用报告,但在过去5年没有借贷历史的个人和企业数量。这一数字以成年人口(根据世界银行的《世界发展指标》,2018年15—64岁的人口)所占的百分比表示。信用登记机构被定义为私人公司或非营利组织,它们维护金融系统中借款人(个人或公司)的信用可靠性数据库,并促进债权人之间信用信息的交换。(许多信用机构在实践中支持银行和整体金融监管活动,尽管这不是它们的主要目标。)不直接促进银行和其他金融机构之间信息交换的信用调查机构不被考虑在内。

信用登记范围。信用登记范围报告是指,截至2019年1月1日,在信用登记数据库中列出的个人和企业在过去5年内的贷款记录。加上在2018年1月2日至2019年1月1日期间,贷款人要求注册机构提供信用报告,但在过去5年内没有借贷历史的个人和公司的数量。这一数字以成年人口的百分比表示。信用登记处被定义为由公共部门管理的数据库,通常由中央银行或银行管理者管理,它收集金融系统中借款人(个人或公司)的信用信息,并促进银行和其他受监管金融机构之间信用信息的交换(而它们的主要目标是协助银行监管)。如果没有信用登记,覆盖率分值为0。

(四) 改革

信用信息深度指数跟踪每年通过信用服务机构或信用登记处获得的信用信息的覆盖范围、领域和可获得性的变化。根据对数据的影响，某些变化被归类为改革，并在《全球营商环境报告》改革摘要中列出，以确认重大变革的实施。改革分为两类：使经商更容易的改革和使经商更难的改革。信用信息指数采用三个标准来确认改革。

首先，对经济信用指数产生影响的法律、法规和惯例的变化都被归类为改革。影响这一指数的改革实例包括采取措施分发除负面数据外的积极信用数据，分发公用事业或零售商的信用数据，或将信用评分作为一项增值服务引入。任何提高某一经济体在该指数的8个特征中的任何一个得分的变化都被认为是一种改革。一些改革可以在多个方面产生影响。例如，新成立的信用机构覆盖了超过5%的成年人口，该机构发布公司和个人信息，以及正面和负面数据，并向数据用户提供在线访问，这意味着该指数上升了3个点。相比之下，政府出台了一项立法，保证借款人有权在经济体中最大的信用机构或登记处访问自己的数据，这代表着一种改革，该指数增加1个百分点。

其次，在一个成年人口超过5%的经济体中，扩大最大的信用机构或登记机构的覆盖范围也可能被归类为改革。根据获得信用方法，如果信用机构或登记处不运作或覆盖不到5%的成年人口，信用信息索引的深度得分为零。改革的影响将取决于经济信用报告系统的特点，因为它涉及指标的8个特征。没有覆盖到5%的成年人口的扩大保险并不被归类为改革，但其影响仍然反映在最新的统计数据中。

最后，信用信息指数偶尔会承认当前对数据没有影响的立法变化是改革。这一选项通常只适用于非常重大的立法变化，如引入允许信用机构运作的法律或有关个人数据保护的法律。

二 中国获得信贷评估指数排名情况

(一) 中国在获得信贷评估指数世界排名进展情况

"获得信贷便利度"指标重点考量企业，特别是中小企业获得信贷的难易程度和便捷性，是投资人关注的重点之一，中国在近几年的表现却不尽如人意，2015 年排名第 71 位，2016 年排名第 79 位，2017 年排名第 62 位，2018 年排名第 68 位，2019 年排名第 73 位，2020 年排名第 80 位。世界排名却有一直往后退的趋势，表明中国在这方面有很大的提升与改革空间。

（二）2020 年中国排名及与其他经济体比较

表 5-1　　　　　　　　2020 年中国排名及其他经济体比较

指标	北京	上海	中国	东亚及太平洋地区	OECD 高收入经济体	最佳表现
合法权利力度指数（0—12）	5	4	4	7.1	6.1	12(5 个经济体)
信贷信息深度指数（0—8）	8	8	8	4.5	6.8	8(53 个经济体)
金融征信机构覆盖面（在成年人口中的比例）	100	100	100	16.6	24.4	100(2 个经济体)
个人征信机构覆盖面（在成年人口中的比例）	0	0	0	23.8	66.7	100(14 个经济体)
得分	60	60	60			
排名			80			

（三）中国获得信贷存在的问题

1. 与获得信贷密切相关的担保法律法规不够系统完善

中国的担保交易法律制度包括了一系列的法律法规，具体而言有《合同法》《物权法》《民法总则》《担保法》等单行法，还包括最高人民法院的相关司法解释，其规定囊括担保交易"从生到死"的整个阶段。但是由此也带来了一些问题，其中最重要的便是有关担保的规定不够统一聚合，尤其在担保公示的具体方式上随着担保物种类的不同而存在着一定的不同。

中国的担保登记机关被明确规定在相关法律法规中，但不能忽略的一个相关问题是这些登记机关缺乏统一性，并且非常分散，其不是由共同统一的机构来行使这一功能。这由此又引发了两个问题：一是现实中各地的审查方式各有差别；二是现实中债权人能否得到相关部门的应允而进行线上的一系列有关担保物权的操作各地做法也不相同。

2. 没有建立动产担保统一登记系统

《物权法》规定了不动产登记制度，但对动产登记没有作统一的要求。动产登记如车辆登记、船舶登记、民用航空器登记均由相应的法律法规予以规定，也由各自的主管部门进行登记，各自形成独立的登记系统与登记信息。权利抵押或质押时需要进行登记，但登记机构也很分散，有法律法规规定的，如知识产权，依相关的法律法规执行，没有法律法规规定的，如应收账款质押等，各自依部门规章执行。

3. 小微企业融资难融资贵问题未得到有效解决

小微企业的融资难融资贵问题一直是困扰中国各级政府与小微企业经营者的难题，而且这个难题老生常谈，似乎无解。一是小微企业没有不动产，无法用不动产抵押获得银行信贷；二是小微企业能够以动产或者权利担保获得银行信贷的可能性也不大，这些企业大多处于初创阶段，基本上一无所有，除了极少数创始人拥有专利等技术；三是小微企业经营风险大，像商海里的一叶小舟，一有市场风浪就有倾覆危险。因此，政府需要借助自身的力量为小微企业构建一个避风港，保证小微企业能够生存，更能发展。

三 中国获得信贷的法律法规及制度演进

（一）动产担保法律制度存在的问题

世界银行集团高级金融部门专家伊莱恩·麦凯克恩（Elaine MacEachern）认为，[1] 根据世界银行2019年《全球营商环境报告》，中国排名比

---

[1] ［美］伊莱恩·麦凯克恩：《获得信贷便利度相关指标分析》，《中国金融》2019年第6期。

2018年提升了32位，列为第46位，在其他指标方面都有大幅度提升，但唯有"获得信贷便利度"指数比上年度还下降了几位，由第68位下降为第73位。获得信贷便利度指数包括两个："信用信息深度指数"和"合法权利保护力度指数"。前一项指数是评估一个国家的公共和私营征信机构提供的信用信息的范围、质量和可获得性，考察贷款人能否查询到申请贷款企业的信贷信息，具体评估该经济体征信机构是否能够完整、全面的提供企业和个人的信用信息情况。中国在这方面做得完全符合世界银行的要求，连续获得满分。"合法权利保护力度指数"由世界银行于2005年设立，后几经调整该项指标的评价体系，使其符合联合国国际贸易法委员会在《担保交易立法指南》中所体现的动产担保的一系列理念与制度。这项指数主要评估经济体在动产之上设定非占有担保权益的法律框架是否有利于借贷双方使用动产作为担保品。

根据世界银行设计的合法权利保护力度指数的12项指标，在下列指数评估中，中国未得分。这些指标包括：是否有完整统一的担保交易法律框架；法律是否允许转让单一类别动产的非占有担保权益；担保权益是否可以延伸到将来或以后获得的资产；是否有动产担保的登记机构；担保登记机构是否进行担保权的公示；动产担保登记的信息是否可以自行登记、查询、变更和撤销等；当债务人进入破产程序时，担保权人受自动中止程序的限制，但法律规定担保权人在特定依据下可免于自动中止程序，并规定自动中止的期限以保护担保权人的权益；法律是否允许担保协议中约定担保权人可以在庭外执行其担保权益，法律是否允许对担保物进行公开或者私下拍卖，是否允许担保权人直接取得担保物用于抵债。这些项目上，中国没有得分。说明中国当时的法律规则没有达到世界银行评估的标准。

伊莱恩·麦凯克恩认为，中国的动产担保制度与世界银行的评估指标相比，存在以下五方面问题：一是中国没有一个统一的动产担保法律体系，认为中国在法律上还没有建立起一个功能统一的动产担保制度。二是中国不允许对某些特定动产担保权益进行概括性描述。三是中国不允许对担保权益进行自动延伸。四是中国没有一个统一的登记机构，也没有建立全国统一的现代动产担保登记公示系统。五是债务人进入破产重组时，对担保权人权利保护不够。①

对照世界银行评估指标，下面具体分析中国动产担保法律制度存在的不足以及通过制定《民法典》对中国动产担保法律制度的改进与完善。

（二）动产担保的国际立法概况

从担保制度的体系建构来看，担保分为人的担保与物的担保。人的担保形式主要是保证。物的担保分为不动产担保与动产担保。物的担保还有典型担保与非典型担保之分，但这种分类仅为学说所主张，而非法律上之分类。②从产生的时间上看，动产担保早过不动产担保，罗马法就有动产抵押制度。大陆法系的近代民法理论将抵押权的标的物仅设定为不动产，动产仅设质权，原因为动产担保需要转移所有权，采取占有公示方法，容易使善意第三人遭受损失。早在19世纪初，英美法系的担保方式也只有不动产抵押与动产质押。随着近代工业革命的发展，中小企业发展迅速，政府从解决社会就业，鼓励企业技术创新，发展国家经济的角度大力支持中小企业的发展，但中小企业的发展需要金融与资金的支持，中小企业融资面临的法律瓶颈必须依靠法律制度自身的创新来实现。显然，传统的占有型动产担保制度制约了不具有不动产的中小企业融资需求。基于现实经济生活的需要，美国于19世纪20年代之后开始发展动产抵押制度，随着市场需求的扩大，其他形式的动产担保方式如附条件买卖、信托收据、贷款人的留置权、应收账款的让与等逐渐发展起来，美国各州开始制定相应的商法以满足市场的需要。但商业交易常常需要横跨各州，只有建立统一的商事交易制度才能实现市场交易规则的统一，从而促进州际贸易的发展，《美国统一商法典》应运而生。19世纪末开始的美国统一商法典运动，在英美法系建立了现代动产担保制度。受《美国统一商法典》第九编"担保交易"的影响，大陆法系国家也开始接受动产担保方式，对传统的担保法律制度进行改革与创新，建立起了相应的担保交易制度体系，如大陆法系的国家和地区的德国、法国、

---

① 参见［美］伊莱恩·麦凯克恩《获得信贷便利度相关指标分析》，《中国金融》2019年第6期。

② 参见谢在全《担保物权制度的成长与蜕变》，《法学家》2019年第1期。

日本、韩国和中国台湾地区都建立起了动产担保法律制度。①"新的企业融资方式随着企业经营之运用，以习惯法、特别法的型态纷纷涌现，促进担保物权快速成长。"② 据不完全统计，全球已经有 70 个国家建立了统一的担保融资登记系统。联合国成立后，国际贸易法委员会积极推动全球贸易领域的立法运动，为世界各国提供立法参照，制定了《动产担保交易示范法》《担保交易立法指南》等，推动了动产担保在全球的发展。③

随着全球经济的联系日益紧密，国际贸易面临的一个重要问题是需要建立统一的贸易法律规则，以促进全球贸易的发展，当此要求成为联合国成员国达成了改善法律框架以便利国际贸易和投资的重要性的共识时，联合国大会于 1966 年 12 月 17 日第 2205（XXI）号决议，设立联合国国际贸易法委员会（以下简称贸易法委员会）。贸易法委员会的任务是，通过编写和促进在商法若干关键领域使用，以及通过立法文书和非立法文书，进一步促进国际贸易法的逐步统一和现代化。这些领域包括解决争端、国际合同惯例、运输、破产、电子商务、国际支付、有担保的交易、采购和货物销售。贸易法委员会下设 6 个工作组，第 6 工作组负责担保权益的立法起草工作。基于贸易法委员会成员的结构是为了代表不同的法律传统和经济发展水平，其程序和工作方法确保贸易法委员会的立法文本被广泛接受，因为它提供了适合处于不同经济发展阶段的许多国家的解决办法。

在这样的情势下，动产担保呈统一立法趋势。在功能主义的理念指导下，在动产上设立的具有担保功能的一切权利统一归类为"担保物

---

① 参见王利明《担保制度的现代化：对〈民法典〉第 388 条第 1 款的评析》（《法学家》2021 年第 1 期），认为德国通过司法确认动产让与担保等法律未规定的担保物权。德国所有权保留、动产让与担保盛行；法国于 2006 年修订《民法典》担保独立成编，建立了新的担保法体系，开大陆法系民法典制度创新之先河；日本 1951 年制定《机动车抵押法》、1954 年制定《建设机械抵押法》、1958 年制定《企业担保法》、1998 年制定《动产、债权让渡对抗要件特例法》等，让与担保、集合物让与担保、流动性集合财产让与担保普遍运用；韩国 2009 年制定《工厂与矿业财团抵押法》，司法判例上早已有集合动产让与担保、流动动产让与担保、集合债权让与担保的认可；中国台湾地区 1976 年制定"动产担保交易法"。也可参见谢在全《担保物权制度的成长与蜕变》，《法学家》2019 年第 1 期。
② 谢在全：《担保物权制度的成长与蜕变》，《法学家》2019 年第 1 期。
③ 参见潘凌锐《国际动产担保体系的演变之路》，《金融博览（财富）》2021 年第 4 期。

权"，不论当事人如何设计交易结构，只要具有担保功能，那么担保权利"适用相同的设立、公示、优先顺位、违约救济和实行规则，"[①]《欧洲示范民法典草案》也采取这一立法模式。学者认为："国际上动产性资产担保制度立法采取包容性担保权概念，举凡动产性资产担保权之设定、对抗第三人效力之要件、优先次序及其实行程序等，建立包容性、广泛性之单一法律架构。"[②]

联合国国际贸易法委员会成立后，试图建立全球通行的担保交易法律制度。2007年联合国贸易法委员会制定了《担保交易立法指南》，对制定担保交易方面的立法，追求的目标为：第一，加大担保信贷供应力度，促成低成本信贷；第二，许可债务人可利用其资产的全部价值用于担保；第三，促使担保权简单、高效地设定；第四，平等对待来源不同的信贷资金和各种形式的担保交易；第五，确认各类财产都可设定非占有型担保权；第六，提升担保权的确定性和透明度；第七，确立清晰的、可预见的优先权规则；第八，促使担保权的执行更为便利、高效；第九，增进当事人的契约自由，使担保交易尽可能具有灵活性；第十，平衡担保交易所有利害关系人的利益。[③]

2017年联合国国际贸易法委员会发布《担保交易示范法》（以下简称《示范法》）共9章107条。《示范法》涉及货物、应收款、银行账户、可流通票据、可流通单据、非中介证券和知识产权等各类有形和无形动产中的担保权益，但很少有例外，比如中介证券。《示范法》采用对所有类型担保权益使用一个概念的单一方法，这是一种功能性方法，在这种方法下，《示范法》适用于满足担保目的的所有类型交易，如担保贷款、所有权保留出售或融资租赁，以及将《示范法》适用于各类资产、有担保债务、借款人和贷款人的综合方法。这样，《示范法》旨在解决世界各地担保交易法律的主要问题，即造成差距和不一致的制度的多样性。《示

[①] 王利明：《担保制度的现代化：对〈民法典〉第388条第1款的评析》，《法学家》2021年第1期。

[②] 谢在全：《担保物权制度的成长与蜕变》，《法学家》2019年第1期。

[③] United Nations Commission on International Trade Law, UNCITRAL Legislative Guide on Secured Transactions. https：//uncitral. un. org/en/texts/securityinterests/legislativeguides/secured_ transactions.

范法》以《联合国国际贸易应收款转让公约》《贸易法委员会担保交易立法指南》《知识产权担保权益补编》和《贸易法委员会担保权登记处实施指南》为基础。在处理破产担保利益方面,《示范法》借鉴了《贸易法委员会担保交易立法指南》和《贸易法委员会破产法立法指南》的建议。《示范法》包括一套《登记处示范条款》,可在一项规约或其他类型的法律文书中实施,或在两者中同时实施。《示范法》涉及在公开的登记处登记担保权益通知,以使担保权益对第三方生效,并为确定担保权益相对于相互竞争的索赔人权利的优先权提供客观基础。《示范法》为有担保融资提供了一个透明、全面和合理的立法框架,预计将对信贷的供应和成本产生有益的影响,特别是对发展中国家的中小型企业。这不仅有助于市场包容和减贫,也有助于实现联合国 17 项可持续发展目标中关于消除贫困的目标。

(三) 中国动产担保法律体系的构建

1. 动产担保制度的完善可以为中小企业融资提供便利

据统计,中国商业银行等金融机构发放的担保信贷中,担保品绝大多数是不动产,90%的小微企业没有不动产,[①] 如果不建立一套成体系的动产担保制度,小微企业就无法通过动产担保方式获得信贷。据统计,中国目前的动产资产达到 50 万—70 万亿元,金融机构每年短期贷款余额 30 万亿元,其中动产担保贷款只有 5 万亿—10 亿元,相对于本文发达国家动产担保贷款占短期贷款总额的 60%—70% 的占比,中国还有很大的发展空间。而导致中国目前这种现状的主要原因还是相关法律制度的缺失。[②] 为了解决这一问题,中国人民银行从 2004 年开始与世界银行共同开展建立中国动产担保制度的研究,中国人民银行适时地向《物权法》起草小组建议将应收账款纳入等动产纳入担保物范围,并建立相应的登记机构予以登记,该建议被《物权法》所采纳。[③]

[①] 王晓蕾:《动产担保登记助力企业融资》,《中国金融》2019 年第 7 期。
[②] 卜祥瑞:《完善动产担保融资法律制度》,《中国金融》2019 年第 7 期。
[③] 参见王晓蕾《动产担保登记助力企业融资》,《中国金融》2019 年第 7 期。《物权法》的相应条款为第 223 条第六款,第 228 条。

2. 动产担保形态

中国《担保法》《物权法》深受大陆法系民事立法的影响，立法采物债二分、不动产与动产担保、抵押权与质权二分的模式，自然无法将所有实践中出现的非典型担保纳入既有的法律体系之中。随着中国市场经济的进一步发展，中小企业融资需求不断高涨的情况下，融资贵、融资难的问题日益突出，直接影响企业的营商环境，既有的立法模式直接影响到了世界银行对中国营商环境的评估结果。因此，在《民法典》制定过程中，立法机关必须要对现实的立法需求与制度供给作出切实的回应。《民法典》在坚持现有立法体系的前提下，采取形式主义与功能主义相结合的立法模式，尽可能地将动产担保的所有形式纳入立法体系之中，虽然这些规则分散在不同的编、章、节中，形式上没有形成统一的动产担保法体系，但实质意义上基本满足了经济生活中对动产担保提出的制度需求。

《民法典》关于担保的立法思想，按照立法机关的立法说明："在现行物权法规定的基础上，进一步完善了担保物权制度，为优化营商环境提供法治保障：一是扩大担保合同的范围，明确融资租赁、保理、所有权保留等非典型担保合同的担保功能，增加规定担保合同包括抵押合同、质押合同和其他具有担保功能的合同。二是删除有关担保物权具体登记机构的规定，为建立统一的动产抵押和权利质押登记制度留下空间。三是简化抵押合同和质押合同的一般条款。四是明确实现担保物权的统一受偿规则。扩大担保合同的范围，明确融资租赁、保理、所有权保留等非典型担保合同的担保功能。""增加了4种新的典型合同：一是吸收了担保法中关于保证的内容，增加了保证合同。二是适应中国保理行业发展和优化营商环境的需要，增加了保理合同。"[1] 因此，理解《民法典》担保物权的立法思想与体例变化，"离不开对营商环境这一立法背景的剖析"。[2]

从动产担保的立法情况来看，美国《统一商法典》将动产与权利担

---

[1] 王晨：《关于〈中华人民共和国民法典（草案）〉的说明》，参见中国人大网 http://www.npc.gov.cn/npc/c30834/202005/50c0b507ad32464aba87c2ea65bea00d.shtml。

[2] 纪海龙：《民法典动产与权利担保制度的体系展开》，《法学家》2021年第1期。

保而产生的交易都纳入"担保交易"（Article 9. Secured Transactions），[①]该法典第9篇明确列出的担保物可以分为四类：（1）货物；（2）有具体名称的无形和半无形财产；（3）笼统的一般无形财产，包含了前两类以外的具有其他动产；（4）前3类担保物的变化形式。[②]《示范法》第一章规定了示范法的适用范围，试图调整除第1条第3款之外的所有动产担保，建立统一的动产担保与权利担保制度。《欧洲示范民法典草案》也采用了统一的动产担保理念。

《示范法》第9条"对设担保资产和有担保债务的描述"要求：1.必须在担保协议中以可以合理识别的方式描述设保资产和有担保债务。2.标明设保资产由设保人所有动产或设保人某一通类内所有动产组成的对设保资产的描述即可满足第1款中的标准。3.对注明担保权给在任何时期欠付有担保债权人的所有债务作保的有担保债务加以描述即可满足第1款所述标准。[③]《示范法》只将合理识别作为担保物描述的标准与要求，显得更为"概括"。

世界银行调查问卷关于担保交易的含义：这里所称的担保交易，是指为确保义务履行而针对资产创设权利的所有交易，出于研究目的，我们将重点关注非占有性担保权益、让与担保、融资租赁、应收账款转让和所有权保留的交易。世界银行的评估指标不论担保的交易形式而认的担保的功能，《全国法院民商事审判工作会议纪要》（以下简称《九民纪要》）体现的正是这样的担保合同的有效认定思路。让与担保在中国是一种非典型担保形式，没有相关的法律定义，一般认为，让与担保是指："债务人或者和第三人为担保债务的履行，将标的物转移给他人，于债务不履行时，该他人可就标的物受偿的一种非典型担保。"[④] 关于世界银行营商环境评估指标体系中的担保形式"fiduciary transfer of title"是否可以译为中国实践中通用的"让与担保"？学者们认为该概念与中国实践中的

[①] 潘琪译：《美国统一商法典》，法律出版社2020年版。
[②] 潘琪：《美国〈统一商法典〉解读》，法律出版社2020年版，第583页。
[③] UNCITRAL：Model Law on Secured Transactions，p.10.
[④] 最高人民法院民事审判第二庭编著：《〈全国法院民商事审判工作会议纪要〉理解与适用》，人民法院出版社2019年版，第402页。

让与担保概念相当。① 那么，世界银行营商环境评估体系中的担保交易形式主要有非占有性担保权益、让与担保、融资租赁、应收账款转让和所有权保留。从担保的交易形式来看，中国现行法律或者其他规则对上述几种担保交易形式均制定了规范，那么，这些规范或者规范体系是否符合世界银行估计体系指标的要求呢？

传统的担保物权或者称为典型的担保物权如抵押权、动产质权、权利质权、留置权等已为《担保法》与《物权法》所规定，也早为人们所熟悉，因此，本章重点介绍非典型担保物权。其中大多与动产担保有关。立法没有认可，但在实践中存在的非典型担保有典权、让与担保、附条件买卖、买回、代理受领、抵销、融资租赁等。② 下面介绍让与担保、所有权保留、融资租赁、保理等。

第一，让与担保。

让与担保，是指债务人或者第三人与债权人订立合同，约定将财产形式上转让至债权人名下，债务人到期清偿债务，债权人将该财产返还给债务人或者第三人，债务人到期没有清偿债务，债权人可以对财产拍卖、变卖、折价偿还债权。让与担保合同需要注意的一个重要因素，就是让与担保合同中财产转让只是名义上的财产转让，目的是担保债权的实现，如果是实质转让，即使经过了登记机构的登记，约定财产在债务人不能清偿债务时归债权人所有，则该合同无效。让与担保的要义之处在于债务人的财产转让给债权人的目的在于担保债务的实现与清偿，而不是真正将财产转让给了债权人，债权人不能直接成为转让财产的所有人。当债务人不能清偿到期债务时，债权人只能请求参照法律关于担保物权的规定对财产拍卖、变卖、折价优先偿还其债权。让与担保根据标的物不同分为不动产让与担保与动产让与担保。

让与担保不违反物权法定原则。《物权法》与《民法典》确定的物权

---

① 罗培新：《论世行营商环境评估"获得信贷"指标得分的修法路径——以中国民法典颁布为契机》，《东方法学》2020年第1期。作者认为，将这一概念译为"信托财产的转让"是不对的，应译为"让与担保"。但让与担保的法律基础不是信托法而是相关财产转让规则及合同法规则。《中国金融》杂志发表世界银行官员伊莱恩·麦凯克恩的《获得信贷便利度相关指标分析》一文时，将这个英文概念翻译成"受托转移所有权"，见《中国金融》2019年第6期。

② 参见崔建远《对非典型担保司法解释的解读》，《法治研究》2021年第4期。

法定原则，确定物权的种类与内容由法律规定。《民法典物权编》扩大了担保合同的范围，根据功能主义原则，将如融资租赁、保理等具有担保功能的非典型担保纳入了担保物权的范围。

学理上，让与担保制度有"所有权构造说"与"担保权构造说"两种，① 认为所有权构造说侧重于所有权归属的形式，担保权构造说侧重于担保的实质功能。从中国《民法典》的规范体系来看，中国的让与担保制度更符合担保权构造说。

《担保法》与《物权法》均未规定让与担保制度，但鉴于让与担保在中国现行法律中没有具体规定，但在实践中却存在，也不时引发纠纷诉讼。为此，最高人民法院通过司法解释的方式对此进行规范与解释。最高人民法院于2015年6月23日发布《关于审理民间借贷案件适用法律若干问题的规定》第24条规定："当事人以签订买卖合同作为民间借贷合同的担保，借款到期后借款人不能还款，出借人请求履行买卖合同的，人民法院应当按照民间借贷法律关系审理，并向当事人释明变更诉讼请求。当事人拒绝变更的，人民法院裁定驳回起诉。按照民间借贷法律关系审理作出的判决生效后，借款人不履行生效判决确定的金钱债务，出借人可以申请拍卖买卖合同标的物，以偿还债务。就拍卖所得的价款与应偿还借款本息之间的差额，借款人或者出借人有权主张返还或补偿。"让与担保在实践中的形式不少，这是规范其中的一种名为买卖合同实为让与担保合同的情形。

《民法典》也未对让与担保进行明确的规定。《民法典》颁布之后，最高人民法院于2020年12月31日颁布了《关于适用〈中华人民共和国民法典〉有关担保制度的解释》（以下简称《民法典担保制度司法解释》），对让与担保问题通过司法解释的方式进行了规定，并将其分为物权让与担保与股权让与担保。

①物权让与担保。《民法典担保制度司法解释》第68条规定了物权让与担保。物权让与担保，指债务人或者第三人与债权人约定将财产形式上转移至债权人名下，债务人不履行到期债务，债权人有权对财产折

---

① 参见朱晓喆、马强《优化营商环境视野下动产让与担保的法律构造及效力——结合〈民法典〉相关规则的解释》，《云南社会科学》2021年第2期。

价或者以拍卖、变卖该财产所得价款偿还债务。这里的"形式上"指的是债务人或者第三人不是真的将财产转让给了债权人，这部分财产只是履行债务的担保，当债务人不能履行债务时，该财产不能直接归属于债权人所有。如果当事人已经完成财产权利变动的公示，即为交付或者登记，债务人不履行到期债务，债权人可以向法院请求参照《民法典》关于担保物权的有关规定就该财产优先受偿。

这里需要强调的是，债务人或者第三人与债权人约定将财产形式上转移至债权人名下，债务人不履行到期债务，财产不能直接归债权人所有，即这样的合同无效，但只是这部分的意思表示无效，不影响当事人有关提供担保的意思表示的效力。当事人已经完成财产权利变动的公示，债务人不履行到期债务，债权人也不能向法院请求对该财产享有所有权；债权人可以向法院请求参照《民法典》关于担保物权的规定对财产折价或者以拍卖、变卖该财产所得的价款优先受偿；债务人履行债务后可以向法院请求返还财产，或者请求对财产折价或者以拍卖、变卖所得的价款清偿债务。

关于物权让与担保的回购权，是指债务人与债权人约定将财产转移至债权人名下，在一定期间后再由债务人或者其指定的第三人以交易本金加上溢价款回购。这个溢价的多少可以在合同中约定。如果债务人到期不履行回购义务，财产也不能约定直接归债权人所有，债权人有权对财产折价或者以拍卖、变卖该财产所得价款偿还债务。如果双方当事人以虚假的意思表示隐藏的民事法律行为，导致回购对象自始不存在的，应当根据《民法典》第146条第2款的规定处理："以虚假的意思表示隐藏的民事法律行为的效力，依照有关法律规定处理。"若有双方当事人虚假的意思表示存在的情况下，虚假的意思表示无效，但隐藏的法律行为要分情况处理。如果隐藏的法律行为有效，那么按照有效处理。如果隐藏的法律行为无效，那么按照无效处理。如果隐藏的法律行为为可变更可撤销的民事法律行为，那么按照可变更可撤销的民事法律行为处理。

②股权让与担保。《民法典担保制度司法解释》第69条规定了股权让与担保。股权让与担保，是指股东以将其股权转移至债权人名下的方式为债务履行提供担保。股权让与担保设定后，公司或者公司的债权人不能主张以股东未履行或者未全面履行出资义务、抽逃出资等为由，请

求作为名义股东的债权人与股东承担连带责任。股权让与担保成立后，股权受让人成为公司的名义股东，实际股东仍为转让人，即公司的原股东。那么，涉及股东权利与义务时，名义股东与实际股东如何分配？根据《公司法》第32条第2款规定："记载于股东名册的股东，可以依股东名册主张行使股东权利。"股权质押需要登记，股东转让股权经登记后，应在公司股东名册上将股东变更为股权受让人，受让人即为名义股东。因股权转让的目的是担保债权人债权的实现，因此，实际股东应继续享有相应的股东权利，承担股东义务。这里关键的一个问题是，实际股东是否在股权转让之前完全履行了出资义务，如果股东在转让股权之前履行完了自己的出资义务，那么，不会产生因股东出资不到位而产生的法律责任问题。《最高人民法院关于适用〈中华人民共和国公司法〉若干问题的规定（三）》（以下简称《公司法司法解释（三）》）第13条规定，分不同情况处理股东的出资义务问题。一是股东未履行或者未全面履行出资义务的情况，公司或者其他股东可以请求该股东向公司依法全面履行出资义务。公司债权人也可以请求该股东在未出资本息范围内对公司债务不能清偿的部分承担补充赔偿责任。二是股东在公司设立时未履行或者未全面履行出资义务的情况，公司发起人与该股东应承担连带责任，公司、其他股东、公司债权人可以请求公司的发起人与该股东承担连带责任，公司的发起人承担责任后，可以向该股东追偿。三是公司增资的情况，股东在公司增资时未履行或者未全面履行出资义务，公司、其他股东、公司债权人可以请求未尽公司法规定的出资义务而使出资未缴足的董事、高级管理人员承担相应责任，董事、高级管理人员承担责任后，可以向未出资股东追偿。设定股权让与担保时，股权受让人是否知道股东出资义务未履行的责任问题，即名义股东是否承担连带责任，《公司法司法解释（三）》第18条规定："有限责任公司的股东未履行或者未全面履行出资义务即转让股权，受让人对此知道或者应当知道，公司可以请求该股东履行出资义务、受让人对此承担连带责任。"当然，公司债权人也可以向该股东提起诉讼，同时请求前述受让人对此承担连带责任。受让人即名义股东根据前款规定承担责任后，向该未履行或者未全面履行出资义务的实际股东可以进行追偿。股权让与担保债权实现后，公司股东名册即可恢复实际股东的名字。

在股权让与担保合同存续期间，受让人作为名义股东，是否可以利用其股东身份对股权进行处分，如在股权上设立质押或者将股东转让。如果受让人实施上述行为，第三人基于登记信赖而善意取得了公司股权。此种情况发生后，转让人无权向善意第三人主张返还股权，只能请求受让人承担侵权责任。这也是股权让与担保隐藏的风险，实施股权让与担保的转让人事先应对此有明确的风险意思。①

《九民纪要》第71条提供了法院裁决让与担保的思路。第一，关于让与担保合同的法律效力问题。《九民纪要》认为，债务人或者第三人与债权人订立合同，约定将财产形式上转让至债权人名下，债务人到期清偿债务，债权人将该财产返还给债务人或第三人，债务人到期没有清偿债务，债权人可以对财产拍卖、变卖、折价偿还债权的，人民法院应当认定合同有效。这里约定将财产形式上转让至债权人名下，指的是通过登记方式将债务人的财产转让给债权人，也可以是通过动产交付的方式转让了财产。第二，关于让与合同约定债务人到期没有清偿债务，财产归债权人所有的条款效力问题，《九民纪要》认为这样的约定无效。但人民法院认定该部分约定无效后，不影响合同其他部分的效力。第三，关于人民法院虽不支持债权人因债务人到期没有清偿债务后直接确认划归其名下的债务人财产归其所有的约定，但债权人还是可以依据法律规定，对约定其名下的债务人的财产进行拍卖、变卖、折价优先偿还其债权。相应地，人民法院也支持债务人因到期没有清偿债务，请求对该财产拍卖、变卖、折价偿还所欠债权人合同项下债务的请求。

《九民纪要》的案例依据是最高人民法院2018年最高法民终119号案：上诉人修水县巨通投资控股有限公司（以下简称修水巨通）因与被上诉人福建省稀有稀土（集团）有限公司（以下简称稀土公司）及原审第三人江西巨通实业有限公司（以下简称江西巨通）合同纠纷上诉案（该案以下简称为修水巨通上诉案）。② 修水巨通上诉案涉及实践中存在的让与担保纠纷主要以买卖合同、股权转让合同等案由出现的情形。让与担保合同已约定

---

① 最高人民法院民事审判第二庭编著：《〈全国法院民商事审判工作会议纪要〉理解与适用》，人民法院出版社2019年版，第406页。

② 本案案情参见该案，在此不赘述。

将债务人的财产变更登记在债权人名下，协议形式往往以买卖合同或者股权转让合同形式呈现。双方争诉的焦点就会集中于：债权人认为债务人的财产已经通过登记方式转让给了债权人，债权人已经是该项财产的实际所有人或者占有人。但债务人抗辩认为他们之间签订合同时的真实意思表示为让与担保合同，而非真实的财产转让合同，债权人不应享有约定财产的实际所有权或者占有权。债务人诉请法院确认这种担保合同的真实有效性。最高人民法院在该案中，关于案涉《股权转让协议》的性质和效力应如何认定，法院的意见认为，案涉《股权转让协议》在转让目的、交易结构以及股东权利等方面，虽具有股权转让的外观，但均具有不同于单纯的股权转让的特点，其权利义务内容及实际履行情况，符合让与担保的基本架构，系以股权转让的方式实现担保债权的目的，其性质应认定为股权让与担保。法院认为，《股权转让协议》第3.1条约定了清算条款，不违反流质条款的禁止性规定。因此，案涉《股权转让协议》系各方当事人通过契约方式设定让与担保，形成一种受契约自由原则和担保经济目的双重规范的债权担保关系，不违反法律、行政法规的禁止性规定，应为合法有效。法院认为该案所涉及的稀土公司是否可以获得修水巨通公司48%股权问题，根据修水巨通未能依约清偿债务，不享有解除协议、使目标股权回复至其名下的权利。法院指出，虽江西巨通48%股权已在2013年9月6日变更登记至稀土公司名下，但此时的变更登记仅具让与担保设定中的权利转移外观，无论依据《股权转让协议》的约定抑或让与担保制度的基本原理，稀土公司是否享有完整意义上的股权，尚待所担保债权的清偿状态以及让与担保的实现方式而确定。法院认为，让与担保的清算实现方式有归属清算型和处分清算型两种，归属型清算指让与担保权人将标的物予以公正估价，标的物估价如果超过担保债权数额的，超过部分的价额应交还给让与担保设定人，标的物所有权由让与担保权人取得；处分型清算指让与担保权人将标的物予以拍卖、变卖，以卖得价金用以清偿债务，如有余额则返还给债务人，当事人可以选择清算的实现方式。根据案涉《股权转让协议》第2.2.2条、第2.3.3条、第3.1.1条、第3.2.2条约定，若修水巨通未依约清偿债务、解除条件未满足的，稀土公司有权选择实际受让全部或部分目标股权，并指定具备相应资质的资产评估机构对目标股权价值进行评估，从而确定股权转让价款，在比较股权转让价款和稀土公司代偿债务金额的基础上，双方本着多退少补的原则支付差额。上述约定表明，案涉让与担保的实现方式即为归属清算型。根据法院已查明事实，借款合同履行期间届满后，修水巨通无力偿还债务，稀土公司已代偿本金及利息总金额为918444444.43元。《股权转让协议》解除条件未满足，稀土公司在有权并已实际决定受让全部目标股权，并依约指定资产评估机构出具《评估报告》、对股权价值进行了评估的基础上，能够取得江西巨通48%的股权。该案的实质是名为股权转让实为让与担保，最高人民法院的裁决结果最后以《九民纪要》第71条的裁判思路完整呈现。

第二，所有权保留。

所有权保留，是指买卖合同中，买受人虽先占有使用标的物，但在双方当事人约定的特定条件成就以前，出卖人对标的物仍然保留所有权，条件成就后，标的物所有权转移于买受人。

所有权保留制度，《民法通则》第72条规定："按照合同或者其他合法方式取得财产的，财产所有权从财产交付时起转移，法律另有规定或者当事人另有约定的除外。"虽然《民法通则》没有明确规定所有权保留制度，但所有权保留制度可以从这一规定得到合理的解释。因此，《最高人民法院关于贯彻执行〈中华人民共和国民法通则〉若干问题的意见（试行）》（以下简称《民法通则司法解释》）第84条规定："财产已经交付，但当事人约定财产所有权转移附条件的，在所附条件成就时，财产所有权方为转移。"随着实践中所有权保留制度的完善，立法也不断完善，《合同法》第133条规定："标的物所有权自标的物交付时起转移，但法律另有规定或者当事人另有约定的除外。"第134条规定："当事人可以在买卖合同中约定买受人未履行支付价款或者其他义务的，标的物的所有权属于出卖人。"

《民法典》第641条与642条规定了所有权保留，第641条第一款沿用了《合同法》第134条的条文。所有权保留的担保功能在于只有当条件成就时买卖合同的买受人才能获得出卖人的标的物的所有权，当买受人不履行合同义务时，出卖人可以取回标的物的所有权。这一规则既促进了财产价值的充分发挥，买受人可以在没有支付全部价金的情况下充分利用标的物的价值，也保证了出卖人所有权在买受人没有履行义务时不失去标的物的所有权。所有权保留不是典型的担保物权，只是从其设立的目的来说具有担保功能，这是从所有权保留的实质意义上讲，从形式意义上看，出卖人对标的物享有的是所有权而非担保物权，是自物权而非他物权。[①]《民法典》第641条明确规定所有权保留采登记对抗主义，未经登记不得对抗善意第三人。在司法审理中如何处理所有权保留相关权利的实现问题，《民法典担保制度司法解释》第64条作了如下的规定："与买受人协商不成，当事人请求参照民事诉讼法'实现担保物权案件'的有关规定，拍卖、变卖标的物的，人民法院应予准许。"2012年8月31日全国人民代表大会常务委员会第二十八次会议通过修订的《民事诉讼法》增加一项特别程序案件，即第十五章增加第七节"实现担保物权案件"（第194条、第195条），2021年修订后即现行《民事诉讼法》的第203条与第204条。第203条规定的是申请实现担保物权进行诉讼时由担保财产所在地或者担保物权登记地基层人民法院管辖。第204条规定如果人民法院受理申请后裁定拍卖、变卖担保财产，当事人依据该裁定可以向人民法院申请执行。《最高人民法院关于适用〈中华人民共和国民事诉讼法〉的解释》第157条规定："人民法院对抵押物、质押物、留置物可以采取财产保全措施，但不影响抵押权人、质权人、留置权人的优先受偿权。"人民法院在审理担保合同纠纷时，采取的财产保全措施不影响担保权的享有的优先权。第366条规定了审理程序中的有关时间规定，人民法院受理申请后，应当在5日内向被申请人送达申请书副本、异议权利告知书等文书。被申请人有异议的，应当在收到人民法院通知后的5日内向人民法院提出，同时说明理由并提供相应的证据材料。第367条规定了实现担保物权的案件可以通过简易程序审理，除非担保财产标的额超过了基层人民法院管辖范围，才由普通程序进行审理。这样可以提高担保纠纷的审判效率。

《民法典》没有明确所有权保留是否适用不动产。《最高人民法院关于审理买卖合同纠纷案件适用法律问题的解释》第25条明确规定《民法典》第641条规定的所有权保留买卖合同标的物不适用于不动产。第26条规定："买受人已经支付标的物总价款的75%以上，出卖人主张取回标

---

① 最高人民法院民法典贯彻实施工作领导小组主编：《中华人民共和国民法典合同编理解与适用》（二），人民法院出版社2020年版，第1090页。

的物的，人民法院不予支持。"买受人将标的物出卖、出质或者作出其他不当处分，第三人根据《民法典》第 311 条规定的善意取得制度取得标的物的，出卖人丧失标的物的取回权。

第三，融资租赁关系中的担保权。

根据《民法典》第 735 条规定："融资租赁合同是出租人根据承租人对出卖人、租赁物的选择，向出卖人购买租赁物，提供给承租人使用，承租人支付租金的合同。"融资租赁合同作为有名合同写进了 1999 年的《合同法》，在此之前，经济生活中已存在融资租赁业务，由此引发的法律纠纷需要法院审理裁判，1996 年最高人民法院发布《最高人民法院关于审理审理融资租赁合同纠纷案件若干问题的规定》（以下简称《融资租赁合同司法解释》）以弥补立法缺陷。《融资租赁合同司法解释》对融资租赁合同的效力认定、合同的履行和租赁物的公示、合同的解除、违约责任等进行了规定。《民法典》在先前立法与司法解释的基础上对融资租赁合同的规则进行整合，以第 735 条至第 760 条予以规范。融资租赁合同具有融资与融物的双重功能，合同关系涉及三方当事人：出卖人、出租人、承租人，法律关系复杂。它与租赁合同、所有权保留的分期付款买卖合同、抵押担保合同有一定的相似性，但又有实质性的区别。在合同履行期间，承租人占有和使用租赁物，出租人享有租赁物的所有权，但这种所有权仅具有担保功能，出租人不得随意收回或者转让租赁物。合同履行之后，租赁物的所有权可由出租人收回、所有权自动转移或者承租人支付价款后获利租赁物的所有权。根据《民法典》第 745 条规定："出租人对租赁物享有的所有权，未经登记，不得对抗善意第三人。"出租物的登记采登记对抗主义。融资租赁合同实际情况是租赁物的所有权与占有权是分离的，此种情况极易发生承租人私自转让租赁物或者在租赁物上设立他物权从而导致第三人的物权与出租人的所有权发生冲突的问题，同时，也涉及善意第三人的合法权益保护问题。2014 年的《融资租赁合同司法解释》第 9 条对此作了规定，分为不同的情形予以处理，租赁物不适用善意取得制度：一是出租人已在租赁物的显著位置作出标识，第三人在与承租人交易时知道或者应当知道该物为租赁物的。第三人与承租人均已知租赁物的所有权不为承租人所有。二是出租人授权承租人将租赁物抵押给出租人并在登记机关依法办理抵押权登记的，根据

《最高人民法院关于适用〈中华人民共和国担保法〉若干问题的解释》（以下简称《担保法司法解释》）第77条的规定："同一财产向两个以上债权人抵押的，顺序在先的抵押权与该财产的所有权归属一人时，该财产的所有权人可以以其抵押对抗顺序在后的抵押权。"三是第三人与承租人交易时，未按照法律、行政法规、行业或者地区主管部门的规定在相应机构进行融资租赁交易查询的。该司法解释发布时，中国当时已经建立了两个融资租赁业务的登记系统，中国人民银行征信中心开发运营的融资租赁登记公示系统，于2009年7月20日上线运行，另一个是商务部开发的融资租赁业务登记系统，2013年10月开始运行。第三人具有查询租赁物的义务。四是出租人有证据证明第三人知道或者应当知道交易标的物为租赁物的其他情形。基于《民法典》第745条的规定，弥补了原《合同法》的不足，因此，2020年最高人民法院修订《融资租赁合同司法解释》时删除了第9条的规定。

在融资租赁合同纠纷司法实务中，有这样一种情形存在，出租人与承租人在合同中约定，融资租赁期间，租赁物的所有权归属于出租人，但为了便于管理、理赔、年检等原因，租赁物登记在了承租人名下，为了防止承租人恶意转让租赁物，出租人又与承租人签订了一个抵押合同，将租赁物抵押给出租人，并办理了有关抵押登记手续。这种情形的出现，出现了租赁物的实际所有权人与名义所有权的权利冲突问题。如果承租人的债权人获利法院的判决书支持将获得租赁物的所有权，并要求法院强制执行，此时，出租人只能以案外人身份对执行提出异议。法院是否应该支持出租人提出的异议？法院认为，此问题的实质是租赁物的实际所有权人与名义所有权人之间的权利冲突。根据《民法典》第224条、第225条的规定，对于动产物权的设立、变更、转让和消灭，未经登记，不得对抗第三人；动产物权的设立和转让，自交付发生效力。《民法典》的规定很明显，动产物权采登记对抗主义。作为商业外观的登记制度，"登记本身不具有设权效力，只是具有彰示权利的效力"。[1] 商事外观主义原则使当事人产生对自己交易的信赖，即使公示的内容与实际情形不相

---

[1] 最高人民法院民法典贯彻实施工作领导小组主编：《中华人民共和国民法典合同编理解与适用》（三），人民法院出版社2020年版，第1666页。

符，只要第三人对公示的事实信赖，则第三人依据公示内容作出的民事行为效力受法律的优先保护。但这一商事外观主义原则，不能作为法院裁决案件的依据。法院要根据真实的权利情况作出公正的判决。因此，《九民纪要》在引言中指出："从现行法律规则来看，外观主义是为保护交易安全设置的例外规定，一般适用于因合理信赖权利外观或意思表示外观的交易行为。实际权利人与名义权利人的关系，应注重财产的实质归属，而不单纯取决于公示外观。总之，审判实务中准确把握外观主义的适用边界，避免泛化和滥用。"①

第四，保理关系中的担保权。

现代保理业务产生在19世纪的美国，后来广泛应用于国际货物买卖商业活动中，为此，国际上有相关的业务自治机构，如国际保理人联合会等，相关的机构还制定了一系列规则，如国际保理人联合会的《国际保理通则》、国际统一私法协会的《国际保理公约》、联合国国际贸易法委员会的《国际贸易中的应收账款转让公约》等。在中国，保理合同是《民法典合同编》新增的合同，列入《民法典合同编》第16章。根据《民法典》第761条的规定："保理合同是应收账款债权人将现有的或者将有的应收账款转让给保理人，保理人提供资金融通、应收账款管理或者催收、应收账款债务人付款担保等服务的合同。"保理合同涉及三方当事人：债权人、债务人与保理人，两份合同关系：债权转让合同关系与融资贷款服务合同关系。《民法典》制定前，《合同法》虽然没有规定保理合同，但经济生活中广泛存在应收账款质押合同。中国金融机构自1993年中国银行加入国际保理人联合会开始，中国银行开始开展保理业务。经过20多年的发展，商业银行的应收账款融资在盘活企业存量资产、解决中小企业融资问题上发挥着越来越重要的作用。商业保理业务也于2012年6月在原主管部门商务部的主管下开展业务，自业务开展以来，商业保理业务调整增长。相应地，为了规范保理业务的开展，相关业务主管部门也制定了部门规章，如中国人民银行于2007年9月30日发布《应收账款质押登记办法》；中国银行监督管理委员会于2014年4月3

---

① 最高人民法院民事审判第二庭编著：《〈全国法院民商事审判工作会议纪要〉理解与适用》，人民法院出版社2019年版，第5—6页。

日发布《商业银行保理业务管理暂行办法》。《担保法》的权利质押规定中没有涉及应收账款问题。《物权法》第223条规定，应收账款可以设立权利质押。随后，中国人民银行于2007年9月30日发布《应收账款质押登记办法》，[①] 第2条规定："中国人民银行征信中心是应收账款质押的登记机构。征信中心建立应收账款质押登记公示系统，办理应收账款质押登记，并为社会公众提供查询服务。"第5条规定："在同一应收账款上设立多个质权的，质权人按照登记的先后顺序行使质权。"

《民法典》第768条规定了应收账款债权人就同一应收账款订立多个保理合同致使多个保理人主张权利的，即同一应收账款同时存在保理、应收账款质押和债权转让，分以下几种情况处理：一是已经登记的先于未登记的取得应由账款；二是均已经登记的，按照登记时间的靠后顺序取得应收账款；三是均未登记的，由最先到达应收账款债务人的转让通知中载明的保理人取得应收账款；四是既未登记也未通知的，按照保理融资款或者服务报酬的比例取得应收账款。

以上几种非典型担保形态虽然设立于《民法典》的合同编中，不属于担保物权的范围，但这几种合同形式"均以其转移所有权或金钱给付请求权等方式发挥担保作用，具有事实上的担保功能"。[②] 这几种具有担保功能的方式，虽然在《民法典》中以合同方式进行规制，"但对于能够通过登记等方式进行公示的，认可其具有相当于担保物权的效力"。《民法典》的这一做法，事实上是引进了"英美法关于功能主义的动产担保制度，实现了两大法系的融合"。[③]

第五，名为买卖实为借贷担保法律关系的认定。

名为买卖合同实为借贷合同担保的法律关系的认定，《最高人民法院关于审理民间借贷案件适用法律若干问题的规定》第24条规定："当事

[①] 中国人民银行制定的《应收账款质押登记办法》后经2017年8月24日、2019年9月18日两次修订。中国人民银行发布的《动产和权利担保统一登记办法》于2022年2月1日正式施行，《应收账款质押登记办法》同时废止。

[②] 最高人民法院民法典贯彻实施工作领导小组主编：《中华人民共和国民法典物权编解与适用》（下），人民法院出版社2020年版，第1028页。

[③] 最高人民法院民法典贯彻实施工作领导小组主编：《中华人民共和国民法典物权编解与适用》（下），人民法院出版社2020年版，第1028页。

人以签订买卖合同作为民间借贷合同的担保，借款到期后借款人不能还款，出借人请求履行买卖合同的，人民法院应当按照民间借贷法律关系审理，并向当事人释明变更诉讼请求。当事人拒绝变更的，人民法院裁定驳回起诉。按照民间借贷法律关系审理作出的判决生效后，借款人不履行生效判决确定的金钱债务，出借人可以申请拍卖买卖合同标的物，以偿还债务。就拍卖所得的价款与应偿还借款本息之间的差额，借款人或者出借人有权主张返还或补偿。"这种名义上看是买卖合同，实为借贷合同的担保合同的情况，在现实生活中形式多样，需要仔细辨认。根据中国的司法实践，以下情况应视为名为买卖实为借贷的情形：

（1）双方当事人订立借款合同之后，为保证借款的偿还又订立了不动产买卖合同，不动产买卖合同的真实目的是给借款提供担保，真实目的并不是不动产交易。

（2）双方当事人签订了不动产买卖合同，但实为借款担保的，如果双方具有借款担保法律关系的证据，可认定为担保合同。

（3）双方当事人签订了借款合同后，又签订与该协议内容一致的不动产买卖合同，可认定为担保合同。

（4）双方当事人的真实意思和合同的实质内容，只要确认双方当事人就借贷问题达成了合意且出借方已经实际将款项交付给借款方，即可认定债权债务关系成立。

（5）双方当事人签订借款合同的同时，签订了商品房买卖合同，其目的是担保债务人能及时还本付息，在债务人无法偿还债务时，以其自有房产直接抵偿债务，此商品房买卖属名为房屋买卖实为房屋担保性质。

（6）双方当事人之间不存在真实的买卖合同关系，而是民间借贷关系，当事人在诉讼中按照民间借贷关系变更了诉讼请求的，能够得到人民法院的支持。

（7）双方当事人的买卖合同签订的目的是获得借款，而非出卖商品房，双方真实意思是以商品房买卖合同担保借款合同，债权人认为双方的真实意思为商品房买卖关系的主张不会得到法院的支持。

（8）在没有充分证据证明当事人之间存在隐藏法律关系且该隐藏法律关系真实并最终对当事人产生约束力的场合，不宜简单否定既有的外化法律关系所体现的当事人的真实意思，避免出现当事人一方采取不当方法摆脱既定权利义务约束的结果。

（9）一方当事人主张名为买卖实为借款，但不能提交借款合同、利息、还款期限、担保等足以使借款合同成立的证据，诉争合同也没有以买卖合同为名实为借款合同中通常体现出来的违约条款、返利条款等特别约定，借款合同的诉求得不到法院的支持。

（10）商品房买卖合同不完备或者履行行为存在瑕疵，不能作为认定双方成立借贷关系的证据。

（11）先有借贷关系，后签订商品房买卖合同，可以认定商品房买卖系由借款合同关系转化而来，该商品房买卖合同合法有效。

（12）借款合同与商品房买卖合同在同一天订立，借款合同约定的抵押担保的房屋价值与所购房屋的价款金额相同，可以认定双方订立商品房买卖合同实际属于变相履行对借款提供的担保。

（13）在合同字面含义清楚无歧义的情况下，人民法院应当根据合同字面表达出的含义认定当事人的真实意思表示。

（14）双方当事人基于同一笔款项先后签订《商品房买卖合同》和《借款协议》，并约定若借款到期，不能偿还借款，则履行《商品房买卖合同》，应当认定当事人之间同时成立了商品房买卖和民间借贷两个民事法律关系，该行为并不违反法律、行政法规的强制性规定，借款到期，借款人不能按期偿还借款，对方当事人要求并通过履行《商品房买卖合同》取得房屋所有权，不违反《民法典》有关"禁止流押"的规定。

关于非典型担保合同的效力问题，中国司法机关在审理类似案件时，采功能主义的态度。《九民纪要》第66条关于法院对担保关系的认定时，认为："当事人订立的具有担保功能的合同，不存在法定无效情形的，应当认定有效。虽然合同约定的权利义务关系不属于物权法规定的典型担保类型，但是其功能应予肯定。"功能肯定的结果就是合同的有效性。

3. 动产担保的概括描述

动产担保交易协议中对于担保物的概括描述问题，从国际上看，《美国统一商法典》第9—109条规定了担保财产"描述的充分性"：（a）除（c）款、（d）款和（e）款另有规定外，对动产和不动产的描述，只要能够合理指明被描述的财产，即充分，无论描述是否具体。（b）除（d）款外另有规定外，使用下列描述方式指明担保物，属于合理指明：

（1）具体列出担保物；（2）列出担保物种类；（3）除（e）款另有规定外，使用任何其他方式，只要能够客观辨别担保物；（4）说明担保物的数量；（5）说明计算或分配的公式或程序；（6）或除（c）款另有规定外，使用任何其他方式，只要能够客观辨别担保物。（c）对担保物的描述，如果使用"债务人的全部财产""债务人的全部动产"或具有类似含义的文字，不属于合理指明担保物。（d）除（e）款另有规定外，对证券权利、证券账户或商品账户的下列描述，属于充分：（1）使用证券权利、证券账户或商品账户此类用词描述担保物，或将担保物称为投资财产；或（2）对作为其基础的金融首次或商品合同作出描述。（e）涉及下列担保物时，如果仅以本法定义的担保物类别进行描述，不属于充分：（1）担保物系商业侵权索赔；或（2）涉及消费者交易时，担保物系消费者品、证券权利、证券账户或商品账户。[①]

《美国统一商法典》所述"充分描述"要达到能够"客观辨别"担保物的程度，分动产、不动产与权利担保物标的的不同而充分条件的要求也有差别。客观辨别与中国现行法上的"合理识别"有异曲同工之妙。这种结果主义导向的示范法思路，只要当事人对实现担保物权时对标的物不发生歧义，那么担保协议中对担保物的描述就是充分的，可合理识别的。因此，《美国统一商法典》采取的是宽松与务实的立法态度，体现了公平原则与善意原则。[②]

关于概括描述，世界银行营商环境评估指标体系，要求担保物的描述要采取概括的方式进行，意即对担保物的描述不要太具体。《民法典》的相关规定对之前的《担保法》与《物权法》规定进行了较大的修订，如《担保法》第39条抵押合同应当包括的第三项内容为："抵押物的名称、数量、质量、状况、所在地、所有权权属或者使用权权属。"第65条质押合同应当包括的第三项内容为："质物的名称、数量、质量、状况。"《物权法》第158条抵押合同的内容、第210条质押合同的内容均与《担保法》的相应规定相同。《民法典》第400条设立抵押合同内容的第三项内容修订为："抵押财产的名称、数量等情况。"第427条设立质

[①] 潘琪译：《美国统一商法典》，法律出版社2020年版，第528—529页。
[②] 参见潘琪《美国〈统一商法典〉解读》，法律出版社2020年版，第618页。

押合同的第三项内容修订为："质押财产的名称、数量等情况。"从《民法典》在原《担保法》与《物权法》的基础上对抵押合同与质押合同的内容进行了文字上的精减，主要表现如上所述合同第三项内容上。根据王晨副委员长所作的制定《民法典》的立法说明中提到："进一步完善了担保物权制度，为优化营商环境提供法治保障。"那么，《民法典》的立法思路是否充分地考虑到了"优化营商环境的法制保障"这一因素，按照世界银行营商环境评估指标所要求的对担保物进行"概括描述"？从不动产抵押与动产抵押、权利抵押的登记性质来看，存在不同的情况。不动产抵押采登记生效主义，根据《民法典》第209条的规定："不动产物权的设立、变更、转让和消灭，经依法登记，发生效力；未经登记，不发生效力，但是法律另有规定的除外。"根据《不动产登记暂行条例》第8条规定，不动产登记簿应当记载的事项包括：不动产的坐落、界址、空间界限、面积、用途等自然状况；不动产权利的主体、类型、内容、来源、期限、权利变化等权属状况；涉及不动产权利限制、提示的事项；其他相关事项。不动产登记机构要对申请人提出的不动产登记内容进行严格的审查，登记内容必须满足行政法规的要求，否则登记机构会拒绝登记。因此，按照中国现行法律规定，对不动产抵押合同的登记内容的要求是强制性规范，抵押权登记申请人不得违反，否则，登记机构有权拒绝登记。因此，抵押权登记内容在中国无法满足世界银行营商环境评估指标的要求。

针对世界银行评估中国法律对于担保交易的概括描述问题不得分时，有专家指出，问卷填写人对中国现行法律有一些误解。如《物权法》第210条规定的质权合同："质权合同一般包括下列条款：（1）被担保债权的种类和数额；（2）债务人履行债务的期限；（3）质押财产的名称、数量、质量、状况；（4）担保的范围；（5）质押财产交付的时间。"一些填表人认为质权合同的这些条款要求是强制性规范，事实上是示范性规范，质权合同不会因为缺失了其中的一些内容而导致合同无效。同样，《物权法》第185条规定："设立抵押权，当事人应当采取书面形式订立抵押合同。抵押合同一般包括下列条款：（1）被担保债权的种类和数额；（2）债务人履行债务的期限；（3）抵押财产的名称、数量、质量、状况、所在地、所有权归属或者使用权归属；（4）担保的范围。"认为这也不是强制性规范，而是指引性规范，缺失其中一些要求也不影响抵押合同的效力。从立法上看，中国《物权法》第 181 条规定："经当事人书面协议，企业、个体工商户、农业生产经营者可以将现有的以及将有的生产设备、原材料、半成品、产品抵押，债务人不履行到期债务或者发生当事人约定的实现抵押权的情形，债权人有权就实现抵押权时的动产优先受偿。"这是典型的概括性描述。[①] 从《物权法》第 210 条与 185 条的规定来看，属于同一类型的规范，但为何前者为示范性规范，后者为指引性规范，这两类规范有何差异，该文作者并未作进一步的讨论。针对此问题，有学者表达了不同看法，认为在《民法典》之前，中国法律对担保财产的要求是作具体描述。[②]《担保法》对抵押合同与质押合同的内容要求用词为"应当包括"，所以原国家工商行政管理局于 1995 年颁布的《企业动产抵押物登记管理管理办法》第 5 条对抵押物的描述内容为：名称、数量、品牌、型号、规格、号码、出厂日期、使用年限、价值、存放地等，非常具体。《物权法》对此有所缓和，如前所述，用词为"一般包括"，从《担保法》到《物权法》，担保财产的描述内容要求由法定性规范变为了倡导性规范。[③] 由此，在中国以往的审判实践中，多数法院认为，作为担保物权的设定要求，这些规范是强制性规范，如果担保合同不符合这些规范的要求，担保合同和担保物权均不成立。[④]

　　动产与权利质押合同的登记采登记对抗主义，不经登记，不得对抗善意第三人，因此，动产与权利质押合同登记时可满足"概括描述"的要求。《民法典》第 427 条对原法律规定的修订完全可以理解为"为优化营商环境提供法治保障"的目的。《民法典担保制度司法解释》第 53 条也对此作了解释："当事人在动产和权利担保合同中对担保财产进行概括描述，该描述能够合理识别担保财产的，人民法院应当认定担保成立。"概括描述的要求是要能够达到合理识别的程度，否则概括描述担保物后

[①] 参见罗培新《论世行营商环境评估"获得信贷"指标得分的修法路径——以中国民法典颁布为契机》，《东方法学》2020 年第 1 期。

[②] 谢鸿飞：《担保财产的概括描述及其充分性》，《法学》2021 年第 11 期。

[③] 最高人民法院民事审判第二庭：《民法典担保制度司法解释理解与适用》，人民法院出版社 2021 年版，第 464 页。

[④] 参见谢鸿飞《担保财产的概括描述及其充分性》，《法学》2021 年第 11 期。

让人一头雾水，不知所云，实现不了担保物的特定化要求。正如专家指出的，"合理识别"本身还需要进行解释。① 担保财产的特定化是实现担保权的前提，如果概括描述不清的话，担保权人就很难将担保财产从担保人的其他财产中分离出来，担保权人的权利实现就会遇到较大的困难。所以，合理识别是要解决担保财产的概括描述能够让人识别担保财产的具体财产指的是哪部分财产。专家提出的具体完善建议为：不宜对合理识别的要求过于苛求，只要担保财产能够特定化足以保证担保权的权利实现为要义；如果担保合同以登记生效为要件，且合同经过了登记，双方当事人的意思表示可以通过概括描述而进行识别，担保成立；在具体的案件中，证人证言、有关文件可以合理识别担保财产的，法院也可以认定担保权的设定成立。②

4. 担保权益的自动延伸

动产担保权人看重的是担保物的交换价值而不担保物本身，当担保权人依法或者依约处分担保物时，权利人关注的是其享有的担保权益是否自动延伸至替代物上。《美国统一商法典》第9—102（a）（65）定义了担保收益，被视为担保权收益的自动延伸，包括以下财产：（A）担保物被出售、出租、许可、交换或以其他方式处置后的全部所得；（B）担保物收获或分得的全部所得；（C）担保物带来的权利；（D）担保物发生灭失、不符合合同、使用受到干扰、缺陷、权利受到侵犯或损坏后引起的索赔权，但不超过担保物的价值；或（E）担保物发生灭失、不符合合同、缺陷、权利受到侵犯或损坏后有权得到的保险赔偿，但不超过担保物的价值，并不超过债权人或受担保方有权获得的付款。根据美国的商业实践，不包括在第9编担保收益项下的担保物产生的收益应归于其中，这些收益包括：不动产租金收益；出售不动产的票据或付款权；《统一商法典》第9—322（g）项下的农业留置权收益；法定留置权收益。根据《统一商法典》第9—203（f），担保物中的担保权益发生附着后，受担保方即取得第9—315（b）（2）所述的对收益的权利（即可分辨收益），同时，该附着亦构成担保物的支持性债务中担保权益的随着。在担保物的

---

① 崔建远：《对非典型担保司法解释的解读》，《法治研究》2021年第4期。
② 参见崔建远《对非典型担保司法解释的解读》，《法治研究》2021年第4期。

完善方面，根据第9—315（c），只要原始担保物中的担保权益原为完善，收益中的担保权益即为完善。美国的这种自动附着立法模式源自美国《统一商法典》尊重了交易习惯。而"担保权益自动附着于收益的实质原因，在于促进担保效率，减少不必要的交易成本"。① 这种担保权益的延伸虽然是自动发生，只要双方当事人在担保协议中没有"另有约定"[《美国统一商法典》第9—315（a）]，在法律上即认可双方当事人认可这种权益的自动延伸，为默示权利。

如前所述，世界银行金融专员认为中国现行法律没有确认担保物权益自动延伸的规范。这涉及对中国相关法律规定的担保制度的理解。首先我们要了解一个担保法制度中的重要概念物上代位性。担保物权的物上代位性，是指在担保物权存续期间，担保财产因毁损、灭失或者被征收等原因获利保险金、赔偿金等补偿时，担保物权人仍可就保险金、赔偿金等补偿优先受偿。担保物权的物上代位性的实质在于担保物担保的是一种价值而非担保物本身。担保物的物上位性与担保物权的不可分性、从属性并列为担保物权的三个特征。《民法典》第390条规定："担保期间，担保财产毁损、灭失或者被征收等，担保物权人可以就获利的保险金、赔偿金或者补偿金等优先受偿。被担保债权的履行期限未届满的，也可以提存该保险金、赔偿金或者补偿金等。"根据该条的文义理解，代位物不仅指金钱，他物也可以，"只要是担保财产价值的直接承继者，都可以为代位物"。② 代位物指的是担保物不存在后的承继其价值的物，包括金钱与他物。那么，在担保期间，担保人处分担保物所获利的收益是否属于代位物呢？如买卖的价金、租金等。我国民法采与用德国、法国、瑞士民法典一样，对此持否定态度。因此，转让担保物获得的价金不属于代位物。此规定可以理解担保物的代位性所追求的担保物的价值承继为担保物权益的延伸。但排除了转让担保物因买卖、租赁所获价金的情况。

《民法典》第406条第2款规定："抵押人转让抵押财产的，应当及

---

① 庄加园：《动产担保物权的默示延伸》，《法学研究》2021年第2期。
② 最高人民法院民法典贯彻实施工作领导小组主编：《中华人民共和国民法典物权编理解与适用》（下），人民法院出版社2020年版，第1009页。

时通知抵押权人。抵押权人能够证明抵押财产转让可能损害抵押权的，可以请求抵押人将转让所得的价款向抵押权人提前清偿或者提存。转让的价款超过债权数额的部分归抵押人所有，不足部分由债务人清偿。"抵押财产的转让问题，一直是物权担保制度关注的问题，《民法通则司法解释》《担保法》对此均有规则。后来的《物权法》第191条对此作了规定。《民法典》第406条较之前的规定认可抵押人有权转让抵押财产，不以抵押权人同意为生效条件。同时承认抵押权具有追及力。抵押权人对抵押财产的追及力说明抵押权人对抵押财产转让后的收益有追及力，此亦为担保权益的延伸情况。

抵押权设立后，抵押物的从物及抵押物的添附是否属于担保财产的收益以及抵押权人是否有获得此收益的权利，《民法典》对此没有规定。根据《民法典担保制度司法解释》第40条规定："从物产生于抵押权依法设立前，抵押权人主张抵押权的效力及于从物的，人民法院应予支持，但是当事人另有约定的除外。从物产生于抵押权依法设立后，抵押权人主张抵押权的效力及于从物的，人民法院不予支持，但是在抵押权实现时可以一并处分。"担保财产的从物在担保合同设立之前已经产生，担保权益延伸至从物。从物在担保合同设立之后产生，担保权益不延伸至从物，但可在担保权人实现担保权时一并处分。第41条规定了添附的问题，添附包括附合、混合与加工。"抵押权依法设立后，抵押财产被添附，添附物归第三人所有，抵押权人主张抵押权效力及于补偿金的，人民法院应予支持。抵押权依法设立后，抵押财产被添附，抵押人对添附物享有所有权，抵押权人主张抵押权的效力及于添附物的，人民法院应予支持，但是添附导致抵押财产价值增加的，抵押权的效力不及于增加的价值部分。抵押权依法设立后，抵押人与第三人因添附成为添附物的共有人，抵押权人主张抵押权的效力及于抵押人对共有物享有的份额的，人民法院应予支持。"担保合同设立后担保财产被添附，担保权益自动延伸至添附物。按照原《担保法司法解释》第96条的规定，有关不动产抵押的规定，适用于动产质押。因此，《民法典担保制度司法解释》亦适用于动产质押。

动产担保的场合。《民法典》第430条规定："质权人有权收取质押财产的孳息，但是合同另有约定的除外。"质押财产的孳息应视为担保财产的收益，质权人有权获得担保财产的收益，可视为担保权益的自动延伸，除非当事人另有约定。

《民法典》第431条规定，质权人在质权存续期间，未经出质人同意，不得擅自使用、处分质押财产。该条分两种情况：一是出质人同意，质权人可以使用、处分质押财产，那么，既然出质人同意，自然会对担保财产使用、处分的收益作出约定，即担保权益是否延伸至使用、处分所得收益，由当事人约定；二是出质人不同意质权人可以使用、处分，那么自然就不存在担保权益的延伸问题，如果质权人擅自使用、处分担保财产，则产生侵权后果。此种情形下，不产生担保权益的自动延伸问题。

《民法典》第446条规定："权利质权除适用本节规定外，适用本章第一节的有关规定。"即权利质权除了民法典的相应规定，其他规定适用动产质权的规定，权利质权与动产质权共性方面的规定，相关规范互用。《民法典》第443条、第444条、第445条分别对基金份额、股权出质；注册商标专用权、专利权、著作权等知识产权中的财产权出质；应收账款出质作出相应的规定，在这些标的物上设立质权后，质权自办理登记时设立，出质权不得转让，但是出质人与质权人协商同意的除外。如果出质人同意质权可以转让，那么质权人的担保权益应当自动延伸。

综上所述，《民法典》时代，法律对担保权益是否自动延伸，分为三种情况：禁止延伸、允许延伸、合意延伸。中国没有统一的动产担保交易制度，无法对担保权益作一个统一的延伸规定，只能根据法律对不同的动产担保标的物所作的规定进行分别解释，才能得知该标的物的担保权益能够自动延伸。

有学者认为，《民法典》虽然没有明示的担保权益的自动延伸规则，但是否存在默示的延伸规则？如果我们可以借鉴《美国统一商法典》担保权益附着的自动延伸可归于当事人推知的默示规则下发生的，"这种默示的担保物权延伸规则并非体系外的创制，而是可以通过解释中国现行法体系找到其依据"。[1] 我们大致可以从以下三个方面找到相应的依据：一是中国的动产抵押的设立采合意主义，更好地实现了意思自治原则，

---

[1] 庄加园：《动产担保物权的默示延伸》，《法学研究》2021年第2期。

抵押责任可以默示地扩张于担保替代物；二是《民法典》第 390 条规定的物上代位也是出于默示担保需求；三是虽然中国现行法没有直接提供默示延伸担保物权的规范，但《民法典》第 390 条规定的"担保物的毁损、灭失或者被征收等"，这个"等"字可以作扩张解释，可以将担保动产交换价值的各种转换形态包括进来。根据上述的研究，中国现行法并非完全明示禁止担保权益的自动延伸，是根据不同标的物而作了有选择性的禁止延伸、允许延伸与合意延伸的规则。第 390 条的"等"字文义解释只能是作与"毁损、灭失或者被征收"类似的导致担保物不存在或者无法收回的其他情形，而不是担保物的其他价值形态的替代物。

5. 动产担保统一登记系统

从国际上看，联合国国际贸易法委员会发布了《担保交易示范法》《担保交易立法指南》，为各国建立动产担保制度提供了参照。动产登记系统的特点：一是电子登记，二是集中统一，三是形式审查。基本功能有三个：一是登记，二是查询，三是证明验证。

关于中国的动产抵押登记制度，原国家工商行政管理总局于 2007 年 10 月 12 日发布《动产抵押登记办法》（局令第 30 号），该办法后经 2016 年 7 月 5 日和 2019 年 3 月 18 日两次修订。该办法登记的动产登记范围是指《物权法》第 180 条第 1 款第 4 项（生产设备、原材料、半成品、产品）、第 181 条规定的动产抵押的（生产设备、原材料、半成品、产品），因此，该办法只针对这些特定的动产抵押进行登记。《物权法》第 228 条规定："以应收账款出质的，当事人应当订立书面合同。质权自信贷征信机构办理出质登记时设立。"为此，中国人民银行于 2007 年 9 月 30 日颁布《应收账款质押登记办法》（中国人民银行令〔2007〕第 4 号），专门规范应收账款的质押活动。2017 年 8 月 24 日中国人民银行对该办法进行了修订，完善了应收账款的定义，增加了转让登记的规定，调整了登记期限。

在建立全国统一的动产担保登记公示系统之前，最高人民法院的相关司法解释促进了登记公示系统的建设，如根据最高人民法院《关于审理融资租赁合同纠纷案件适用法律问题的解释》规定，第三人与承租人交易时，未按照法律、行政法规、行业或者地区主管部门的规定在相应机构进行融资租赁交易查询的，不适用善意取得的规定。中国人民银行也发布了配套通知,要求银行等金融机构办理相关业务时,应登录征信中心的动产融资登记公示系统查询相关标的物的权利状况。2017年中国人民银行修订《应收账款质押登记办法》,将应收账款转让纳入登记范围。与此同时,一些地方开始建立地方区域内的登记系统,并赋予其地方性登记效力。例如:天津市高级人民法院于2014年发布《关于审理保理合同纠纷案件若干问题的审判委员会纪要(一)》,深圳前海合作区人民法院于2016年发布《关于审理前海蛇口自贸区内保理合同纠纷案件的裁判指引(试行)》,分别确立了其司法辖区内机构在征信中心动产融资登记公示系统办理应收账款转让登记和查询司法效力。天津市人民政府、天津市高级人民法院等,还对辖区内确立了存货和仓单质押登记、保证金质押登记的司法效力。这些措施促进了地方动产担保融资的快速发展,如建设银行天津地区的国内保理业务余额从2014年的10亿元增长到2017年的60亿元。涉诉案件则从2014年的8个降为零。[①]

为了进一步优化营商环境,解决中小微企业的信贷难问题,中国政府分两批在四个城市开展动产担保统一登记系统试点工作,第一批是北京与上海,北京于2019年4月28日,上海于2019年4月30日开展试点。第二批是重庆与广州,于2020年4月28日开展试点。2020年12月14日,李克强总理召开国务院常务会议,会议认为,中国政府自开展动产担保统一登记系统试点工作以来,中小微企业新增担保登记业务占比超过95%、融资金额占比超过80%,企业获得信贷便利的效果十分明显。会议决定,从2021年1月1日起,对动产和权利担保在全国实行统一登记。原由国家市场监管总局承担的生产设备、原材料、半成品、产品抵押登记和中国人民银行承担的应收账款质押登记,以及存款单质押、融资租赁、保理等登记,改由中国人民银行统一承担,提供基于互联网的7×24小时全天候服务。此前已作动产和权利担保登记的,不需要重新登记,原登记机构的存量信息数据移交给新的登记机构。对新登记的,由当事人通过动产融资统一登记公示系统自主办理,并对登记内容的真实性、完整性和合法性负责;登记机构不对登记内容进行实质审查。实行统一登记,有助于金融机构全面掌握企业动产和相关权利信息,提升给

---

① 参见王晓蕾《动产担保登记助力企业融资》,《中国金融》2019年第7期。

企业担保融资的意愿。①

国务院于2020年12月22日发布《关于实施动产和权利担保统一登记的决定》（国发〔2020〕18号），决定要求自2021年1月1日起，在全国范围内实施动产和权利担保统一登记。纳入动产和权利担保统一登记范围的担保类型包括：生产设备、原材料、半成品、产品抵押；应收账款质押；存款单、仓单、提单质押；融资租赁；保理；所有权保留；其他可以登记的动产和权利担保，但机动车抵押、船舶抵押、航空器抵押、债券质押、基金份额质押、股权质押、知识产权中的财产权质押除外。纳入统一登记范围的动产和权利担保，由当事人通过中国人民银行征信中心（以下简称征信中心）动产融资统一登记公示系统自主办理登记。

中国人民银行于2021年12月29日发布《动产和权利担保统一登记办法》，就有关动产担保登记事项进行了规则的细化。自此，中国建立起了动产担保统一登记系统。但是，根据该办法，还有一些特定的动产担保，由相关的其他登记机构进行登记，如机动车抵押，根据《机动车登记办法》的规定，机动车抵押登记由机动车管辖地车辆管理所管辖。船舶抵押，根据《船舶登记条例》的规定，由船舶登记机关登记。航空器抵押，根据《民用航空法》的规定，由国务院民用航空主管部门登记。债券质押由中国证券结算机构登记。基金份额质押、股权质押，根据《股权出质登记办法》，由国家市场监督管理部门登记，各级市场监督管理部门的企业登记机构是股权出质登记机构。知识产权中的财产权质押，由相关的知识产权管理机构进行登记。

6. 动产担保的优先权

关于担保权人的优先权问题，尤其是在破产或者企业重组时尤为重要。《企业破产法》第75条规定："在重整期间，对债务人的特定财产享有的担保权暂停行使。但是，担保物有损坏或者价值明显减少的可能，足以危害担保权人权利的，担保权人可以向人民法院请求恢复行使担保权。在重整期间，债务人或者管理人为继续营业而借款的，可以为该借款设定担保。"担保权暂停行使，肯定影响担保权的优先权。因此，根据

---

① 参见中国政府官网 http://www.gov.cn/premier/2020-12/15/content_5569612.htm。

世界银行营商环境评估指标的要求,这一项中国不得分。最高人民法院于 2019 年 2 月 25 日发布《关于适用〈中华人民共和国企业破产法〉若干问题的规定(三)》,对此问题没有作出相应的司法解释。有学者曾希望最高人民法院的司法解释能够对《企业破产法》第 75 条规定担保权暂停行使作出更为详细的适用规则。①但该司法解释对担保权的优先权问题也作了一些回应,该司法解释第二条对有关担保权的优先权保护作了规定,企业的破产申请受理后,经过相应的程序决定,破产企业管理人或者自行管理的债务人可以为债务人继续营业而借款。提供借款的债权人主张参照《企业破产法》第 42 条第 4 项的规定(为债务人继续营业而应支付的劳动报酬和社会保险费用以及由此产生的其他债务)优先于普通破产债权清偿的,人民法院应予支持,但其主张优先于此前已就债务人特定财产享有担保的债权清偿的,人民法院不予支持。管理人或者自行管理的债务人可以为前述借款设定抵押担保,抵押物在破产申请受理前已为其他债权人设定抵押的,债权人主张按照物权法第 199 条规定②的顺序清偿,人民法院应予支持。

动产担保未履行登记手续,那么动产担保的优先权如何处理?《民法典担保制度司法解释》第 54 条对此作了规定:"动产抵押合同订立后未办理抵押登记,动产抵押权的效力按照下列情形分别处理:(1)抵押人转让抵押财产,受让人占有抵押财产后,抵押权人向受让人请求行使抵押权的,人民法院不予支持,但是抵押权人能够举证证明受让人知道或者应当知道已经订立抵押合同的除外;(2)抵押人将抵押财产出租给他人并移转占有,抵押权人行使抵押权的,租赁关系不受影响,但是抵押权人能够举证证明承租人知道或者应当知道已经订立抵押合同的除外;(3)抵押人的其他债权人向人民法院申请保全或者执行抵押财产,人民法院已经作出财产保全裁定或者采取执行措施,抵押权人主张对抵押财

---

① 罗培新:《论世行营商环境评估"获得信贷"指标得分的修法路径——以中国民法典颁布为契机》,《东方法学》2020 年第 1 期。
② 《中华人民共和国物权法》第 199 条规定的清偿顺序,同一财产向两个以上债权人抵押的,拍卖、变卖抵押财产所得的价款依照下列规定清偿:(1)抵押权已登记的,按照登记的先后顺序清偿;顺序相同的,按照债权比例清偿;(2)抵押权已登记的先于未登记的受偿;(3)抵押权未登记的,按照债权比例清偿。

产优先受偿的，人民法院不予支持；（4）抵押人破产，抵押权人主张对抵押财产优先受偿的，人民法院不予支持。"

（四）《民法典》担保制度的创新

1. 对物权法定主义的缓和

《物权法》采用严格的物权法定主义立法进路，第 5 条规定："物权的种类和内容，由法律规定。"虽然《民法典》第 116 条完全保留了《物权法》第 5 条内容，在《民法典》第 388 条第 1 款扩大了担保物权的合同范围："设立担保物权，应当依照本法和其他法律的规定订立担保合同。担保合同包括抵押合同、质押合同和其他具有担保功能的合同。"该条将功能主义的立法思路引入担保物权的认定，从本质上扩大了担保物权的范围，是对《物权法》严格法定主义的缓和，为非典型担保合同的存在提供了法律空间。

2. 扩大了担保合同的范围

《民法典》第 388 条第 1 款表述"其他具有担保功能的合同"，将融资租赁、保理、所有权保留等非典型担保合同包含进来。扩大了担保合同的范围。

3. 针对非典型担保进行了一定程度的规则统合

《民法典》第 641 条："出卖人对标的物保留的所有权，未经登记，不得对抗善意第三人。"所有权保留采登记对抗的公示方法，其设定、对抗和公示规则与动产抵押保持一致。第 745 条对融资租赁的登记采登记对抗规则："出租人对租赁物享有的所有权，未经登记，不得对抗善意第三人。"在设立与对抗规则上，与动产抵押保持一致。第 403 条将《物权权》第 188 条与第 189 条第 1 款合并，表明立法将浮动抵押视为动产抵押的一般特殊形态，不再区分浮动抵押与动产抵押。

由于《民法典》未正式规定让与担保，但学者认为《民法典》第 401 条、第 428 条突破了禁止流押、流质的做法，"给让与担保制度留出了空间"。①

对于另外两种非典型担保，如应收账款质押与保理，在设立与执行

---

① 纪海龙：《民法典动产与权利担保制度的体系展开》，《法学家》2021 年第 1 期。

规则上，与一般债权让与存在很大不同，应收账款质押采登记生效主义，这些与动产抵押相异的规则，表明中国《民法典》并未将功能主义的立法思路贯彻到整个动产担保体系中。

4. 统一了担保物权的受偿规则

《民法典》第414条规定："同一财产向两个以上债权人抵押的，拍卖、变卖抵押财产所得的价款依照下列规定清偿：（1）抵押权已经登记的，按照登记的时间先后确定清偿顺序；（2）抵押权已经登记的先于未登记的受偿；（3）抵押权未登记的，按照债权比例清偿。其他可以登记的担保物权，清偿顺序参照适用前款规定。"

5. 担保权清偿顺位规则的统合

多个抵押权同时存在时的清偿顺序，《物权法》第199条规定："同一财产向两个以上债权人抵押的，拍卖、变卖抵押财产所得的价款依照下列规定清偿：（1）抵押权已登记的，按照登记的先后顺序清偿；顺序相同的，按照债权比例清偿；（2）抵押权已登记的先于未登记的受偿；（3）抵押权未登记的，按照债权比例清偿。"《物权法》的清偿规则是"登记在先，权利优先"，《民法典》第414条在此基础上进行修订与调整，第1款第1项，删除了"顺序相同的，按照债权比例清偿。"增加了第2款规定："其他可以登记的担保物权，清偿顺序参照适用前款规定。"其他可以登记的担保物权，根据《民法典》的相关规定，包括所有权保留下的所有权、融资租赁中出租人的所有权、应收账款、基金份额、股权、知识产权等。非典型担保物权也可以参照典型担保物权的清偿顺序进行清偿。也从另一个侧面认可了非典型担保物权的法律效力。抵押权清偿的时间顺序，以登记簿记载的时间为准。《不动产登记暂行条例实施细则》第67条规定："同一不动产上设立多个抵押权的，不动产登记机构应当按照受理时间的先后顺序依次办理登记，并记载于不动产登记簿。当事人对抵押权顺位另有约定的，从其规定办理登记。"

动产担保同时存在抵押权与质权时，《民法典》第415条规定："同一财产既设立抵押权又设立质权的，拍卖、变卖该财产所得的价款按照登记、交付的时间先后确定清偿顺序。"该条的规定来看，抵押权与质权人享有平等的权利，清偿顺序按照登记的时间先后顺序进行。

在同一动产之上，既设立有该动产的价款抵押权，同时又存在其他担保物权时清偿顺序。《民法典》第416条规定:"动产抵押担保的主债权是抵押物的价款,标的物交付后10日内办理抵押登记的,该抵押权人优先于抵押物买受人的其他担保物权人受偿,但是留置权人除外。"该条规定了价款抵押权的清偿顺位问题。按照《物权法》与《民法典》的相关规定,同一动产之上不同抵押权的清偿先后顺序,采取"登记在先,顺位在先"的规则,但这一规定的却是价款抵押权的优先清偿权效力,动产价款的抵押权登记后,其效力优先于抵押物上的其他抵押权。有学者称其为"超级抵押权"[1]。价款抵押权登记公示之后,解决了隐性担保问题,同时,赋予价款抵押权优先效力,不会改变抵押人的总体信用状况,也没有改变在先抵押权人特别是浮动抵押权人的担保权益。[2] 即使动产的价款抵押权完成了登记,如果同地动产上还设有留置权,留置权优先。

6. 禁止流押流质的缓和

在世界银行营商环境评估体系中,要求允许抵押权人通过事先约定方式取得担保物权,允许流押。《担保法》与《物权法》根据国家父爱主义的立法理念,禁止当事人通过合意约定当债务人不能按期清偿债务时转让担保标的物的所有权予债权人。虽然此立法理念从保护债务人利益出发,避免因紧急情况下债务人为了清偿债务而折价转让担保财产,但这一禁止流押与流质的规定实际上剥夺了债务人对自己财产的处分权。《民法典》对流押问题进行了柔化处理。从比较法上看,法国、德国、瑞士、日本等大陆法系国家的民法典规定以禁止流质,但并不禁止流押。禁止流押的大陆法系国家只有意大利、葡萄牙等少数国家。中国台湾地区的"民法"在2007年修订时,一改之前的禁止流押的规定,允许流押的使用。《民法典》第401条对《物权法》第186条作了重大修订:"抵押权人在债务履行期限届满前,与抵押人约定债务人不履行到期债务时抵押财产归债权人所有的,只能依法就抵押财产优先受偿。"这一规定表明对禁止流押进行了缓和。此规定可谓原则禁止流押,但又规定了抵押

---

[1] 参见邹海林《论民法典各分编(草案)"担保物权"的制度完善——以〈民法典〉各分编(草案)第二编物权为分析对象》,《比较法研究》2019年第2期;纪海龙:《民法典动产与权利担保制度的体系展开》,《法学家》2021年第1期。

[2] 最高人民法院民法典贯彻实施工作领导小组主编:《中华人民共和国民法典物权编理解与适用》(下),人民法院出版社2020年版,第1134页。

权人的优先受偿权,这一优先受偿权要通过清算方式进行。根据《民法典》第410条的规定,抵押权人实现抵押权的情形有折价、拍卖、变卖抵押财产等方式实现抵押权。

在禁止流质方面,《民法典》第428条对《物权法》第211条也进行了重大修订:"质权人在债务履行期限届满前,与出质人约定债务人不履行到期债务时质押财产归债权人所有的,只能依法就质押财产优先受偿。"这一规定表明对禁止流质予以缓和。

(五)与获得信贷有关的司法政策

最高人民法院于2017年8月7日发布《关于为改善营商环境提供司法保障的若干意见》,推动社会信用体系建设,为持续优化营商环境提供信用保障,充分运用信息化手段,促进社会信用体系建设的持续完善。探索社会信用体系建设与人民法院审判执行工作的深度融合路径,推动建立健全与市场主体信用信息相关的司法大数据的归集共享和使用机制,加大守信联合激励和失信联合惩戒工作力度。严厉惩处虚假诉讼行为,推进诉讼诚信建设。严格依照法律规定,追究虚假诉讼、妨害作证等行为人的刑事法律责任。适时出台相关司法解释,明确虚假诉讼罪的定罪量刑标准。完善对提供虚假证据、故意逾期举证等不诚信诉讼行为的规制机制,严厉制裁诉讼失信行为。强化对失信被执行人的信用惩戒力度,推动完善失信惩戒机制。按照中共中央办公厅、国务院办公厅2016年9月14日印发的《关于加快推进失信被执行人信用监督、警示和惩戒机制建设的意见》要求,持续完善公布失信被执行人名单信息、限制被执行人高消费等制度规范,严厉惩戒被执行人失信行为。推动完善让失信主体"一处失信、处处受限"的信用惩戒大格局,促进社会诚信建设,实现长效治理。

最高人民法院于2022年1月13日发布《关于充分发挥司法职能作用助力中小微企业发展的指导意见》,对金融机构违反普惠小微贷款支持工具政策提出的借款提前到期、单方解除合同等诉讼主张,不予支持;对金融机构收取的利息以及以咨询费、担保费等其他费用为名收取的变相利息,严格依照支农支小再贷款信贷优惠利率政策的规定,对超出部分不予支持。严格依照《民法典》及有关司法解释的规定,依法认定生产设备等动产担保，以及所有权保留、融资租赁、保理等非典型担保债权优先受偿效力，支持中小微企业根据自身实际情况拓宽融资渠道。对符合法律规定的仓单、提单、汇票、应收账款、知识产权等权利质押以及保兑仓交易，依法认定其有效，支持金融机构创新服务中小微企业信贷产品。合理限制交易费用，切实降低中小微企业融资成本。积极与全国中小企业融资综合信用服务平台共享企业涉诉信息，推动实现对中小微企业信用评价的精准"画像"，提高企业贷款可得性。依法规制民间借贷市场秩序。对"高利转贷""职业放贷"等违法借贷行为，依法认定其无效。推动各地人民法院根据本地区实际情况建立"职业放贷人"名录制度。依法否定规避利率司法保护上限合同条款，对变相高息等超出法律、司法解释规定的利息部分不予支持。在审判执行过程中发现有非法集资、"套路贷"、催收非法债务等犯罪嫌疑的，应当及时将有关材料移送相关部门。

四 政府获得信贷规制制度改革

（一）中央政府层面

1. 压缩获得信贷时间

中国银监会办公厅于 2017 年 5 月 4 日发布《提高小微企业信贷服务效率合理压缩获得信贷时间实施方案的通知》（银监办发〔2017〕61号），通知要求在梳理国务院近年相关文件内容的基础上，突出压缩获得信贷时间，整合政策措施，务求实效。

根据《优化营商环境条例》，第 26 条要求金融机构降低民营企业、中小企业综合融资成本，提高贷款审批效率，规范收费行为，商业银行应当向社会公开开设企业账户的服务标准、资费标准和办理时限。

2. 支持通过动产担保、权利担保在获得信贷方面的作用

国务院办公厅于 2020 年 7 月 15 日发布《关于进一步优化营商环境更好服务市场主体的实施意见》（国办发〔2020〕24 号），对获得信贷方面的政策，提出优化动产担保融资服务的要求。鼓励引导商业银行支持中小企业以应收账款、生产设备、产品、车辆、船舶、知识产权等动产和权利进行担保融资。推动建立以担保人名称为索引的电子数据库，实现对担保品登记状态信息的在线查询、修订或撤销。

国务院办公厅于 2020 年 11 月 1 日发布《全国深化"放管服"改革优化营商环境电视电话会议重点任务分工方案的通知》（国办发〔2020〕43 号），要求清理规范中小企业融资中的不合理附加费用，整治银行强制搭售产品、超公示标准收费、收费与服务项目不符等违规行为。加强银行服务项目和收费公示，建立健全银行业违规收费投诉举报机制。

推动国有大型商业银行创新对中小微企业的信贷服务模式，利用大数据等技术解决"首贷难""续贷难"等问题。完善水电气、纳税、社保等领域信用评价标准和指标体系，充分运用各类信用信息平台，加强相关信用信息共享以及在信贷发放方面的应用，支持普惠金融更好发展。

（二）地方政府层面（以北京市为例）

1. 着力解决知识产权融资的难题

北京市迄今发布过 4 个版本的与获得信贷有关的金融改革方案，从北京金融改革 1.0 到 4.0 版。北京市金融工作局、中国人民银行营业管理部、中国银行业监督管理委员会北京监管局于 2018 年 3 月 14 日发布《关于进一步优化金融信贷营商环境的意见》（京金融〔2018〕52 号）。优化措施主要有：降低金融信贷成本、压缩金融信贷审批时间、在拓展贷款抵（质）押物范围（支持银行业金融机构大力开展与环境相关的收益权、排放权、排污权抵押贷款等业务）、提高公积金信贷审核效率、实现公积金贷款登记变更"不跑路"、实现动产抵押登记"一次办结"服务、实现社会信用信息"一站式"查询等。

知识产权质押存在两大难题：一是知识产权的价值评估，如专利的价值评估还要考虑到专利的迭代更新，未来的市场价值与经济效益难以评估；二是一旦发生经营风险如何处置，这些创新企业没有什么资产，知识产权不能转化为经济效益，企业就会破产。以知识产权融资时，金融机构、担保机构都要进行风险预判，发生风险后要有应对机制与知识产权的变卖通道。

2. 着力解决综合融资成本

北京市人民政府于 2019 年 4 月 22 日发布《深化金融供给侧改革 持续优化金融信贷营商环境的意见》，在降低企业综合融资成本方面，要金融机构常规服务收费"能减尽减"，银行机构适度下调小微企业贷款利率，担保公司适度下调担保费率，降低小微企业综合融资成本。目标是力争 2019 年完成小微企业综合融资成本，较前一年下降 0.9 个百分点；推动线上申请与审批，真正实现银行贷款"最多跑一次"；建立贷款客户"白名单"管理制度；建立金融信贷对小微企业的容错机制。小微企业不良贷款率未超出容忍度标准的金融机构和分支机构，在无违反法律法规和监管规则行为的前提下，对分支机构负责人、小微业务部门和从业人员免予追责；设立市级融资担保平台，市融资担保集团并设立总规模不低于 100 亿元的融资担保基金；强化无还本续贷机制。推广无还本续贷产品，对经营可持续、发展有前景、符合首都核心功能定位的小微企业，不停贷、不压贷、不断贷，帮助企业度过难关；启动"畅融工程"。建立"畅融工程"企业数据库，解决企业融资诉求、续贷需求，打破信息不对称性，增加信息的及时性；推动信用信息体系"全覆盖"。在京金融机构分类别、分批次接入人民银行征信系统，实现信用信息体系"全覆盖"；推动在京建立"金融法院"；全国首推"动产担保登记系统试点"；设立地方金融资产管理公司等。

3. 建立动产担保统一登记制度

北京市人民政府于 2020 年 3 月 27 日发布《北京市优化营商环境条例》，要求动产担保统一登记。北京市由人民银行动产融资登记系统对动产担保物进行统一登记，航空器、船舶、机动车和知识产权除外。市场主体办理动产担保登记，可以对担保物进行概括性描述。动产担保双方当事人可以约定担保权益涵盖担保物本身及其将来产生的产品、收益、替代品等资产。市地方金融监督管理部门推动建立担保物处置平台，为债权人实现担保权益提供便利。

4. 持续改善中小微企业融资环境

北京市人民政府办公厅于 2020 年 12 月 30 日发布《北京市进一步优化营商环境更好服务市场主体实施方案》，持续改善中小微企业融资环境。重点围绕中小微企业信用评价、担保、质押、信贷、创业投资等重点环节，提供更加便利、更加优惠的融资服务。一是鼓励银行、担保机构制定完善经营指标评价、贷款尽职免责标准和流程，创新对中小微企业的信贷服务模式，全面推行线上服务。二是发挥北京知识产权交易中心作用，为科技型中小微企业提供知识产权登记和交易等全链条服务，年服务科技型中小微企业不少于 5000 家。三是鼓励金融机构加强与知识产权中介机构合作，开发金融产品，提高融资规模，本市新发放知识产权质押贷款额力争同比增长 30% 以上。四是鼓励税务、人力资源社会保障等部门和公共服务企业建立信用评价标准和指标体系，加强与金融机构数据信息归集共享，引导金融机构加强信用贷款产品创新，小微企业信用贷款余额占比不低于 30%。五是出台中小微企业首次贷款贴息指导意见，对在市首贷中心办理贷款业务的中小微企业进行贴息；市续贷中心推行网上受理、无还本续贷等服务。六是建设股权投资和创业投资份额转让平台，为私募股权持有人提供短期的流动性支持和规范的退出渠道。

五 法律法规修订与政府规制改革的效果

（一）动产担保和权利担保制度的创新

《民法典》的颁布，明确了中国在担保制度方面采取功能主义的立法进路，形成形式主义与功能主义相结合的中国担保立法体系。属于动产担保和权利担保的形式，除了物权编规定的动产抵押、动产质押、权利质押，还有合同编的所有权保留、融资租赁、保理合同中的担保性债权转让，让与担保、寄售买卖等可能的担保交易也纳入其中。明确了动产担保与权利担保的登记对抗效力，避免隐性担保的市场交易风险。通过允许对担保财产进行概括描述，便利了担保的登记。统一了动产和权利担保之间的顺位规则，确立了公示在先的顺位原则。

（二）建立统一的动产担保公示系统

根据《民法典》《优化营商环境条例》《国务院关于实施动产和权利担保统一登记的决定》制定的《动产和权利担保统一登记办法》，对纳入动产和权利担保统一登记范围的担保类型（机动车抵押、船舶抵押、航空器抵押、债券质押、基金份额质押、股权质押、知识产权中的财产权质押除外）都可以进行统一登记，纳入统一登记系统——中国人民银行征信中心设立的动产融资统一登记公示系统。征信中心根据查询人的申请,提供查询证明。升级改造后的动产融资统一登记公示系统于2021年1月1日正式上线。自2022年5月30日起,动产融资统一登记公示系统(以下简称登记系统)将提供北京市机动车抵押、船舶抵押、知识产权(含注册商标专用权、专利权、著作权)质押登记信息统一查询服务。随着公示系统信息的不断汇集,全国统一的动产融资统一登记公示系统的建成指日可待。

(三)动产担保与权利担保登记便利化程度进一步提高

北京、上海等地方政府近几年来制定一系列便利动产登记与权利登记的政策,建立登记信息系统,实施统一登记措施,整合相关部门的信息,压缩登记时间,缩短登记流程,为动产担保与权利担保提供便利化的条件,促进了动产担保与权利担保的发展,为中小微企业获得信贷提供了更为便利的营商环境。

六 未来改革展望

(一)便利开展机动车、船舶、知识产权等动产和权利担保融资

推动机动车、船舶、知识产权等担保登记主管部门探索建立以担保人名称为索引的电子数据库,实现对试点城市相关担保品登记状态信息的在线查询、修订和撤销。相关担保信息与人民银行征信中心动产融资统一登记公示系统共享互通,实现各类登记信息的统一查询。

(二)健全知识产权质押融资风险分担机制和质物处置机制

健全政府引导的知识产权质押融资风险分担和补偿机制,综合运用担保、风险补偿等方式降低信贷风险。探索担保机构等通过质权转股权、反向许可、拍卖等方式快速进行质物处置,保障金融机构对质权的实现。探索发行知识产权证券化产品,拓宽科技型企业融资渠道,降低企业融资成本。

(三)完善知识产权市场化定价和交易机制

进一步强化"政企银保服"联动,推动知识产权质押融资、保险、

证券化，通过知识产权金融创新促进知识产权价值实现。建立跨区域知识产权交易信息联合发布机制，为知识产权交易提供信息挂牌、交易撮合、资产评估等服务，助力科技企业快速质押融资。

（四）持续改善中小微企业融资环境

围绕中小微企业信用评价、担保、质押、信贷、创业投资等重点环节，提供更加便利、更加优惠的融资服务。一是鼓励银行、担保机构制定完善经营指标评价、贷款尽职免责标准和流程，创新对中小微企业的信贷服务模式，全面推行线上服务。二是发挥区域性知识产权交易中心作用，为科技型中小微企业提供知识产权登记和交易等全链条服务。三是鼓励金融机构加强与知识产权中介机构合作，开发金融产品，提高融资规模。四是鼓励税务、人力资源社会保障等部门和公共服务企业建立信用评价标准和指标体系，加强与金融机构数据信息归集共享，引导金融机构加强信用贷款产品创新。五是建设股权投资和创业投资份额转让平台，为私募股权持有人提供短期的流动性支持和规范的退出渠道。

第六章

保护少数投资者

一 保护少数投资者评估指标体系

世界银行《全球营商环境报告》通过一套指标衡量中小投资者免受利益冲突的保护，并通过另一套指标衡量股东在公司治理中的权利。这些数据来自一份由公司和证券律师管理的问卷，以证券法、公司法、民事诉讼法和法庭证据规则为依据。各经济体在保护中小投资者方面的排名是根据它们在保护中小投资者方面的得分来决定的。这些得分是利益冲突程度监管指数和股东治理程度指数的总和。

利益冲突程度监管指标通过区分解决利益冲突的三个维度来衡量股东对董事滥用公司资产谋取个人利益的保护程度：关联方交易的透明度（披露程度指数）、股东起诉和追究董事自营交易责任的能力（董事责任程度指数）、股东诉讼中的证据获取和法律费用分摊（股东诉讼容易程度指数）。该项指标体系假设的企业是在证券交易所上市的上市公司。

（一）披露程度指数

披露程度指数由5个组成部分组成：（1）公司哪个管理者或者哪家内部机构可以批准此项交易。（2）外部机构（例如，独立审计师）是否必须在交易发生前对其进行审查。（3）詹姆斯先生[①]是否需要向董事会或监事会披露信息。（4）是否立即向公众、监管机构还是股东披露交易都是必需的。（5）是否需要在定期申报文件（如年度报告）中披露信息。

[①] 詹姆斯先生是世界银行《全球营商环境报告》里一个假设公司的创始人或股东。

(二) 董事责任程度指数

董事责任程度指数由 7 个组成部分组成：(1) 股东是否可以直接或派生地就交易对公司造成的损害提起诉讼。(2) 股东原告是否可以要求詹姆斯先生对买卖双方交易给公司造成的损害负责。(3) 股东原告是否可以要求其他高管、董事（CEO、董事会成员或监事会成员）对交易给公司造成的损害承担责任。(4) 在原告股东成功提出索赔后，詹姆斯先生是否就对公司造成的损害支付损害赔偿金。(5) 詹姆斯先生是否在原告股东胜诉后偿还从交易中获得的利润。(6) 是否因原告股东的胜诉而剥夺了詹姆斯先生的资格。(7) 法院是否可以在原告股东胜诉后决定撤销交易。

(三) 股东诉讼便利度指数

股东诉讼便利度指数由 6 个组成部分组成：(1) 拥有公司 10% 股份的股东在提起诉讼之前，是否有权查看买卖双方的交易资料。或者，他们是否可以要求政府检查员对买卖双方的交易进行调查而不提起诉讼。(2) 在审理期间，原告股东可以从被告和证人处获得哪些文件。(3) 原告可否向被告索取各类有关文件而不指明是哪一份文件。(4) 原告是否可以在审判过程中直接询问被告和证人。(5) 民事案件的证明标准是否低于刑事案件的证明标准。(6) 股东原告是否能从公司追讨他们的法律费用。

(四) 利益冲突程度指数

股东治理程度指数通过区分良好治理的三个维度来衡量股东在公司治理中的权利：股东在公司重大决策中的权利和作用（股东权利程度指数），保护股东免受董事会不当控制和强化的治理措施（所有权和控制程度指数），以及股权、薪酬、审计和财务的透明度（公司透明度指数）。

(五) 股东权利程度指数

股东权利程度指数有 6 个组成部分：(1) 出售 51% 及以上资产是否需要股东同意。(2) 如果股东持有买方 10% 的股份是否有权要求召开股东大会。(3) 买方是否每次发行新股前都要得到股东批准。(4) 每次买方发行新股，股东是否会被自动授予优先购买权或者认购权。(5) 股东是否选举和解雇外部审计师。(6) 是否只有在受影响股票的持有者同意的情况下，才有可能改变某一类股票的权利。

(六) 所有权和控制程度指数

所有权和控制程度指数有7个组成部分：(1) 是否同一个人不能同时被任命为 CEO 和董事会主席。(2) 董事会是否必须包括独立的非执行董事会成员。(3) 股东能否在董事会任期届满前无故撤换董事会成员。(4) 董事会是否必须有一个审计委员会。(5) 潜在收购者是否必须在收购50%的买方股份时向所有股东发出收购要约。(6) 买方是否必须在法律规定的最长期限内支付已公告的股息。(7) 子公司是否不能收购母公司发行的股份。

(七) 公司透明度指数

公司透明度指数有7个组成部分：(1) 买方是否必须披露直接和间接占5%的公司股份。(2) 买方是否必须披露董事会成员主要任职情况及在其他公司担任董事的信息。(3) 买方是否必须披露经理人的薪酬。(4) 是否必须在股东大会召开21日前发出详细的股东大会通知。(5) 持有5%股份及以上股份的股东是否可以提出股东大会议题。(6) 买方的年度财务报表是否必须由外部审计师审计。(7) 买方是否必须公开其审计报告。

(八) 股东治理指数

股东治理指数是股东权利程度、所有权控制程度和公司透明度程度指数的总和。该指数的取值范围为0—20，数值越高，表明股东在公司治理中的权利越强。

(九) 改革

保护中小投资者指数记录了每年与关联交易监管和公司治理相关的变化。根据对数据的影响，在《全球营商环境报告》改革摘要中列出了某些变化，以确认重大变化的实施情况。它们分为两类：使做生意更容易的改革和使做生意更困难的变革。中小投资者保护指数采用以下标准确认改革。

在有关保护少数投资者的 6 个指标的任何一个问题上，所有影响给定经济体得分的立法和监管变化都被归类为改革。这一改变必须是强制性的，这意味着，如果股东不遵守规定，他们就可以向法院提起诉讼，或要求公司注册处、资本市场监管机构或证券交易委员会（sec）等监管机构予以制裁。准则、示范规则、原则、建议和在不符合情况下解释的职责被排除在外。当一个变化只影响在证券交易所上市的公司时，只有在证券交易所有 10 家或更多的股票上市公司时，它才会被捕捉到。

影响保护少数投资者指数的改革包括修订或引入新的公司法、商法典、证券法规、民事诉讼法、法院规则、法律、法令、命令、最高法院判决或证券交易所上市规则。这些变化必须影响到发行人、公司经理、董事和股东在关联方交易方面的权利和义务，或者更广泛地说，影响到这些指标所衡量的公司治理方面。例如，在一个特定的经济体中，关联方交易必须得到董事会的批准，其中包括与交易成功有个人经济利益关系的董事会成员。这种经济体系引入一种规则，要求关联方交易必须由股东大会批准，利益冲突的股东不能参与投票。这一规则将导致披露指数中相应问题增加 2 个点，因此将在研究中得到承认。

二　中国保护少数投资者评估指数排名情况

（一）中国保护少数投资者评估指数的世界排名进展情况

中国保护少数投资者评估指数自评估以来，实现了从第 119 名到第 28 名的华丽转变，其快速提升背后离不开相关法律、制度等的优化、调整。

2015 年至 2020 年中国的排名情况：2015 年排名第 132 位，2016 年排名第 134 位，2017 年排名第 123 位，2018 年排名第 119 位，2019 年排名第 36 位，2020 年排名第 28 位。2019 年的排名有一个快速上升，2020 年的排名也有一个小幅度的上升。

(二) 2020年中国排名情况及与其他经济体比较

表6-1　　　　2020年中国排名情况及与其他经济体比较

指标	北京	上海	中国	东亚及太平洋地区	OECD高收入经济体	最佳表现
披露程度指数（0—10）	10.0	10.0	10.0	5.9	6.5	10（13个经济体）
董事责任程度指数（0—10）	4.0	4.0	4.0	5.2	5.3	10（3个经济体）
股东诉讼便利指数	5.0	5.0	5.0	6.7	7.3	10（吉布提）
股东权利指数（0—10）	5.0	5.0	5.0	2.0	4.7	6（19个经济体）
所有权和管理控制指数（0—10）	6.0	6.0	6.0	2.4	4.5	7（9个经济体）
公司透明度指数（0—10）	6.0	6.0	6.0	2.6	5.7	7（13个经济体）
得分	72.0	72.0	72.0			
排名			28			

(三) 中国保护少数投资者存在的问题

1. 公司法对公司关联交易中股东、董事责任的规定不完善

根据《公司法》第21条的规定，公司的控股股东、实际控制人、董事、监事、高级管理人员不得利用其关联关系损害公司利益。违反此规定，给公司造成损失的，应当承担赔偿责任。结合《公司法》第112条的规定，董事应当对董事会的决议承担责任。董事会的决议违反法律、行政法规或者公司章程、股东大会决议，致使公司遭受严重损失的，参与决议的董事对公司负赔偿责任。但经证明在表决时曾表明异议并记载于会议记录的，该董事可以免除责任。有关联关系的董事或者股

东，没有违反法律法规，在进行关联交易表决时也进行了回避，信息也进行了披露，所以董事不应承担法律责任。根据世界银行营商环境评估指标体系的要求，即使在投票表决时回避的股东、董事并不能豁免责任。

2. 股东诉讼便利存在欠缺

中国民事诉讼法的基本原则是"谁主张，谁举证"，原告主张自己的权利，原告就要举证。但世界银行营商环境评估指标体系要求原告可以请求法官从被告处收集信息，在民事审判中，原告可以请求法官从合作的证人处收集信息。根据最高人民法院《关于民事诉讼证据的若干规定》第 17 条规定了当事人及其诉讼代理人可以申请人民法院调查收集证据的条件，这些条件是当事人及其代理人无法收集被告证据的情形，法院自主决定是否同意当事人及其代理人的申请。意即除了法律及司法解释规定的义务，法院没有当然的法定义务为当事人收集证据。在具体的诉讼中，"申请法院调查收集证据存在各种隐形障碍，某种程度上法官有权决定是否收集证据，律师或者当事人申请法院调查取证现实中常常受阻"。①

3. 上市公司的分红政策不规范

上市公司分红宣告日起的 1 年内，公司是否必须向股东分红。中国的相关规律及规则对此规定不明。

4. 上市公司没有规定设立内部审计委员会

上市公司内部是否设立独立的审计委员会，由上市公司自行规定，法律没有作出强制性规定。

5. 法律或者相关规则没有规定股东可以无理由撤销任期之内董事职务

《公司法》第 37 条、第 99 条均规定了"股东会（股东大会）有权选举和更换董事……"但没有对更换董事的理由作出进一步的规定。因此，股东是否可以无理由撤销董事职务，没有明确的法律规则。

---

① 孙悦、余长江：《世界银行营商环境评价解析与应对——以"保护少数投资者"指标为研究对象》，《西安财经大学学报》2021 年第 6 期。

三 中国保护少数投资者法律法规及制度演进

世界银行于2009年将投资者保护纳入营商环境评估体系，当时的表述是"保护投资者"，2015年将该指标修订为"保护少数投资者"。现行世界银行营商环境评估指标体系之"保护少数投资者"指标下设立两个二级指标：一个是纠纷调解指数，另一个是股东治理指数。两个二级指标下面再设有若干具体指标。根据世界银行营商环境评估的指标体系设计的理念，这些指标体系是贯穿于一个企业从生到死的全过程，那么，保护少数投资者对企业的持续经营有什么益处？学者总结大概有几个方面：[①] 一是对公司的价值产生影响，保护少数投资有利于减少融资限制，增加外部融资；二是实证研究表明，对公司的自我交易进行严格控制，吸引的投资者数量就越多，那么公司的股权集中度就会降低，提升公司估值，也使公司的估值更接近公司的真实价值。在世界银行营商环境评估体系的影响下，一些国家开始对公司制度进行改革，加强了少数投资者利益的保护，改革的结果是促进了本国公司法律制度的完善，同时也提升了本国在这一指标上的排名。

下面就保护少数投资者评估指标体系的要求，对中国就相关的法律制度进行阐述，结合近几年来有关法律的修订与调整，包括近期公布的《中华人民共和国公司法（修订草案）》（以下简称《公司法修订草案》），阐述中国相关法律的规定。

（一）少数股东纠纷调解法律制度

世界银行营商环境报告评估体系中的"纠纷调解指数"，主要指少数股东因自身利益与公司董事们发生矛盾后法律如何保护他们的合法利益，使他们的利益不因董事们滥用职权而受到损害。该指标体系下设三方面评价指标：披露程度指数——关注的是公司关联交易的透明度；董事责

---

① 参见孙悦、余长江《世界银行营商环境评价解析与应对——以"保护少数投资者"指标为研究对象》，《西安财经大学学报》2021年第6期。

任程度指数——关注的是少数股东对公司的自我交易提起诉讼及董事承担责任的问题；股东诉讼便利度指数——关注的是少数股东诉讼中相关证据的获取及诉讼费用的负担问题。

1. 关联交易的信息披露制度

自我交易与关联交易是论述此部分内容的两个重要概念。自我交易，是指公司董事、高级管理人员为了自己或者他人利益与公司发生的交易。这种自我交易又称"经营者实施的关联交易"。① 另一种关联交易称为控制人实施的关联交易，控制人包括公司的控股股东与可以控制公司交易的其他利益相关者。英美法早期对自我交易采取禁止态度，后来态度缓和，立法一般不予以禁止，只有在自我交易损害公司利益情况下才受到法律禁止。主要理由：一是对于许多有限责任公司而言，公司的董事、高级管理人员和主要的股东可能是公司的唯一交易伙伴，若禁止自我交易，则意味着公司断了生意来源。二是严禁自我交易的效果难以达到预期。现代法律对严重损害公司利益的行为，既有刑法的制裁措施，也有民法的损害赔偿规则，受损害一方的救济措施日益完善，如果自我交易损害了公司与公司股东，受害方则有充足的手段获得救济。三是一味禁止自我交易可能导致滥诉。方便起见，本章所述关联交易包括自我交易。

判断关联交易是否合法，关键是该交易是否损害了公司或者股东利益，同时，关联交易一方是否获得了不法利益。从经济上计算，有学者提出了两个方法来判断关联交易是否公平与合法。一是可获得的条件比较法，即假设一名忠诚于公司且其与公司利益毫无关系者，理性在决定公司的一个交易，如果通过这种方法作出的交易决策结果比关联交易决策使公司获得的利益更有利，那么，关联交易则是不利的。后者是指在一个竞争市场，两个独立当事人之间的明显的可比较的交易的结果比关联交易的结果更有利，则可以认为该关联交易对相关公司是不公平的。② 从制度设计上看，由于关联交易的效果很难进行公平性评判，从节约成本的角度出发，先将禁止性的行为予以规制，法不禁止即自由，其他的

---

① 最高人民法院民法典贯彻实施工作领导小组主编：《中华人民共和国民法典总则编理解与适用》（上），人民法院出版社2020年版，第428页。

② ［美］罗伯特·C. 克拉克：《公司法则》，胡平等译，工商出版社1999年版，第120页。

关联交易法律则不予禁止。《公司法》第 148 条规定的董事、高级管理人员不得违反公司章程或者未经股东会、股东大会同意，与本公司订立合同或者进行交易。从此条规定可以推论，公司章程或者股东会、股东大会可以同意董事与高级管理人员的自我交易。自我交易列入公司董事、高级管理人员对公司的忠实义务之中。

《民法典》第 84 条规定："营利法人的控股出资人、实际控制人、董事、监事、高级管理人员不得利用其关联关系损害法人的利益；利用关联关系造成法人损失的，应当承担赔偿责任。"此条所认定的关联交易方有控股出资人、实际控制人、董事、监事、高级管理人员。

何如判断关联关系，根据《公司法》的界定，关联关系，是指公司控股股东、实际控制人、董事、监事、高级管理人员与其直接或者间接控制的企业之间的关系，以及可能导致公司利益转移的其他关系。

关联交易概念常用于公司的并购中。中国最早制定与关联交易有关的规定是深圳市人民政府于 1992 年 4 月 4 日发布的《深圳市上市公司监管暂行办法》，将关联交易称为关联人士交易，将其列为公司的重大交易，规定按必须披露交易的程序办理，同时规定了几种关联人士交易可获豁免。财政部于 1997 年 5 月 22 日颁布《企业会计准则——关联方关系及其交易的披露》中规定：在企业财务和经营决策中，如果一方有能力直接或间接控制、共同控制另一方或对另一方施加重大影响，则视其为关联方；如果两方或更多方同受一方控制，也将视其为关联方。这里的控制是指有决定某个企业的财务和经营决策，并能据以从该企业的经营活动中获得利益；所谓重大影响，则是指对某个企业的财务和经营政策有参与决策的权利，但并不决定这些政策。参与决策的途径主要包括：在董事会或类似的权力机构中派有代表；参与政策的制定过程；互相交换管理人员，或使其他企业依赖于本企业的技术资料等。

上市公司的关联交易，根据中国证监会《上市公司信息披露管理办法》规定，是指上市公司或者其控股子公司与上市公司关联人之间发生的转移资源或者义务的事项。

关联交易的关联方含义十分广泛，究竟何指，在后面的部门规章改革部分再述。

关联交易是把双刃剑，合法合规的关联交易，可以扩展公司业务，分散经营风险，有利于公司发展。但人们在实践中发现，一些公司大股东、实际控制人和公司高级管理人员，利用与公司的关联关系和控制地位，迫使公司与自己或者其他关联方从事不符合公司利益的交易，以达到挪用公司资金、转移利润的目的，严重损害公司、少数股东和债权人利益。因此，关联交易的信息披露十分重要，要让关联交易暴露在公司利益相关者的眼皮下，接受大家的监督。

关于关联交易的信息披露制度，《公司法》《证券法》聚焦上市公司较多，非上市公众公司的信息披露问题，由监管部门制定相关的规则，有限责任公司是典型的闭锁公司，信息披露一般针对公司股东，关联交易也是如此。

对有限责任公司而言，关联交易涉及公司的经营方针与投资计划，按照《公司法》第37条规定的股东会的职权之一是"决定公司的经营方针和投资计划"。股东会是全体股东参加的会议，是有限责任公司的权力机关，因此，如果有限责任公司在经营活动中涉及关联交易的，那么，公司的关联交易必须要在股东会上进行披露，股东会披露即是向全体股东披露，没有参会的股东也可以通过查阅股东会纪录得知。

非公开公众公司的信息披露问题，在后面的部门规章部分阐述。

《公司法》第85条规定："发起人向社会公开募集股份，必须公告招股说明书，并制作认股书。"招股说明书必须要记载第86条所列事项，而且需要向社会公众公开。公司发行债券时，按照《公司法》第154条的规定，发行公司债券的申请经国务院授权的部门核准后，应当公告公司债券募集办法。公司的财务会计报告，根据《公司法》第165条规定，有限责任公司应当依照公司章程规定的期限将财务会计报告送交各股东。股份有限公司的财务会计报告应当在召开股东大会年会的20日前置备于本公司，供股东查阅；公开发行股票的股份有限公司必须公告其财务会计报告。从这些相关的披露要求来看，如果公司进行过关联交易，那么，股东、利益相关者、社会公众都可以从这些披露的信息中知悉。

上市公司的关联交易信息披露制度由《证券法》调整与规制。《证券法》第24条规定，如果相关信息披露不符合法定条件或者法定程序，"发行人的控股股东、实际控制人以及保荐人，应当与发行人承担连带责任，但是能够证明自己没有过错的除外。股票的发行人在招股说明书等证券发行文件中隐瞒重要事实或者编造重大虚假内容，已经发行并上市的，国务院证券监督管理机构可以责令发行人回购证券，或者责令负有责任的控股股东、实际控制人买回证券"。

信息披露义务人若违反了法律的披露义务的相关规定，未按照规定披露信息，或者公告的证券发行文件、定期报告、临时报告及其他信息披露资料存在虚假记载、误导性陈述或者重大遗漏，致使投资者在证券交易中遭受损失的，信息披露义务人应当承担赔偿责任。根据《证券法》第85条的规定，发行人的控股股东、实际控制人、董事、监事、高级管理人员和其他直接责任人员以及保荐人、承销的证券公司及其直接责任人员，应当与发行人即信息披露义务人承担连带赔偿责任。

《证券法》第78条对信息披露义务人的信息披露要求是："信息披露义务人披露的信息，应当真实、准确、完整，简明清晰，通俗易懂，不得有虚假记载、误导性陈述或者重大遗漏。证券同时在境内境外公开发行、交易的，其信息披露义务人在境外披露的信息，应当在境内同时披露。"

2. **其他股东是否可以向从事关联交易的股东诉讼**

若关联股东从事了违反公司章程、相关法律的规定，其他股东可以对其进行诉讼。分两种情况：一是股东滥用股东权利的情形，《公司法》第20条规定："公司股东应当遵守法律、行政法规和公司章程，依法行使股东权利，不得滥用股东权利损害公司或者其他股东的利益；不得滥用公司法人独立地位和股东有限责任损害公司债权人的利益。公司股东滥用股东权利给公司或者其他股东造成损失的，应当依法承担赔偿责任。"二是股东利用关联关系损害公司利益的情形，《公司法》第21条规定："公司的控股股东、实际控制人、董事、监事、高级管理人员不得利用其关联关系损害公司利益。违反前款规定，给公司造成损失的，应当承担赔偿责任。"此两种情形发生后，股东均可以以原告身份提起诉讼。

《公司法》第148条第5款："董事、高级管理人员不得有下列行为：未经股东会或者股东大会同意，利用职务便利为自己或者他人谋取属于公司的商业机会，自营或者为他人经营与所任职公司同类的业务。"第149条："董事、监事、高级管理人员执行公司职务时违反法律、行政法规或者公司章程的规定，给公司造成损失的，应当承担赔偿责任。"

3. 关联交易中的董高监责任

公司章程允许的关联交易一般由公司董事会批准，上市公司董事如果与公司的关联交易有关，那么，该董事在董事会对关联交易表决时应当回避。《公司法》第 124 条规定："上市公司董事与董事会会议决议事项所涉及的企业有关联关系的，不得对该项决议行使表决权，也不得代理其他董事行使表决权。该董事会会议由过半数的无关联关系董事出席即可举行，董事会会议所作决议须经无关联关系董事过半数通过。出席董事会的无关联关系董事人数不足 3 人的，应将该事项提交上市公司股东大会审议。"如果关联交易需要交由公司股东大会表决，那么关联股东在股东大会表决时也需要回避。

公司董事如果违反了上述规定，根据《公司法》第 149 条的规定："董事、监事、高级管理人员执行公司职务时违反法律、行政法规或者公司章程的规定，给公司造成损失的，应当承担赔偿责任。"具体的诉讼要求可以根据第 151 条规定分 3 种情况规定了 3 个条款：第 1 款规定的股东可以请求监事会或者监事起诉公司董事、高级管理人员，或者请求公司董事会或执行董事起诉公司监事："董事、高级管理人员有本法第 149 条规定的情形的，有限责任公司的股东、股份有限公司连续 180 日以上单独或者合计持有公司 1% 以上股份的股东，可以书面请求监事会或者不设监事会的有限责任公司的监事向人民法院提起诉讼。监事有本法第 149 条规定的情形的，前述股东可以书面请求董事会或者不设董事会的有限责任公司的执行董事向人民法院提起诉讼。"第 2 款规定股东在公司董事会、执行董事、公司监事会、监事怠于起诉时，公司股东可以直接提起起诉："监事会、不设监事会的有限责任公司的监事，或者董事会、执行董事收到前款规定的股东书面请求后拒绝提起诉讼，或者自收到请求之日起 30 日内未提起诉讼，或者情况紧急、不立即提起诉讼将会使公司利益受到难以弥补的损害的，前款规定的股东有权为了公司的利益以自己的名义直接向人民法院提起诉讼。"第 3 款公司股东、董事、监事、高级管理人员之外的他人侵犯公司合法权益的情况下股东可以提起诉讼："他人侵犯公司合法权益，给公司造成损失的，本条第 1 款规定的股东可以依照前两款的规定向人民法院提起诉讼。"《公司法》第 151 条规定的是公司利益受损害情况下谁可以提起诉讼的问题。《公司法》第 152 条规定是股东利益受损害的情况下股东直接可以提起诉讼："董事、高级管理人员违反法律、行政法规或者公司章程的规定，损害股东利益的，股东可以向人民法院提起诉讼。"

为了进一步完善公司董高监在公司关联交易中的法律责任，《公司法（修订草案）》第183条规定："董事、监事、高级管理人员，直接或者间接与本公司设立合同或者进行交易，应当就订立合同或者进行交易有关的事项向董事会或者报告，并按照公司章程的规定经董事会或者股东会决议。董事会决议时，关联董事不得参与表决，其表决权不计入表决权总数。董事、监事、高级管理人员的近亲属，董事、监事、高级管理人员或者其近亲属直接或者间接控制的企业，以及与董事、监事、高级管理人员有其他关联关系的关联人，与公司订立合同或者进行交易，适用前款规定。"从公司法的修订草案来看，对公司关联交易中的董高监法律义务及决策程序做了详细的规定。

为解决因关联交易诉讼中的损害赔偿问题，《公司法司法解释（五）》第1条规定了关联交易的内部赔偿问题。公司针对关联交易损害公司利益后，"原告公司依据公司法第21条规定请求控股股东、实际控制人、董事、监事、高级管理人员赔偿所造成的损失，如果被告仅以该交易已经履行了信息披露、经股东会或者股东大会同意等法律、行政法规或者公司章程规定的程序为由抗辩的，人民法院不予支持。公司没有提起诉讼的，符合《公司法》第151条第1款规定条件的股东，可以依据《公司法》第151条第2款、第3款规定向人民法院提起诉讼"。该条司法解释是关于关联交易的内部赔偿责任问题。实践中，人民法院在审理公司关联交易损害责任纠纷案件时，相关行为人往往会以其行为已经履行了合法程序而进行抗辩，最主要的是经过了公司股东会或董事会决议批准，且行为人按照规定也履行了回避表决义务等。一旦诉讼发生后，相关行为人由此对原告公司提起的诉讼进行抗辩。那么，司法解释认为相关行为人履行了法定程序也不能豁免关联交易的赔偿责任，如果法院审理证明关联交易损害了公司利益。法律规制关联交易的核心是保证关联交易的公平，因此，司法解释认为尽管交易已经履行了相应的法定程序，但如果交易的结果违反了公平原则，损害了公司利益，公司依然可以主张行为人承担损害赔偿责任。该条司法解释"明确了履行法定程序不能豁免关联交易赔偿责任,从而解决了《公司法》第 21 条规定的'利用关联关系'的证明责任问题"。①

如果有证据证明交易是不公平的、存在利益冲突或者对公司利益造成了损害,关联交易是否无效或者可撤销?《公司法司法解释(五)》第 2 条认定交联交易合同的效力问题:"关联交易合同存在无效或者可撤销情形,公司没有起诉合同相对方的,符合《公司法》第 151 条第 1 款规定条件的股东,可以依据公司法第 151 条第 2 款、第 3 款规定向人民法院提起诉讼。"该条司法解释解决关联交易情形下,因行为人往往控制公司或者对公司决策能够产生重大影响,公司本身很难主动主张赔偿责任,故明确股东在相应情况下可以提起代表诉讼,给中小股东提供了追究关联人责任,保护公司和自身利益。该条司法解释扩张了《公司法》第 151 条与第 152 条关于股东代表诉讼的范围。

需要注意的是,公司作为关联交易一方,如果发现关联合同存在无效或者可撤销的情形,公司应该向人民法院或者仲裁机构提请撤销或者变更合同的确认请求。实际情形是,关联交易合同不同于一般的合同,是关联人通过关联关系促成的交易,而关联人往往控制公司或者对公司决策产生重大影响,即使合同存在无效或者可撤销的情形,公司本身也很难主动提出请求。因此,在关联交易中,有必要赋予股东相应救济的权利。在公司不撤销或者变更关联交易的情形下,符合条件的股东可根据法律规定提起股东代表诉讼,从而维护公司利益,最终维护股东自身利益。

如果公司在对关联交易作出决定时违反了相关的法律、行政法规,或者作出决定的程序、表决方式违反法律、行政法规或者公章章程,股东可以根据《公司法》第 22 条的规定提起诉讼:"公司股东会或者股东大会、董事会的决议内容违反法律、行政法规的无效。股东会或者股东大会、董事会的会议召集程序、表决方式违反法律、行政法规或者公司章程,或者决议内容违反公司章程的,股东可以自决议作出之日起 60 日内,请求人民法院撤销。"

---

① 罗培新:《世界银行营商环境评估:方法·规则·案例》,译林出版社 2020 年版,第 266 页。

（二）股东诉讼

在股东提起的民事诉讼中，若要判定被告承担责任，法院必须达到何种证明标准或者确信程度。根据《民事诉讼法》第155条，判决书内容包括："判决认定的事实和理由、适用的法律和理由。"没有通过法院审理所确认的证据与事实，人民法院是不能作出相应判决结果的。《最高人民法院关于民事诉讼证据的若干规定》（以下简称《民事诉讼证据规定》）第85条也规定："人民法院应当以证据能够证明的案件事实为根据依法作出裁判。"关于排除合理怀疑的问题，中国《刑事诉讼法》第200条规定："案件事实清楚，证据确实、充分，依据法律认定被告人有罪的，应当作出有罪判决。""证据不足，不能认定被告人有罪的，应当作出证据不足、指控的犯罪不能成立的无罪判决。"这条规定必须排除合理怀疑。

《公司法》规定了股东对公司关联交易的知情权。如有限责任公司股东，《公司法》第33条规定："股东有权查阅、复制公司章程、股东会会议记录、董事会会议决议、监事会会议决议和财务会计报告。股东可以要求查阅公司会计账簿。股东要求查阅公司会计账簿的，应当向公司提出书面请求，说明目的。公司有合理根据认为股东查阅会计账簿有不正当目的，可能损害公司合法利益的，可以拒绝提供查阅，并应当自股东提出书面请求之日起15日内书面答复股东并说明理由。公司拒绝提供查阅的，股东可以请求人民法院要求公司提供查阅。"股份有限公司股东，《公司法》第97条规定："股东有权查阅公司章程、股东名册、公司债券存根、股东大会会议记录、董事会会议决议、监事会会议决议、财务会计报告，对公司的经营提出建议或者质询。"股东通过参加公司股东会、股东大会直接获知相关关联交易的信息，如果股东未参加股东会或者股东大会，则可以通过以上方式获取相关信息。

在民事诉讼中，原告可以请求法官从被告处收集哪些信息，可以请求法官从不合作的证人处收集哪些信息？《民事诉讼法》规定的举证责任分配原则是"谁主张谁举证"，第67条规定："当事人对自己提出的主张，有责任提供证据。"第66条规定了证据的种类、第68条规定的证据包括被告提供的证据；第70条规定了人民法院依职权调查获取的证据；

第 75 条规定了证人出庭作证获取的证据；第 78 条规定了被告在陈述过程中获得的证据。当事人可以根据《民事诉讼法》第 84 条的规定，在证据可能灭失或者以后难以取得的情况下，可以向人民法院申请证据保全。

原告股东也可以向人民法院申请通过人民法院调查收集相关证据。《民事诉讼证据若干规定》第 2 条规定："当事人因客观原因不能自行收集的证据，可申请人民法院调查收集。"第 20 条规定："当事人及其诉讼代理人申请人民法院调查收集证据，应当在举证期限届满前提交书面申请。申请书应当载明被调查人的姓名或者单位名称、住所地等基本情况、所要调查收集的证据名称或者内容、需要由人民法院调查收集证据的原因及其要证明的事实以及明确的线索。"

原告提出的什么样的证据申请才有可能申请人民法院调查收集？《民事诉讼司法解释》第 94 条规定："当事人及其诉讼代理人因客观原因不能自行收集的证据包括：（1）证据由国家有关部门保存，当事人及其诉讼代理人无权查阅调取的；（2）涉及国家秘密、商业秘密或者个人隐私的；（3）当事人及其诉讼代理人因客观原因不能自行收集的其他证据。"第 95 条规定："当事人申请调查收集的证据，与待证事实无关联、对证明待证事实无意义或者其他无调查收集必要的，人民法院不予准许。"显然，原告证据自己诉讼请求合理合法的证据主要依靠自行收集与提供，除非相关证据原告自己提供不了，必须得由人民法院出面调查收集的才有可能得到人民法院的支持。

民事诉讼中原告如何向被告与证人发问。《民事诉讼法》第 141 条规定了法庭调查顺序，根据该条的规定来看，原告可以在法庭调查过程中直接向被告发问。《民事诉讼法》第 142 条规定："当事人经法庭许可，可以向证人、鉴定人、勘验人发问。"在庭审过程中，原告只有得到法庭的许可才可以向证人发问。

股东对公司董事或对公司的诉讼中，诉讼费用由谁承担。根据《诉讼费用交纳办法》第 29 条的规定："诉讼费用由败诉方负担，胜诉方自愿承担的除外。部分胜诉、部分败诉的，人民法院根据案件的具体情况决定当事人各自负担的诉讼费用数额。共同诉讼当事人败诉的，人民法院根据其对诉讼标的的利害关系，决定当事人各自负担的诉讼费用数额。"谁败诉谁承担诉讼费。

根据世界银行营商环境评估指标体系得分标准，如果无论胜诉与否，原告均可以向公司或被告追偿法律费用，而可得满分。法律费用包括诉讼费用与律师费用。根据《公司法司法解释（四）》第26条的规定："股东依据公司法第151条第2款、第3款规定直接提起诉讼的案件，其诉讼请求部分或者全部得到人民法院支持的，公司应当承担股东因参加诉讼支付的合理费用。"根据此规定，只要股东的诉讼请求部分或者全部得到了人民法院的支持，那么公司应当向股东支付诉讼费用，如果股东败诉，诉讼费用只能自理。

（三）公司治理

1. 股东权利

关于出售公司资产是否需要股东批准。出售公司资产需要公司重大事项，需要公司股东会或者股东大会批准。非上市公司情形下，《公司法》第104条规定："本法和公司章程规定公司转让、受让重大资产或者对外提供担保等事项必须经股东大会作出决议的，董事会应当及时召集股东大会会议，由股东大会就上述事项进行表决。"上市公司情形下，第121条规定："上市公司在1年内购买、出售重大资产或者担保金额超过公司资产总额30%的，应当由股东大会作出决议，并经出席会议的股东所持表决权的2/3以上通过。"

关于公司发行新股是否需要得到股东批准。《公司法》第37条规定"对公司增加或者减少注册资本作出决议"是公司股东会职权之一。《公司法》第133条对发公司发行新股作出了相应的规定："公司发行新股，股东大会应当对下列事项作出决议：（1）新股种类及数额；（2）新股发行价格；（3）新股发行的起止日期；（4）向原有股东发行新股的种类及数额。"对公司增发股份的相关规定还有监管部门的规章，后面将有详细的论述。

股东对新股是否有优先认缴权。《公司法》第34条规定："股东按照实缴的出资比例分取红利；公司新增资本时，股东有权优先按照实缴的出资比例认缴出资。但是，全体股东约定不按照出资比例分取红利或者不按照出资比例优先认缴出资的除外。"《公司法》未对股份公司的股东是否有优先权没有设立相应的规定。中国公司法律制度是否要求股份公司适用与有限责任公司同样的股东优先认缴权的问题,需要认真研究,权衡利弊,如果股东放弃认缴,是否会对外产生股东自己对公司都不信任的印象,如何保证新股能够顺利发行?①

关于公司类别股权的保护问题。中国现行公司法的规定与国务院的相关规定,中国现有的类别股权只有普通股和优先股。普通股由《公司法》规制。《公司法》第 131 条:"国务院可以对公司发行本法规定以外的其他种类的股份,另行作出规定。"根据《国务院关于开展优先股指导意见》,中国证监会《优先股试点管理办法》对优先股作出了相应的规定。为适应不同投资者的投资需求,《公司法修订草案》对已有较多实践的类别股作出规定,包括优先股和劣后股、特殊表决权股、转让受限股等(见修订草案第 157 条、第 158 条);允许公司根据章程择一采用面额股或者无面额股(见修订草案第 155 条)。随着《公司法》的修订,中国的类别股份种类会起来越丰富,满足现实生活中不同的投资需求。

股东提案权,持股 5% 股份的股东能否在股东大会召开前,在议程中加入议题。《公司法》第 102 条第 2 款规定:"单独或者合计持有公司 3% 以上股份的股东,可以在股东大会召开 10 日前提出临时提案并书面提交董事会;董事会应当在收到提案后 2 日内通知其他股东,并将该临时提案提交股东大会审议。临时提案的内容应当属于股东大会职权范围,并有明确议题和具体决议事项。"

股东对公司经营信息具有查阅权。《公司法》第 33 条规定:"股东有权查阅、复制公司章程、股东会会议记录、董事会会议决议、监事会会议决议和财务会计报告。股东可以要求查阅公司会计账簿。股东要求查阅公司会计账簿的,应当向公司提出书面请求,说明目的。公司有合理根据认为股东查阅会计账簿有不正当目的,可能损害公司合法利益的,可以拒绝提供查阅,并应当自股东提出书面请求之日起 15 日内书面答复股东并说明理由。公司拒绝提供查阅的,股东可以请求人民法院要求公司提供查阅。"第 97 条:"股东有权查阅公司章程、股东名册、公司债券存根、股东大会会议记录、董事会会议决议、监事会会议决议、财务会

---

① 参见罗培新《世行营商环境评估之"保护少数投资者"指标解析——兼论我国公司法的修订》,《清华法学》2019 年第 1 期。

计报告，对公司的经营提出建议或者质询。"

若公司拒绝股东行使查阅权，股东可以提请诉讼。《公司法司法解释（四）》第7条规定："股东依据公司法第33条、第97条或者公司章程的规定，起诉请求查阅或者复制公司特定文件材料的，人民法院应当依法予以受理。公司有证据证明前款规定的原告在起诉时不具有公司股东资格的，人民法院应当驳回起诉，但原告有初步证据证明在持股期间其合法权益受到损害，请求依法查阅或者复制其持股期间的公司特定文件材料的除外。"

公司出售51%及以上资产，是否要征得多数股东的同意。法律未有明确规定，可以援引《公司法》第37条股东会决定公司的经营方针和投资计划的规定。《公司法》第121条规定："上市公司在1年内购买、出售重大资产或者担保金额超过公司资产总额30%的，应当由股东大会作出决议，并经出席会议的股东所持表决权的2/3以上通过。"如果是非上市公司，《公司法》第104条规定："本法和公司章程规定公司转让、受让重大资产或者对外提供担保等事项必须经股东大会作出决议的，董事会应当及时召集股东大会会议，由股东大会就上述事项进行表决。"

持股10%股本的股东有权提请召开股东会。《公司法》第39条规定："代表1/10以上表决权的股东，1/3以上的董事，监事会或者不设监事会的公司的监事提议召开临时会议的，应当召开临时会议。"

引入新股东时，是否必须得到全体股东的一致同意。《公司法》未对此作出规定。引入新股东，一般现实中有两种情况：一是通过股权转让，旧股东变更为新股东；二是公司增资扩股，引进新的出资人或股东。第一种情况，中国《公司法》第71条规定："有限责任公司的股东之间可以相互转让其全部或者部分股权。股东向股东以外的人转让股权，应当经其他股东过半数同意。"引入新股东，需要经过股东过半数同意即可，无须经过全体股东的一致同意。在同等条件下，股东在转让股权时其他股东有优先购买权。如果其他股东既不行使优先购买权，又不购买股权的，则视为同意转让。此种同意转让，应为被动同意转让。从这个意义上说，引入新股东时，实际上是全体股东一致同意。基于有限责任公司的人合性质，引入新股东时若未经全体股东一致同意，新股东进入公司后也很难与其他股东合作。但《公司法》第37条股东会的权力项下没有对此作出规定。对于通过增资扩股引入新股东，《公司法》第 37 条股东对"增加或者减少注册资本"有决定权，基于股份有限公司的股东大会职权可以援用有限责任公司的相关规定，因此，新增注册资本需要股东会有表决权的 2/3 同意即可通过，因此，无须全体股东一致同意通过。可见，中国公司法的现行规定与世界银行的评估标准不一致。笔者认为，此项规则无须更改。

公司的外部审计问题，中国公司法对此有规定。《公司法》第 164 条规定："公司应当在每一会计年度终了时编制财务会计报告，并依法经会计师事务所审计。财务会计报告应当依照法律、行政法规和国务院财政部门的规定制作。"

外部审计师的聘用和解聘，是否必须经由股东批准？现行《公司法》对此没有规定，上海证券交易所《上海证券交易所股票上市规则》针对上市公司聘请会计师事务所作了相应的规定，后面再作论述。

2. 所有权的管理与控制

董事长与总经理是否可以兼任，中国现行法律没有明确的规定。《公司法》第 51 条第 1 款规定："股东人数较少或者规模较小的有限责任公司，可以设一名执行董事，不设董事会。执行董事可以兼任公司经理。"有限责任的执行董事设立及执行董事可以兼任公司经理的条件：一是股东人数较少，如只有一个或者两个股东；二是公司规模较小，意味着公司的业务比较单一，没有复杂的公司管理事务。现实中，公司董事长与总经理一般分设。

世界银行营商环境评估所有权与管理控制指标中所言公司是否设立独立董事与非执行董事，此处执行董事与上述有限责任公司所设执行董事的概念有所不同。有限责任公司设立的执行董事实际行使公司董事长职权，可以是公司的法人代表，还可以兼任公司经理。因此，此处非执行董事所对应的执行董事，是指公司董事会成员中负责公司经营管理职责的董事，他有可能是公司股东，一般情形下，有限责任公司股东直接经营管理公司，其董事自然是公司股东。股份有限公司的执行董事由股东大会选举产生，有可能是公司的股东，也有可能是职业经理人。非执行董事在公司中不担任其他职务，不负责公司的日常业务，只是参加公司的董事会，主要对公司的管理层以监督作用，保护中小股东的利益。

独立董事制度起源于20世纪30年代，1940年美国颁布的《投资公司法》设立独立董事制度。该法规定，投资公司的董事会成员中应该有不少于40%的独立人士。其制度设计目的也在于防止控制股东及管理层的内部控制，损害公司整体利益。

独立董事是指不在公司担任除董事外的其他职务，并与其所受聘的上市公司及其主要股东不存在可能妨碍其进行独立客观判断的关系的董事。中国证监会2001年8月11日发布《关于在上市公司建立独立董事制度的指导意见》（证监发〔2001〕102号）要求上市公司建立独立董事制度，并且要求上市公司董事会成员中应当至少包括1/3独立董事。独立董事制度的核心在于它与公司没有任何利益上的关系，即在利益上是独立的，因此，独立董事参与公司决策，行使公司监督权时能够从公司利益出发，站在客观公正的立场作出自己的判断。因此，独立董事是非执行董事，但执行董事不一定都是独立董事，有的执行董事与公司存在利益关系，如执行董事是公司的股东，或者公司的利益关系人。

股东是否有权在董事任期内撤销其职务。中国现行《公司法》没有明确的规定。《公司法》第45条规定："董事任期由公司章程规定，但每届任期不得超过3年。董事任期届满，连选可以连任。董事任期届满未及时改选，或者董事在任期内辞职导致董事会成员低于法定人数的，在改选出的董事就任前，原董事仍应当依照法律、行政法规和公司章程的规定，履行董事职务。"该条规定董事任期3年，可连选连任。董事在任职期限内可以提出辞职。董事任职未届满，如果董事违反了法律、行政法规，发生了《公司法》第146条所规定的5种情形，现任公司董事失去了担任公司董事的资格，要么董事自动提出辞职，要么公司通过董事任免程序免去董事职务，股东在此种情况下是有权在董事任期内撤销其职务的。其他情况，根据"法不禁止即自由"原则，股东具有撤销任期内的董事职务的权利。

《公司法司法解释（五）》第3条规定："董事任期届满前被股东会或者股东大会有效决议解除职务，其主张解除不发生法律效力的，人民法院不予支持。董事职务被解除后，因补偿与公司发生纠纷提起诉讼的，人民法院应当依据法律、行政法规、公司章程的规定或者合同的约定，综合考虑解除的原因、剩余任期、董事薪酬等因素，确定是否补偿以及补偿的合理数额。"

该条司法解释进一步明确了公司与董事的关系，公司股东可以随时解除董事职务。虽然如上所述，中国现行公司法对董事与公司的关系不明确，尤其是公司股东是否可以在董事任期内解除董事职务。从公司法理论来看，公司股东与董事的关系是一种信任委托关系，董事通过股东会或者股东大会选举产生，董事被股东信任才有可能被股东选中。因此，如果董事失去了股东的信任，股东自然有权解除董事职务，另选值得信任的他人担任公司董事。

如果董事只是因为失去了股东的信任而被解除职务，并没有其他违法违规或者违反公司章程的行为，那么，这种无因解除也不能损害董事的合法权益。因此，公司解除董事职务应对董事进行合理补偿，以保护董事的合法权益。董事被聘任用后，公司要与董事签订聘用合同。聘用合同应该写入无因解除后获得的补偿条款。

需要关注的一个问题是，中国公司董事会还设有职工董事。《公司法》第 44 条规定："两个以上的国有企业或者两个以上的其他国有投资主体投资设立的有限责任公司，其董事会成员中应当有公司职工代表；其他有限责任公司董事会成员中可以有公司职工代表。董事会中的职工代表由公司职工通过职工代表大会、职工大会或者其他形式民主选举产生。"根据不同股东构成的有限责任公司的董事会，有的"应当"有公司职工代表，有的"可以"有公司职工代表。《公司法》第 108 条规定股份有限公司董事会中"可以有职工代表"。根据《中华全国总工会关于进一步推行职工董事、职工监事制度的意见》的规定，董事会中职工董事的比例应在公司章程中作出明确规定。根据此规定，公司中设立职工董事公司必须遵守的规则，职工董事的人数与比例"应在公司章程中作出明确规定"。从此规定来看，在公司中设立职工董事是"应当"而不是"可以"。该通知要求职工董事的人数一般应占公司董事会成员总数的 1/4；董事会成员人数较少的，其职工董事至少 1 人。当然，根据《公司法》的规定只设执行董事的有限责任公司不用设职工董事。因职工董事不由股东决议任免，因此不存在股东会或股东大会决议解除其职务的情形。

公司是否要设立独立的审计委员会，中国现行法律没有规定。《公司法修订草案》第 64 条和第 125 条，要求有限责任公司和股份有限公司在董事会中设置由董事组成的审计委员会,负责对公司财务、会计进行监督,并行使公司章程规定的其他职权。设审计委员会且其成员过半数为非执行董事的股份有限公司,可以不设监事会或者监事,审计委员会的成员不得担任公司经理或者财务负责人。

利润分配请求权是股东的一项重要权利,但《公司法》对股东此项权利的保护及如何实现没有详细的规定,如公司从分红日宣告时算起,在规定的最长时限内,公司是否必须向股东分配利润或支付股息。《公司法司法解释(四)》第 14 条规定:公司已经作出了分配利润的有效决议而拒绝分配利润的情况发生后,股东提起诉讼请求公司分配利润,公司拒绝分配利润且其关于无法执行决议的抗辩理由不成立的,人民法院应当判决公司按照决议载明的具体分配方案向股东分配利润。第 15 条规定:股东没有证据表明公司已经作出了有效的利益分配方案,但公司存在违反法律规定滥用股东权利导致公司不分配利润,给其他股东造成了损失,人民法院应支持股东的请求。但在股东诉请分配公司利润的案件中,如果具体落实股东的相关权利,如公司应在多长时间内分配利润,之前的司法解释也语焉不详。为此,《公司法司法解释(五)》第 4 条规定:"分配利润的股东会或者股东大会决议作出后,公司应当在决议载明的时间内完成利润分配。决议没有载明时间的,以公司章程规定的为准。决议、章程中均未规定时间或者时间超过 1 年的,公司应当自决议作出之日起 1 年内完成利润分配。决议中载明的利润分配完成时间超过公司章程规定时间的,股东可以依据公司法第 22 条第 2 款规定请求人民法院撤销决议中关于该时间的规定。"此条规定明确了利润分配完成时限的原则:分配方案中有规定的,以分配方案为准;分配方案中没有规定的,以公司章程为准;分配方案和公司章程中均没有规定,或者有规定但时限超过 1 年的,则应当在 1 年内分配完毕。公司一般计算年度利润,故作出利润分配决议后,要在 1 年内完成分配,这一时间符合实际做法。本条明确了公司决议可以部分撤销,决议部分撤销不影响其他部分的效力,但是如果该分配时间与决议其他部分密不可分,则不能单独撤销分配时间。故能否撤销需要法院根据案件审理情况具体确定。

3. 公司透明度

股东大会召开之前,需要提前多少时间发布召开股东大会的通知,中国目前的规定与世界银行的要求稍有不同。世界银行营商环境估计指标体系要求提前21天通知，中国《公司法》对有限责任公司与股份有限公司股东会召开的通知时间规定不同，《公司法》第41条规定的有限责任公司"召开股东会会议，应当于会议召开15日前通知全体股东；但是，公司章程另有规定或者全体股东另有约定的除外"。《公司法》第102条规定的股份有限公司："召开股东大会会议，应当将会议召开的时间、地点和审议的事项于会议召开20日前通知各股东；临时股东大会应当于会议召开15日前通知各股东；发行无记名股票的，应当于会议召开30日前公告会议召开的时间、地点和审议事项。"

公司的年度财务报告，是否必须由外部的注册会计师审计。中国法律规定必须由外部注册会计师审计。《公司法》第164条："公司应当在每一会计年度终了时编制财务会计报告，并依法经会计师事务所审计。财务会计报告应当依照法律、行政法规和国务院财政部门的规定制作。"

公司收购方是否必须向公众披露审计报告。《证券法》第79条在原第65条规定的基础上进行了完善，使公司的信息披露制度更为具体："上市公司、公司债券上市交易的公司、股票在国务院批准的其他全国性证券交易场所交易的公司，应当按照国务院证券监督管理机构和证券交易场所规定的内容和格式编制定期报告，并按照以下规定报送和公告：（1）在每一会计年度结束之日起4个月内，报送并公告年度报告，其中的年度财务会计报告应当经符合本法规定的会计师事务所审计；（2）在每一会计年度的上半年结束之日起2个月内，报送并公告中期报告。"

4. 公司纠纷调解机制

如果公司内部股东之间发生纠纷，可以通过公司法律制度设立纠纷解决机制进行化解，保持公司的持续经营。这些解决股东纠纷的机制如股份回购、强制回购、强制排除等制度。

股东会议是解决股东纠纷的重要机构。《公司法》第39条规定股东会议分为定期会议与临时会议："定期会议应当依照公司章程的规定按时召开。代表1/10以上表决权的股东，1/3以上的董事，监事会或者不设监事会的公司的监事提议召开临时会议的，应当召开临时会议。"《公司法》第100条规定了股份有限公司召开临时股东大会的几种情况。股东会议的纠纷解决机制存在一个缺陷，就是会议是通过多数决原则通过会议决议，少数股东的诉求如果能够得到多数股东的同意，则能够得到公司的支持，如果不能得到多数股东的同意，则不能得到公司的支持。在大股东或者控股股东操纵的公司里，少数股东的意见很难得到股东会的多数同意，因此，也就得不到公司的支持。少数股东只能另寻其他途径保护自己的合法权利。

股东的合理诉求得不到支持或者满足时，股东可以"用脚投票"退出公司，公司应该通过合理的价格收购股东的股权。根据《公司法》第74条："有下列情形之一的，对股东会该项决议投反对票的股东可以请求公司按照合理的价格收购其股权：（1）公司连续5年不向股东分配利润，而公司该5年连续盈利，并且符合本法规定的分配利润条件的；（2）公司合并、分立、转让主要财产的；（3）公司章程规定的营业期限届满或者章程规定的其他解散事由出现，股东会会议通过决议修订章程使公司存续的。自股东会会议决议通过之日起60日内，股东与公司不能达成股权收购协议的，股东可以自股东会会议决议通过之日起90日内向人民法院提起诉讼。"

当然，如果股东之间的纠纷无法通过调解与诉讼解决，解散公司就成了一项选择。《公司法》第182条："公司经营管理发生严重困难，继续存续会使股东利益受到重大损失，通过其他途径不能解决的，持有公司全部股东表决权10%以上的股东，可以请求人民法院解散公司。"

中国证监会1999年12月20日发布《非上市公众公司监督管理办法》，第19条规定："公众公司应当在章程中约定纠纷解决机制。股东有权按照法律、行政法规和公司章程的规定，通过仲裁、民事诉讼或者其他法律手段保护其合法权益。"

有限责任公司股东之间纠纷较多：一是因为有限责任公司的股东人数较少，公司管理层基本上由股东担任，公司管理中产生的矛盾常常转化为股东之间的矛盾；二是有限责任公司具有很强的人合性质，股东之间具有良好的人际关系与信任关系才有可能共同出资开办公司，但随着公司经营的展开，股东之间的利益关系很容易转化为利益矛盾。如果有限责任公司股东之间的矛盾得不到有效化解，要么公司陷入僵局经营无法正常进行，要么公司走向解体。股份有限公司在公司收购过程中也可能产生股东之间的纠纷。为此，除了《公司法》规定的相关规则外，也需要建立较为完善的公司纠纷化解机制。

中国现行法律制度也建构了一套股东分歧解决机制，如《公司法》规定了有限责任公司股东的股份回购请求权，第142条第1款第4项规定了股份有限责任公司股东回购请求权。原《证券法》第88条、第96条（新《证券法》第65条、第73条）规定了上市公司股份被收购达到30%时，法律保护少数股东的强制出售权。关于公司纠纷产生之后的调解机制，《公司法》没有相应的规范。《公司法司法解释（二）》第5条规定法院判令公司解散时应当注重调解。这些规定体现了尽力避免司法解散公司的要求。但上述规定适用范围偏窄。《公司法司法解释（五）》在总结此前的分歧解决机制经验的基础上，扩大了适用范围，将其扩大到所有涉及有限责任公司股东重大分歧的案件纠纷类型中。

《公司法司法解释（五）》第5条试图就此问题建立一套有效的司法化解方案："人民法院审理涉及有限责任公司股东重大分歧案件时，应当注重调解。当事人协商一致以下列方式解决分歧，且不违反法律、行政法规的强制性规定的，人民法院应予支持：（1）公司回购部分股东股份；（2）其他股东受让部分股东股份；（3）他人受让部分股东股份；（4）公司减资；（5）公司分立；（6）其他能够解决分歧，恢复公司正常经营，避免公司解散的方式。"

通过公司调解机制的建立，为公司的持续经营提供法律保障，可以由愿意继续经营公司的股东收购不愿意继续经营公司股东的股份，类似于股份强制排除制度；可以由公司回购股东股份，类似于股份回购制度；可以由公司以外第三人收购股东股份。这些制度与世界银行营商环境评估指标体系的要求大致相当。争议股东股份被收购后，退出公司，公司僵局即可解开，从而维持公司正常经营。转让股份不能实现的情形下，通过调解，实现公司减资，使得争议股东"套现离场"，其余股东继续经营减资后的公司，也可以使得公司存续；公司分立则使得无法继续合作的股东"分家"，各自经营公司，也使得公司以新的形式存续。

无论股权在股东之间转让、公司回购股份、股份转让给公司外第三人还是减资、公司分立等，都有各自的条件和程序性要求。法院在调解过程中要注意指导当事人遵守法律、法规和监管规定，遵守相应程序。例如，公司回购股东股份的，应当在6个月内注销该股份。公司分立的，应当公告债权人清偿债务等。故本条强调"不违反法律、法规的强制性规定"。

收购公司50%股本的新股东是否必须向其他股东发出购买要约。《证券法》第65条规定:"通过证券交易所的证券交易,投资者持有或者通过协议、其他安排与他人共同持有一个上市公司已发行的有表决权股份达到30%时,继续进行收购的,应当依法向该上市公司所有股东发出收购上市公司全部或者部分股份的要约。收购上市公司部分股份的要约应当约定,被收购公司股东承诺出售的股份数额超过预定收购的股份数额的,收购人按比例进行收购。"

公司每年都要召开1次股东会议。对于有限责任公司而言,《公司法》第39条:"股东会会议分为定期会议和临时会议。定期会议应当依照公司章程的规定按时召开。代表1/10以上表决权的股东,1/3以上的董事,监事会或者不设监事会的公司的监事提议召开临时会议的,应当召开临时会议。"对于股份有限公司而言,《公司法》第100条:"股东大会应当每年召开1次年会。"

四 政府保护少数投资者规制制度改革

(一)公司信息披露规制改革

中国证监会于2021年3月18日发布新修订的《上市公司信息披露管理办法》,对2007年1月30日发布的《上市公司信息披露管理办法》(以下简称《信披办法》)(证监会令第40号)进行了较大修订,对上市公司的信息披露作了进一步的规范。第3条规定:"信息披露义务人应当及时依法履行信息披露义务,披露的信息应当真实、准确、完整,简明清晰、通俗易懂,不得有虚假记载、误导性陈述或者重大遗漏。"为了保证所有投资者都能平等且同时获得相关的公司信息,"信息披露义务人披露的信息应当同时向所有投资者披露,不得提前向任何单位和个人泄露"。完善了自愿披露制度,"信息披露义务人自愿披露的信息应当真实、准确、完整。自愿性信息披露应当遵守公平原则,保持信息披露的持续性和一致性,不得进行选择性披露。信息披露义务人不得利用自愿披露的信息不当影响公司证券及其衍生品种交易价格,不得利用自愿性信息披露从事市场操纵等违法违规行为"。鉴于《证券法》修订后将信息披露的指定媒体改为规定媒体，《信披办法》也作了相应修订。信息披露文件包括定期报告、临时报告、招股说明书、募集说明书、上市公告书、收购报告书等。依法披露的信息载体，包括证券交易所的网站和符合中国证监会规定条件的媒体，同时将其置备于上市公司住所、证券交易所，供社会公众查阅。

公司关联关系的信息披露，《信披办法》第41条规定："上市公司董事、监事、高级管理人员、持股百分之五以上的股东及其一致行动人、实际控制人应当及时向上市公司董事会报送上市公司关联人名单及关联关系的说明。上市公司应当履行关联交易的审议程序，并严格执行关联交易回避表决制度。交易各方不得通过隐瞒关联关系或者采取其他手段，规避上市公司的关联交易审议程序和信息披露义务。"

关于会计师事务所的聘任与解聘问题。《信披办法》第44条规定："上市公司解聘会计师事务所的，应当在董事会决议后及时通知会计师事务所，公司股东大会就解聘会计师事务所进行表决时，应当允许会计师事务所陈述意见。股东大会作出解聘、更换会计师事务所决议的，上市公司应当在披露时说明解聘、更换的具体原因和会计师事务所的陈述意见。"

（二）关联交易、关联关系人的界定

《信披办法》第62条对关联交易与关联关系人进行了界定。上市公司的关联交易，是指上市公司或者其控股子公司与上市公司关联人之间发生的转移资源或者义务的事项。

关联人包括关联法人（或者其他组织）和关联自然人。

上市公司的关联法人（或者其他组织）包括：（1）直接或者间接地控制上市公司的法人（或者其他组织）；（2）由前项所述法人（或者其他组织）直接或者间接控制的除上市公司及其控股子公司以外的法人（或者其他组织）；（3）关联自然人直接或者间接控制的，或者担任董事、高级管理人员的，除上市公司及其控股子公司以外的法人（或者其他组织）；（4）持有上市公司5%以上股份的法人（或者其他组织）及其一致行动人；（5）在过去12个月内或者根据相关协议安排在未来12月内，

存在上述情形之一的；(6) 中国证监会、证券交易所或者上市公司根据实质重于形式的原则认定的其他与上市公司有特殊关系，可能或者已经造成上市公司对其利益倾斜的法人（或者其他组织）。

上市公司的关联自然人包括：(1) 直接或者间接持有上市公司5%以上股份的自然人；(2) 上市公司董事、监事及高级管理人员；(3) 直接或者间接地控制上市公司的法人的董事、监事及高级管理人员；(4) 上述第1、2项所述人士的关系密切的家庭成员，包括配偶、父母、年满18周岁的子女及其配偶、兄弟姐妹及其配偶，配偶的父母、兄弟姐妹，子女配偶的父母；(5) 在过去12个月内或者根据相关协议安排在未来12个月内，存在上述情形之一的；(6) 中国证监会、证券交易所或者上市公司根据实质重于形式的原则认定的其他与上市公司有特殊关系，可能或者已经造成上市公司对其利益倾斜的自然人。

《治理准则》修订后增了第76条，要求上市公司："应当采取有效措施防止关联方以垄断采购或者销售渠道等方式干预公司的经营，损害公司利益。关联交易应当具有商业实质，价格应当公允，原则上不偏离市场独立第三方的价格或者收费标准等交易条件。"

关于关联交易的具体形式，上海证券交易所于2011年3月14日发布《上海证券交易所上市公司关联交易实施指引》，第12条规定了关联交易的具体形式，包括：(1) 购买或者出售资产；(2) 对外投资（含委托理财、委托贷款等）；(3) 提供财务资助；(4) 提供担保；(5) 租入或者租出资产；(6) 委托或者受托管理资产和业务；(7) 赠予或者受赠资产；(8) 债权、债务重组；(9) 签订许可使用协议；(10) 转让或者受让研究与开发项目；(11) 购买原材料、燃料、动力；(12) 销售产品、商品；(13) 提供或者接受劳务；(14) 委托或者受托销售；(15) 在关联人的财务公司存贷款；(16) 与关联人共同投资。(17) 本所根据实质重于形式原则认定的其他通过约定可能引致资源或者义务转移的事项，包括向与关联人共同投资的公司提供大于其股权比例或投资比例的财务资助、担保以及放弃向与关联人共同投资的公司同比例增资或优先受让权等。

（三）加强少数股东利益的保护

中国证监会于2018年9月30日发布了新的《上市公司治理准则》

（以下简称《治理准则》），对2002年1月7日发布《治理准则》进行了修订。在加强少数股东权利保护方面，增加了以下内容：《治理准则》第3条强调了公司治理，其中，增加了"保障股东合法权利得到公平对待"的内容，在市场占比更高的中小投资者的权利更应得到保障。在新修订的第2章"股东与股东大会"中，"股东权利"一节中增加了1条，即现行第10条："上市公司应当积极回报股东，在公司章程中明确利润分配办法尤其是现金分红政策。上市公司具备条件而不进行现金分红的，应当充分披露原因。"此条规定表明监管机构着力破解上市公司分红难问题。

中国证监会向社会通报的2018年稽查执法重点领域和工作部署中，查办严重违法违规案件的重点包括："严重损害上市公司利益，损害中小股东合法权益的案件""大股东、实际控制人及上市公司董监高等人员通过违规担保、资金占用、关联交易等方式，恶意掏空上市公司的案件；严重违背现金分红制度规则，长期具备分红条件而不分红且涉嫌违法违规的'铁公鸡'案件"。[①]

（四）强化董事责任

《治理准则》第3章第1节"董事的选任"中增加了1条："上市公司应当和董事签订合同，明确公司和董事之间的权利义务、董事的任期、董事违反法律法规和公司章程的责任以及公司因故提前解除合同的补偿等内容。"进一步完善了董事承担责任的合同依据及董事无因解除的补偿。

（五）设立审计委员会

《治理准则》第38条中，将原规则修订为："上市公司董事会应当设立审计委员会，并可以根据需要设立战略、提名、薪酬与考核等相关专门委员会。"根据新规，审计委员会为上市公司董事会里的必设机构，是"必选项"，而其他专门委员会则仍然是可选可不选。

对于审计委员会，主要有5个方面主要职责的要求：一是监督及评

---

① http：//www.gov.cn：8080/xinwen/2018-03/10/content_ 5272890.htm.

估外部审计工作，提议聘请或者更换外部审计机构；二是监督及评估内部审计工作，负责内部审计与外部审计的协调；三是审核公司的财务信息及其披露；四是监督及评估公司的内部控制；五是负责法律法规、公司章程和董事会授权的其他事项。

《治理准则》第 9 章规定了信息披露制度。

五　法律法规修订与政府规制改革的效果

（一）完善了关联交易规则

通过最高人民法院发布的相关司法解释与政府规制制度改革，进一步规范了公司关联交易中少数投资者利益的保护：一是对于通过关联交易损害公司利益的公司控股股东、实际控制人等责任主体，即使履行了法定公司决议程序也应承担民事赔偿责任。二是关联交易合同存在无效或者可撤销情形，符合条件的股东通过股东代表诉讼向关联交易合同相对方主张权利的，应当依法予以支持。

（二）强化了投资者保护制度

新修订的《证券法》设专章保护投资者，进一步统合了之前分散在证券法中的有关保护投资者的条款，凸显了投资者保护在证券法上的地位。正如学者所言，证券法的这一立法模式的变化，"建构了以投资者权利为本位的规范架构与思维范式，即以投资者与证券公司、投资者与上市公司、投资者与发行人的控股股东、实际控制人等的关系为主线，明确了投资者可以让渡的权利、让渡的途径以及接受权利让渡的投资者保护机构为保护投资者权益可以采用的方式。这种立法模式使中国投资者保护制度更加体系化更加科学完善，有利于把立法上的制度优势更好地转化为投资者保护的制度效能"。[①]

[①] 陈洁：《新〈证券法〉投资者保护的三大"中国特色"》，《中国证券报》2020 年 3 月 14 日。

(三) 确立了投资者先行赔付制度

2019年6月20日最高人民法院发布《关于为设立科创板并试点注册制改革提供司法保障的若干意见》，该意见要求推动建立投资者保护机构辅助参与生效判决执行的机制，借鉴先行赔付的做法，法院将执行款项交由投资者保护机构提存，再由投资者保护机构通过证券交易结算系统向胜诉投资者进行二次分配。新修订的《证券法》第93条规定了投资者先行同赔付制度。发行人因欺诈发行、虚假陈述或者其他重大违法行为给投资者造成损失的，发行人的控股股东、实际控制人、相关的证券公司可以委托投资者保护机构，就赔偿事宜与受到损失的投资者达成协议，予以先行赔付。先行赔付后，可以依法向发行人以及其他连带责任人追偿。

(四) 确立了集体诉讼制度

新修订的《证券法》第95条构建了中国特色的集体诉讼制度，投资者提起虚假陈述等证券民事赔偿诉讼时可以推选代表人进行诉讼，如果涉及可能的相同诉讼请求的众多投资者，人民法院发出的公告，这些投资者通过在定期间内向人民法院登记，人民法院作出的判决、裁定，对参加登记的投资者发生效力。明确了投资者保护机构可"明示退出，默示加入"的规则，提起代表人诉讼，代替投资者维权。

(五) 进一步完善了公司治理规则

良好的公司治理既要保护公司利益相关方的合法利益，如股东、员工、债权人等合法利益的实现与不受侵害，又要强化公司董高监的责任，实现公司利益最大化，保持公司的可持续经营。完善了上市公司设立审计委员会的规则等。

六　未来改革展望

(一) 修订完善《公司法》

全国人大常委会2021年12月30日发布《关于〈中华人民共和国公

司法（修订草案）〉的说明》，《公司法》的修订列入了立法规划，法治是最好的营商环境。党的十八大以来，党中央、国务院深入推进简政放权、放管结合、优化服务，持续改善营商环境。修订公司法，为方便公司设立、退出提供制度保障，为便利公司融资投资、优化治理机制提供更为丰富的制度性选择，降低公司运行成本，是推动打造市场化、法治化、国际化营商环境，更好激发市场创新动能和活力的客观需要。

（二）进一步强化董事责任

2021年11月12日，广州市中级人民法院对全国首例证券集体诉讼案作出一审判决，在这起集体诉讼案的一审判决中，包括5名曾任或在职的独立董事，需要承担连带责任，合计赔偿金额最高约3.69亿元。这份独立董事的罚单堪称天价罚单，同时，引起人们对独立董事责任的广泛讨论。独立董事作为英美法系的公司内设监督机制，如何行使权力，获得公司内部经营信息，扛起监督职责，需要在制度上制定更加详细的规则。

（三）持续推进投资者保护制度有效实施

规制机构要制定与完善公开征集股东权利管理相关暂行规定，有序推进特别代表人诉讼工作常态化，全面提升投资者纠纷多元化解的制度化、规范化水平，进一步丰富支持诉讼实践案件类型。充分发挥投资者服务热线、中国投资者网的作用，开展在线法律援助、在线纠纷调解，为投资者提供更便捷的服务。依托投资者教育基地加强宣传教育，推动投资者教育纳入国民教育体系，引导投资者知法懂法、依法维权。

第七章

跨境贸易

一 跨境贸易的评估指标体系

世界银行《全球营商环境报告》记录了进出口货物物流过程中的时间和成本。《全球营商环境报告》衡量的是货物进出口的整个过程中与单据合规、边境合规和国内运输相关的3套程序的时间和成本（不包括关税）。各经济体在跨境贸易便利程度上的排名是根据它们在跨境贸易方面的得分来排序的。这些分数是进出口文件合规及边境合规时间和成本的简单平均分数。

尽管《全球营商环境报告》收集和公布有关国内运输时间和成本的数据，但它没有使用这些数据来计算跨境贸易的得分或对跨境贸易的便利程度进行排名。主要原因是，国内运输的时间和费用受到许多外部因素的影响，例如，过境领土的地理和地形、道路通行能力、一般基础设施、邻近最近的港口或边界，而且，贸易货物的存放地点等也不受一国贸易政策和改革的直接影响。

跨境贸易的数据是通过问卷收集的，通过当地的货运代理、报关员、港口当局和贸易商进行收集。

如果政府限制、武装冲突或自然灾害导致一个经济体没有正式的、大规模的、私营部门的跨境贸易，那么这个经济体就被认为是一个"无实践"（no practice）经济体。一个"无实践"经济体在所有的跨境贸易指标上都记零分。

(一) 时间

时间以小时为单位，1天为24小时（例如，22天记录为22×24＝528小时）。如果清关需要7.5小时，则数据按原样记录。或者，假设文件在上午8时提交给海关机构，在夜间处理，可以在第二天上午8时提取。在这种情况下，清关时间将被记录为24小时，因为实际程序需要24小时。

(二) 成本

保险费用和未开具收据的非正式付款不包括在记录的费用之内。成本以美元计价。答题者被要求根据他们回答问卷当天的汇率将当地货币兑换成美元。答题人是国际贸易物流方面的私营部门专家，了解汇率及其变动情况。

(三) 单据合规

单据符合情况包括与符合原产地经济体、目的地经济体和任何过境国经济体的所有政府机构的单据要求有关的时间和费用。目的是衡量准备一揽子文件的总负担，这些文件将使完成案例研究中假定的产品和合作伙伴的国际贸易成为可能。例如，当货物从孟买运往纽约时，货运代理必须准备并向印度的海关机构、孟买的港口当局和美国的海关机构提交文件。

单据合规的时间和成本包括取得单据的时间和成本（如取得单据签发和盖章的时间）；准备文件（如收集资料完成报关单或原产地证明所花费的时间）；处理文件（如等待有关当局签发植物检疫证书所花费的时间）；提交单据（如向港口当局出示港口终端收据所花费的时间）；以及提交文件（如亲自或通过电子方式向海关机构提交报关单所花费的时间）。

任何政府机构要求提交的与装运有关的所有电子或纸质资料，均被视为在出口或进口过程中取得、编制和提交的文件。由货运代理或报关行为案例研究中假定的产品和合作伙伴准备的所有文件都包括在内，无论它们是法律要求的还是在实践中要求的。为获得优惠待遇而编制和提交的任何文件，例如原产地证书，都包括在符合文件规定的时间和费用的计算中。由于认为这些文件有助于运输的顺利进行而准备和提交的任何文件也包括在内（例如，货运代理可能准备一份装箱单，因为根据他们的经验，这减少了物理或其他侵入性检查的可能性）。

此外，任何出口或进口的强制性文件都包括在时间和成本的计算中。但是，只需要获得一次的文件不计算在内。此外，《全球营商环境报告》不包括在国内市场生产和销售玩具所需的文件，如第三方安全标准测试证书，除非政府机构在出口过程中需要看到这些文件。

（四）边境合规

边境合规衡量的时间和成本，与遵守经济体的海关规定以及遵守为了让货物通过经济体边界而强制要求的其他相关规定有关。这部分的时间和成本还包括其他机构办理清关和检验手续的时间和成本。例如，这里包括了进行植物检疫检查的时间和费用。

边境合规时间和成本的计算取决于在哪里进行边境合规程序，谁要求和执行这些程序，以及进行检查的概率是多少。如果所有的清关和其他检查同时在港口或边境进行，边境合规估计时间考虑了这一同时性。完全有可能边境合规的时间和成本可以忽略不计或为零，就像欧盟或其他关税联盟成员国之间的贸易一样。

如果部分或全部海关检查或其他检查在其他地点进行，则这些程序的时间和成本加在港口或边境进行的时间和成本上。例如，在哈萨克斯坦，所有的清关和检查都在阿拉木图的一个海关哨所进行，而这个哨所并不位于哈萨克斯坦和中国之间的陆地边界。在这种情况下，边界遵守时间是在阿拉木图终点站花费的时间和在边界处理时间的总和。

《全球营商环境报告》要求答题者估算清关和海关机构检查的时间和成本，这些检查被定义为文件和实物检查，目的是通过核实产品分类、确认数量、确定原产地和核实其他报关资料的真实性。（这类检查包括所有旨在防止走私的检查。）这些是在大多数案件中进行的许可和检查程序，因此被认为是"标准"情况。时间和成本估算决定了经济体中海关机构的效率。

《全球营商环境报告》还要求答题者估计海关和所有其他机构对指定

产品进行清关和检查的总时间和成本。这些估计数包括与卫生、安全、植物检疫标准、合格性等有关的检查，从而反应出了这些检查要求以及进行这些额外检查的机构的效率。

如果由海关以外的机构进行的检查在20%或更少的情况下，边境合规时间和成本措施只考虑海关的清关和检查（标准情况）。如果有20%以上的案件由其他机构进行检查，那么所有机构的审查和检查都需要时间和费用。不同类型的检查可能发生不同的概率，例如，扫描可能发生在100%的情况下，而物理检查发生在5%的情况。在这样的情况下，《全球营商环境报告》只计算扫描的时间，因为超过20%的情况下会发生扫描，而物理检查不会出现这样的情况。一个经济体的边界合规时间和成本不包括遵守任何其他经济体法规的时间和成本。

（五）国内运输

国内运输要记录的是将货物从经济体中最大商业城市的仓库运输到经济体中使用最广泛的海港或陆地边界的相关时间和成本。11个经济体的数据也收集到了第二大商业城市。这组程序记录实际运输的时间（和成本）；任何交通延误和道路警察检查；以及在仓库或边境装卸货物所花费的时间。对于有海外贸易伙伴的沿海经济体，国内运输涵盖了从货物在仓库装货到货物到达该经济体港口的时间和成本。对于通过陆地边界进行贸易的经济体，国内运输记录从货物在仓库装货到货物到达经济的陆地边界的时间和成本。

时间和成本概算是根据答题者报告的最广泛使用的运输方式（卡车、火车）和最广泛使用的路线（公路、边境站）计算的。时间和成本估算是基于大多数答题者选择的模式和路径。对于11个收集了最大和第二大商业城市数据的经济体来说，《全球营商环境报告》允许这两个城市采用不同的最广泛使用的路线和最广泛使用的交通方式。例如，从德里运来的货物用火车运往蒙德拉港出口，而从孟买运来的货物则用卡车运往那瓦舍瓦港出口。

在出口案例研究中，如上文所述，《全球营商环境报告》不假定集装箱装运，时间和成本估计数可根据15吨非集装箱装运产品的运输计算。在进口案例研究中，假设汽车零部件是集装箱化的。在货物集装箱化的情况下，运输和其他程序的时间和成本是根据属于单一协调制度（HS）分类代码的同质货物组成的船舶。这一假设对于检验特别重要，因为同质产品的装运通常比属于各种 HS 编码的产品的装运受到较少和时间较短的检验。

在某些情况下，货物从仓库运送到海关邮局或码头进行清关或检查，然后再运送到港口或边境。在这些情况下，国内运输时间是两个运输段时间的总和。通关或检查的时间和成本包括在边境合规措施中，但不包括在国内运输措施中。

（六）跨境贸易便利化的意义

1. 为促进经济贸易发展，推动社会的经济进步提供借鉴意义

第二次世界大战后，为了恢复更加开放的贸易，主要的多边和优惠贸易协定旨在降低关税和非关税贸易壁垒。经济关系和国际贸易首次受到多边规则制度的管理，其中包括关税及贸易总协定（关贸总协定）和布雷顿森林机构。这些贸易协定，加上运输和通信技术的巨大进步，导致国际贸易以前所未有的速度增长。以全球商品贸易增长率为例，从 1996 年到 2013 年，这 17 年间的全球贸易年增长率为 7.6%。扩大国际贸易与经济增长密切相关，一项使用近 50 年（1950—1980 年）来自 118 个经济体的数据进行的研究发现，开放贸易体制的国家的年均国内生产总值增长率提高了约 1.5 个百分点。[①]

有证据表明，国际贸易促进经济增长的一个重要渠道是通过技术进口和相关的生产力收益。[②] 对 16 个经合组织经济体 135 年的研究表明，全要素生产率与知识进口之间存在着强有力的关系。事实上，这项研究发现，过去一个世纪以来，经合组织经济体全要素生产率增长的 93% 完全是由于这些技术的进口。这些结果表明，国际贸易是知识传播的重要渠道，而知识传播又反过来提高了资本密集度和经济增长。

---

① Wacziarg, Romain, and Karen Horn Welch. 2008. "Trade Liberalization and Growth: New Evi-dence", *World Bank Economic Review*, 22 (2): 187–231.

② Madsen, Jakob B. 2007. "Technology Spillover through Trade and TFP Convergence: 135 Years of Evidence for the OECD Countries", *Journal of International Economics*, 72 (2): 464–80.

贸易和经济增长之间的关系也可以在企业层面观察到。大量证据表明，国际买方和竞争对手的知识流动有助于改善出口公司的业绩。对34个经济体的54项企业指标研究的回顾表明，出口的企业比不出口的企业更有生产力，[①] 这在很大程度上是因为参与国际市场的公司面临更激烈的竞争，必须比在国内销售其产品的公司提高得更快。

2. 为改善营商环境，提高政务服务水平提供借鉴意义

在许多经济体中，效率低下的程序、不必要的官僚主义和多余的程序增加了遵守边境和单据规定的时间和成本。一项调查海关程序延误情况的研究提供的证据表明，海关造成的延误对公司的海外销售产生了重大的负面影响，因为减少了货运量和买方以及每个买方的出口量。Djankov和其他人在2008年的另一项研究中，使用了98个国家的标准货物从工厂大门运到船上所需天数的数据，发现每延迟1天，就会减少超过1%的贸易。[②]

（七）评估指标调整情况

1. 2016年指标调整

2016年《全球营商环境报告》在方法论上发生重大改变，主要目的是提高政策与经济的相关性，其基本前提是案例研究应该反映国际贸易的实际方向与数量，而且反应贸易商所面临的行政和监管成本，这些成本在不同的贸易产品和贸易伙伴之间的差别往往很大。

指标调整内容。在衡量指标方面由原来的3个扩到了8个，并且更加强调国内运输指标的重要性。

2. 2017年指标调整

为了积极推进贸易，通过数字技术和电子服务的使用，世界海关组织宣布2016年为数字海关年。世界海关组织重视合作，协调海关互动如自动通关系统单一窗口的实施，以及改善电子信息交流。这些活动的目标是使电子商务促进信息的自由流动，增加透明度，同时提高日常交流

---

① Wagner, Joachim. 2007. "Exports and Productivity: A Survey of the Evidence from Firm-Level Data", *World Economy*, 30 (1): 60–82.

② Djankov, Simeon and others. 2008. "Trade on Time", *Review of Economics and Statistics*.

过程的效率。2017 年《全球营商环境报告》第一次收集世界各地单一窗口使用的数据。

指标调整内容。各经济体越来越多地采取进一步措施，通过在线单一窗口系统，不仅以电子方式连接贸易商和海关官员，而且连接参与国际贸易的所有机构。在最好的情况下，该系统允许贸易商通过单一入境点提交标准信息和文件，以满足所有进口、出口和与过境有关的法规要求。然后，单一窗口与所有参与贸易的各方包括银行和保险公司等私人参与者，以及包括移民和车辆登记当局在内的公共机构分享相关信息。在电子商务蓬勃发展的背景下，重视和整合单一窗口在贸易中的重要性逐渐凸显。[①]

二 中国跨境贸易评估指数排名情况

（一）中国跨境贸易评估指数世界排名进展情况

跨境贸易指标的得分情况，根据世界银行《全球营商环境报告》2015 年至 2020 年的得分统计情况：2015 年至 2020 年中国的排名情况，2015 年排名第 98 位，2016 年第 96 位，2017 年第 96 位，2018 年第 97 位，2019 年第 65 位，2020 年第 56 位。

（二）2020 年中国排名及与其他经济体比较

从下表可以看出，2015—2018 年中国的二级指标得分基本没有变化，都是一样的，世界排名也大致相同，可能因为有其他国家的排名也有波动，因此，这 4 年间，排名在 96—98 位。从 2018 开始，中国以此评估指标体系的设定标准作为改革的目标与方向，在相关领域进行改革，从而使得相关指标的得分呈现较大幅度地提升，从上表中可以看出，跨境贸易所耗时与耗费都有较大幅度的下降。2019 年排名上升至第 65 位，2020 年时排名上升到第 56 位。

---

① 宋林霖：《世界银行营商环境评价指标体系详析》，天津人民出版社 2018 年版，第 136 页。

表7-1　　2020年中国排名情况及与其他经济体比较

指标	北京	上海	中国	东亚及太平洋地区	OECD高收入经济体	最佳表现
出口耗时：边界合规（小时）	24	18	21	57.5	12.7	1（19个经济体）
出口耗费：边界合规（美元）	265	249	256	381.1	136.8	0（19个经济体）
出口耗时：单证合规（小时）	10	8	9	55.6	2.3	1（26个经济体）
出口耗费：单证合规（美元）	78	70	74	109.4	33.4	0（20个经济体）
进口耗时：办界合规（小时）	34	37	36	68.4	8.5	1（25个经济体）
进口耗费：边界合规（美元）	255	230	241	422.8	98.1	0（28个经济体）
进口耗时：单证合规（小时）	15	11	13	53.7	3.4	1（30个经济体）
进口耗费：单证合规（美元）	80	75	77	108.4	23.5	0（30个经济体）
得分	87.5	87.2	86.5			
排名			56			

（三）中国跨境贸易存在的问题

1. 跨境贸易耗时长

2018年以前，中国的跨境贸易耗时情况是：获得单证、准备单证、处理单证、呈阅单证以及提交单证的时间，出口单证合规耗时21.2小时，进口单证合规耗时65.7小时；在港口或边界装卸以及报关报检过程中获取、准备和提交单证的时间，出口边界合规耗时25.9小时，进口办界合规耗时92.3小时。与世界最佳表现的国家耗时1个小时相比，无论是单证合规审查还是办界合规审查耗时都很长，极大地影响了中国的进出口跨境效率。

2. 跨境贸易成本高

2018年以前,中国的跨境贸易耗费情况是:获得单证、准备单证、处理单证、呈阅单证以及提交单证的成本,出口单证合规所耗费84.6美元,进口单证合规所耗费170.9美元;在港口或边界装卸以及报关报检过程中获得、准备和提交单证的成本,出口边界合规所耗费用为484.1美元,进口边界合规所耗费用745美元。与世界最佳表现的国家耗费为零相比,无论是单证耗费还是边界耗费中国都很高,说明中国的进出口成本比较高。

三 中国跨境贸易的法律法规及制度演进

总体上看,跨境贸易评估指标体系主要涉及政府规制的改革,主要包括跨境贸易的流程的简化与相关费用的降低问题,这些问题与法律相关度不是很高,但也涉及一些法律问题。下面根据《贸易便利化协定》《海关法》《国境卫生检疫法》《进出境动植物检疫法》《外商投资法》《价格法》等法律及相关行政法规予以阐述。

(一) 国际贸易协定:《贸易便利化协定》

2013年12月,世贸组织巴厘部长级会议上通过了《贸易便利化协定》(以下简称《协定》)。2014年11月底,世贸组织通过有关议定书,交由各成员履行国内核准程序。经国务院批准,中国于2015年9月4日向世贸组织提交批准书。2017年2月22日,协定正式生效。

《协定》是中国加入世界贸易组织后,参与并达成的首个多边货物贸易协定。中国作为全球第一大货物贸易国,《贸易便利化协定》的生效和实施不仅将有助于中国口岸综合治理体系现代化,还将普遍提高中国主要贸易伙伴的贸易便利化水平,促进中国产品出口并营造便捷的通关环境。

《协定》共分为三大部分,共有24个条款。第一部分(第1至第12条)规定了各成员在贸易便利化方面的实质性义务,涉及信息公布、预裁定、货物放行与结关、海关合作等内容,共40项贸易便利化措施。第二部分（第13至第22条）规定了发展中成员在实施《协定》第一部分条款方面可享受的特殊和差别待遇，主要体现在实施期和能力建设两个方面。根据协定，发展中国家可在第一部分条款中自行确定在《协定》生效后立即实施的条款（即A类措施）、经过一定过渡期实施的条款（即B类措施）和经过一定过渡期并通过能力建设获得实施能力后实施的条款（即C类措施），并向WTO通报。2019年8月，中国向世界贸易组织通报《协定》B类措施补充情况，将原先承诺的单一窗口条款实施日期由2020年2月22日改为2019年7月19日，即中国已提前完成实施单一窗口有关条款，《协定》实施比率提高至96.2%。第三部分（第23至第24条）涉及机构安排和最后条款，规定成立WTO贸易便利化委员会，各成员应成立国家贸易便利化委员会或指定一现有机制以促进《协定》的国内协调和实施，以及《协定》适用争端解决机制。

具体而言，《协定》第1条：信息的公布与可获性。每一成员应以非歧视和易获取的方式迅速公布下列信息，以便政府、贸易商和其他利益相关方能够知晓：(a)进口、出口和过境程序（包括港口、机场和其他入境点的程序）及需要的表格和单证；(b)对进口或出口征收的或与进口或出口相关的任何种类的关税和国内税适用税率；(c)政府部门或代表政府部门对进口、出口或过境征收的或与之相关的规费和费用；(d)用于海关目的的商品归类或估价规定；(e)与原产地规则相关的普遍适用的法律、法规及行政裁决；(f)进口、出口或过境的限制或禁止；(g)针对违反进口、出口或过境程序行为的惩罚规定；(h)申诉程序；(i)与任何一国或多国缔结的与进口、出口或过境有关的协定或协定部分内容；(j)与关税配额管理有关的程序。每一成员通过互联网提供相关信息，意味着从事进出口的企业可能通过互联网获取相关信息，这将大大便利中国从事进出口企业从事相关业务。

《协定》第6条规定了关于进出口征收或与进出口和处罚相关的规费和费用的纪律，以规范成员的各项费用的收取及违规所应受到的处罚。第7条规定了货物放行与结关，关于抵达前业务办理，要求"每一成员都应采用或设立程序，允许提交包括舱单在内的进口单证和其他必要信息，以便在货物抵达前开始办理业务，以期在货物抵达后加快放行"。每一成员应酌情规定以电子格式提交单证，允许选择以电子方式支付海关对进口和出口收取的关税、国内税、规费及费用。要求"将货物放行与关税、国内税、规费及费用的最终确定相分离"。

《协定》第8条,边境机构合作,为提高跨境贸易的效率,每一成员应保证其负责边境管制和货物进口、出口及过境程序的主管机关和机构想到合作并协调行动,以便利贸易。这些协调内容包括:工作日和工作时间的协调;程序和手续的协调;共用设施的建设与共享;联合监管;一站式边境监管站的设立。

《协定》第10条"与进口、出口和过境相关的手续"要求每一成员设立"单一窗口":各成员应努力建立或设立单一窗口,使贸易商能够通过一单一接入点向参与的主管机关或机构提交货物进口、出口或过境的单证和/或数据要求。待主管机关或机构审查单证和/或数据后,审查结果应通过该单一窗口及时通知申请人。

《协定》第11条"过境自由"。此条要求:"过境运输不得以收取对过境征收的规费或费用为条件,但运输费用或过境所产生的行政费用或与所提供服务的成本相当的费用除外。""各成员不得寻求、采取或设立对过境运输的任何自愿限制或任何其他类似措施。""每一成员应给予自任何其他成员领土过境的产品不低于给予此类产品在不经其他成员领土而自原产地运输至目的地所应享受的待遇。""鼓励各成员在可行的情况下为过境运输提供实际分开的基础设施(如通道、泊位及类似设施)。"

此外,《贸易便利化协定》还规定成员应尽可能采用风险管理和后续稽查等管理手段,加速对低风险货物的放行,并对经认证的贸易商提供降低单证要求和查验比例等额外的贸易便利化措施。

《贸易便利化协定》的生效和实施对成员口岸基础设施、管理方式以及口岸管理部门之间的协同等方面提出了更高的要求。根据中国对外承诺,除单一窗口、确定和公布平均放行时间、出境加工货物免税复进口、海关合作等少量措施中国可在一定过渡期后实施,其余措施中国均需在《贸易便利化协定》生效时即实施。

从全球来看,《贸易便利化协定》的生效和实施将便利各国贸易,降低交易成本,推动世界贸易和全球经济的增长。据国际机构测算,《协定》如能有效实施,将使全球贸易成本减少约14.3%,到2030年时可为全球贸易增长贡献2.7个百分点,发展中经济体和最不发达经济体出口商品的海外市场规模将分别扩大 1/3 和 60%，带动全球经济增长 9600 亿美元，同时增加 2000 多万个就业岗位。①

(二) 区域贸易协定：《区域全面经济伙伴关系协定》

《区域全面经济伙伴关系协定》（Regional Comprehensive Economic Partnership，RCEP）于 2020 年 11 月 15 日签订，成员有东盟十国和中国、日本、韩国、澳大利亚、新西兰共 15 个亚太国家。RCEP 是当前世界上人口最多、经贸规模最大、最具发展潜力的自由贸易区。

RCEP 第四章规定了"海关程序与贸易便利化"。通过该章确保海关法律和法规具有可预测性、一致性和透明性的条款，以及促进海关程序的有效管理和货物快速通关的条款，目标创造一个促进区域供应链的环境。该章包含高于 WTO《贸易便利化协定》水平的增强条款，包括：对税则归类、原产地以及海关估价的预裁定；为符合特定条件的经营者（授权经营者）提供与进出口、过境手续和程序有关的便利措施；用于海关监管和通关后审核的风险管理方法等。

中国海关总署正在根据 RCEP 的要求进行以下工作：在实施关税减让方面，正在研究出台"RCEP 进出口货物原产地管理办法""经核准出口商管理办法"，梳理申报 RCEP 项下享惠进口和出口签证的流程，并建设配套的信息化系统，确保企业申报享惠的便利性。在知识产权海关保护方面，积极履行 RCEP 规定的各项义务，加强与 RECP 区域海关的合作与协调，共同提高区域海关知识产权保护水平，维护良好的贸易营商环境。国家口岸办积极研究 RCEP 协定中关于"海关程序和贸易便利化"相关条款，助力加快打造市场化、法治化、国际化口岸营商环境。

(三)《海关法》的规制

《海关法》第 2 条规定了海关的职能，监管"进出境的运输工具、货物、行李物品、邮递物品和其他物品（以下简称进出境运输工具、货物、物品），征收关税和其他税、费，查缉走私，并编制海关统计和办理其他

---

① 《〈贸易便利化协定〉正式实施中国迎来贸易企稳经济走强利好》，《人民日报》2017 年 2 月 25 日。

海关业务"。

1. 进出口报关

《海关法》第9条规定："进出口货物，除另有规定的外，可以由进出口货物收发货人自行办理报关纳税手续，也可以由进出口货物收发货人委托海关准予注册登记的报关企业办理报关纳税手续。进出境物品的所有人可以自行办理报关纳税手续，也可以委托他人办理报关纳税手续。"报关既可以由进出口货物的所有人也可以由其代理人进行。

2. 报关的形式要求

《海关法》第25条规定："办理进出口货物的海关申报手续，应当采用纸质报关单和电子数据报关单形式。"数据报关单和纸质报关单均具有法律效力。

3. 报关内容

由于进出境运输工具、进出境物品和进出境货物的性质不同，海关对其监管要求也不一样，三者的报关形式、报关程序和报关要求也有所区别。

进出境运输工具报关的基本内容。国际贸易的交货任务，国际间人员往来及携带物品进出境，其他特殊运输方式外，都要通过各种运输工具的国际运输来实现。根据《海关法》的规定，所有进出中国境内的运输工具必须经由设有海关的港口、空港、车站、国际通道、国际邮件交换局及其他可办理海关业务的场所申报进出境。进出境申报是运输工具报关的主要内容，根据海关监管的要求，进出境运输工具负责人或其代理人在运输工具进入或驶离中国，均需如实向海关申报运输工具所在旅客人数，进出口货物数量，装卸时间等基本情况。根据海关监管的不同要求，不同种类的运输工具报关时所需递交的单证及所要生命的具体内容也不尽相同。

进出境物品报关的基本内容。《海关法》规定个人携带进出境的行李物品邮寄进出境的物品应当以自用合理数量为限，中国海关对旅客进出境采用红绿通道制度，进出境邮递物品的申报方式由其特殊的邮递运输方式决定。

进出境货物报关的基本内容。由报关单位聘用并在海关备案的报关人员向海关申报。①进出境申报（申领证件制单发送电子报关数据）；

②配合查验;③缴纳税费;④提取或装运货物。进出境货物申报要区分海关监管货物的类别,不同的海关监管货物具有不同的包括内容,其中海关监管货物主要分为五大类,包括一般进出口货物,保税货物,特定减免税货物,暂时进出境货物,以及过境转运货物和其他尚未办结海关手续的货物。

4. 报关时间

进出境运输工具的报关时间。海关对进出境运输工具的监管范围不同,报关的时间也不同,《海关法》第 14 条规定:"进出境运输工具到达或者驶离设立海关的地点时,运输工具负责人应当向海关如实申报交验单证,并接受海关监管和检查。停留在设立海关的地点的进出境运输工具,未经海关同意不得擅自驶离。进出境运输工具从一个设立海关的地点驶往另一个设立海关的地点应当符合海关监管要求,办理海关手续。未办结海关手续的,不得改使境外。"[1]

进出境物品的报关时间。进出境物品包括行李物品、邮递物品、跨境贸易电子商务进出境物品。行李物品的报关时间是个人携带进出境时进行报关。进出境邮递物品运抵海关监管现场后由邮政经营企业向海关提供相关材料。跨境贸易电子商务进出境物品应由本人或其代理人如实填制"海关跨境贸易电子商务进出境物品申报清单",[2] 逐票办理物品通关手续。

进出境货物的报关时间。进出境货物报关形式分为一般报关和特殊报关,其中特殊报关主要指的是提前报关、集中报关、定期报关和清单核放、汇总申报。一般报关。进口货物的收货人,受委托的报关企业应当自运输工具申报进境之日起 14 日内向海关申报。进口转关运输货物的收货人、受委托的报关企业应当自运输工具申报进境之日起 14 日内向进境地海关办理转关运输手续。出口货物发货人、受委托的报关企业应当在货物运抵海关监管区后,装货的 24 小时以前向海关申报。超过规定时限未向海关申报的,海关按照《海关征收进口货物滞报金办法》征收滞报金。提前报关。"提前"是指为缩短进出口货物通关时间,便捷通关企

---

[1] 《中华人民共和国海关法》第 14 条。
[2] 《货物清单》《物品清单》《进出口货物报关单》等具有同等法律效力。

业可在进口货物运抵港前、出口货物运入海关监管场所前3天内。报关前提是在能够确定其进出口货物的品名、规格、数量的条件下，提前向海关办理报关手续并递交有关单证，货物运抵后由海关监管现场直接验放。集中报关。特殊情况下，经海关批准，进出口货物的收发货人、受委托的报关企业，可以自装载货物的运输工具申报进境之日起1个月内向指定海关办理集中申报手续。集中申报采用向海关进行电子数据报关单申报的方式。集中申报的进出口货物税率、汇率的适用，按照《关税条例》的有关规定办理。定期报关。经电缆、管道、输送带或者其他特殊运输方式输送进出口的货物，经海关同意，可以定期向指定海关申报。清单核放、汇总申报。电子商务企业或其代理人应在运载电子商务进境货物的运输工具申报。

5. 通关

通关包括海关管理相对人向海关办理有关手续，还包括海关对进出口货物进出境运输工具进出境物品进行监督管理，核准其进出境的管理过程。通关的概念包括报关、转关和清关。需要说明的是，在进出境活动中，通关与报关既有联系又有区别，两者都是针对运输工具货物物品的进出境而言的，但报关是从海关行政管理相对人的角度，禁止向海关办理进出境手续及相关手续，而通关不仅包括海关行政管理相对人向海关办理关手续，还包括海关对进出境运输工具、货物、物品依法进行监督管理，核准其进出境的管理过程。

（四）《对外贸易法》的规制

《对外贸易法》第6条规定：中国在对外贸易方面，根据所缔结或者参加的国际条约、协定，给予其他缔约方、参加方最惠国待遇、国民待遇等待遇，或者根据互惠、对等原则给予对方最惠国待遇、国民待遇等待遇。第9条规定：从事货物进出口或者技术进出口的对外贸易经营者，应当向国务院对外贸易主管部门或者其委托的机构办理备案登记；但是，法律、行政法规和国务院对外贸易主管部门规定不需要备案登记的除外。备案登记的具体办法由国务院对外贸易主管部门规定。对外贸易经营者未按照规定办理备案登记的，海关不予办理进出口货物的报关验放手续。第11条规定：国家可以对部分货物的进出口实行国营贸易管理。违反本条第一款规定，擅自进出口实行国营贸易管理的货物的，海关不予放行。

（五）《港口法》的规制

《港口法》第 28 条规定："港口经营人应当在其经营场所公布经营服务的收费项目和收费标准；未公布的，不得实施。港口经营性收费依法实行政府指导价或者政府定价的，港口经营人应当按照规定执行。"此规定明确指出，港口经营性收费由政府指导定价或者政府定价。

（六）《国境卫生检疫法》的规制

跨境贸易要受中国《国境卫生检疫法》的监管。根据《国境卫生检疫法》的规定，中国在国际通航的港口、机场以及陆地边境和国界江河的口岸（以下简称国境口岸），设立国境卫生检疫机关，依照本法规定实施传染病检疫、监测和卫生监督。入境、出境的人员，交通工具，运输设备，以及可能传播检疫传染病的行李、货物、邮包等物品，都应当接受检疫，经国境卫生检疫机关许可，方准入境或者出境。在国外或者国内有检疫传染病大流行的时候，国务院可以下令封锁有关的国境或者采取其他紧急措施。

（七）《进出境动植物检疫法》的规制

动植物的跨境贸易要受中国《进出境动植物检疫法》的监管。进出境中国的动植物、动植物产品和其他检疫物，装载动植物、动植物产品和其他检疫物的装载容器、包装物，以及来自动植物疫区的运输工具，依照《进出境动植物检疫法》的规定实施检疫。国家动植物检疫机关，统一管理全国进出境动植物检疫工作。国家动植物检疫机关在对外开放的口岸和进出境动植物检疫业务集中的地点设立的口岸动植物检疫机关，依照本法规定实施进出境动植物检疫。贸易性动物产品出境的检疫机关，由国务院根据情况规定。国务院农业行政主管部门主管全国进出境动植物检疫工作。该法对进境、出境、过境、携带与邮寄物、运输工具等检疫作了详细的规定。

（八）《价格法》的规制

跨境贸易过程中收取的有关规费受中国《价格法》规制。《价格法》规定，跨境贸易中的有关政府收费项目要根据政府指导价或者政府定价执行。跨境贸易中收到的几项费用已经纳入《中央定价目录》，根据政府指导价或者政府定价的标准进行收取。

《价格法》第18条规定："下列商品和服务价格，政府在必要时可以实行政府指导价或者政府定价：（1）与国民经济发展和人民生活关系重大的极少数商品价格；（2）资源稀缺的少数商品价格；（3）自然垄断经营的商品价格；（4）重要的公用事业价格；（5）重要的公益性服务价格。"

国家发改委发布的《中央定价目录》"基础交通运输"项下"港口服务"，政府定价的机构为国务院交通运输主管部门会同国务院价格主管部门共同制定，定价内容为"沿海、长江干线主要港口及其他所有对外开放港口的垄断服务收费"，定价范围为"船舶进出港、靠离泊和港口安保等服务"。

《中央涉企经营服务收费目录清单》收费项目有本项：船舶进出港、靠离泊服务收费、港口设施保安费、货物港务费。分别列出了收费文件依据，收费范围和对象，执收单位。《中央涉企进出口环节经营服务收费目录清单》对此作出了同样的规定。

（九）《外商投资法》的规制

《外商投资法》第4条规定："国家对外商投资实行准入前国民待遇加负面清单管理制度。"准入前国民待遇，是指在投资准入阶段给予外国投资者及其投资不低于本国投资者及其投资的待遇；负面清单，是指国家规定在特定领域对外商投资实施的准入特别管理措施。国家对负面清单之外的外商投资，给予国民待遇。负面清单由国务院发布或者批准发布。由国家发改委、商务部发布的《外商投资准入负面清单（2021年版）》2022年1月1日正式开始施行。与2020年版相比，2021年版外资准入负面清单进一步缩短了长度，完善了管理制度，提高了精准度。全国和自贸试验区负面清单进一步缩减至31条、27条，压减比例分别为6.1%、10%。

四　政府跨境贸易规制制度改革

根据中国海关总署的职能定位，海关总署"垂直管理全国海关"，地方政府对设置在所属地的海关没有行政上的管理权限，因此，在跨境贸易政策方面，地方政府主要听从国务院与海关总署的部署。地方政府可以根据国务院或者海关总署的政策与部门规章制定实施细则。因此，本部分内容主要介绍国务院与海关总署的政策调整与规制改革。

（一）跨境贸易法规

《优化营商环境条例》第45条规定："政府及其有关部门应当按照国家促进跨境贸易便利化的有关要求，依法削减进出口环节审批事项，取消不必要的监管要求，优化简化通关流程，提高通关效率，清理规范口岸收费，降低通关成本，推动口岸和国际贸易领域相关业务统一通过国际贸易'单一窗口'办理。"该条例是第一次将跨境贸易便利化作为行政法规的要求写入了国务院的条例。

（二）跨境贸易政策

在国务院层面，跨境贸易方面的政策主要是2018年10月13日发布的《优化口岸营商环境促进跨境贸易便利化工作方案》。该方案要求："对标国际先进水平，创新监管方式，优化通关流程，提高通关效率，降低通关成本，营造稳定、公平、透明、可预期的口岸营商环境。"提出的基本原则包括："简政放权，改革创新""对标国际，高效便利""目标导向，协同治理"。提出的工作目标：到2018年年底，需在进出口环节验核的监管证件数量比2017年减少1/3以上，除安全保密需要等特殊情况外，全部实现联网核查，整体通关时间压缩1/3。到2020年年底，相比2017年集装箱进出口环节合规成本降低一半。到2021年年底，整体通关时间比2017年压缩一半，世界银行跨境贸易便利化指标排名提升30位，初步实现口岸治理体系和治理能力现代化，形成更有活力、更富效率、更加开放、更具便利的口岸营商环境。

为了落实国务院的行政法规与跨境贸易政策，国务院相关部门如国家发改委、商务部、海关总署等部门相继发布了具体的改革措施。下面结合国务院的跨境贸易政策与相关部门的改革举措进行较为详细的介绍。

（三）具体改革措施

1. 简政放权，减少进出口环节审批监管事项

取消一批进出口环节监管证件，能退出口岸验核的全部退出。要求在2018年11月1日前需在进出口环节验核的监管证件减至48种；优化监管证件办理程序。除安全保密需要等特殊情况外，2020年年底前，监管证件全部实现网上申报、网上办理。

2. 加大改革力度，优化口岸通关流程和作业方式

推进海关、边检、海事一次性联合检查。海关直接使用市场监管、商务等部门数据办理进出口货物收发货人注册登记。加强海关与铁路的信息共享，推进铁路运输货物无纸化通关。2018年年底前，海关与检验检疫业务全面融合，实现"五统一"：统一申报单证、统一作业系统、统一风险研判、统一指令下达、统一现场执法。推广应用"提前申报"模式。创新海关税收征管模式。优化检验检疫作业。推广第三方采信制度。

3. 提升通关效率，提高口岸物流服务效能

通过"单一窗口"、港口电子数据交换（EDI）中心等信息平台向进出口企业、口岸作业场站推送查验通知，增强通关时效的可预期性。加快建设多式联运公共信息平台，加强交通运输、海关、市场监管等部门间信息开放共享，为企业提供资质资格、认证认可、检验检疫、通关查验、信用评价等一站式综合信息服务。推动外贸集装箱货物在途、舱单、运单、装卸等铁水联运物流信息交换共享，提供全程追踪、实时查询等服务。2019年年底前，沿海及长江干线主要港口实现铁水联运信息交换和共享。2020年年底前，基本建成多式联运公共信息平台。创新边境口岸通关管理模式。

4. 加强科技应用，提升口岸管理信息化智能化水平

加强国际贸易"单一窗口"建设。将"单一窗口"功能覆盖至海关特殊监管区域和跨境电子商务综合试验区等相关区域，对接全国版跨境电商线上综合服务平台。加强"单一窗口"与银行、保险、民航、铁路、

港口等相关行业机构合作对接,共同建设跨境贸易大数据平台。推广国际航行船舶"一单多报",实现进出境通关全流程无纸化。2018年年底前,主要业务(货物、舱单、运输工具申报)应用率达到80%;2020年年底前,达到100%;2021年年底前,除安全保密需要等特殊情况外,"单一窗口"功能覆盖国际贸易管理全链条,打造"一站式"贸易服务平台。推进口岸物流信息电子化。实现口岸作业场站货物装卸、仓储理货、报关、物流运输、费用结算等环节无纸化和电子化。推动海运提单换提货单电子化,企业在报关环节不再提交纸质提单或提货单。2019年6月底前,实现内外贸集装箱堆场的电子化海关监管。2019年年底前,在主要远洋航线实现海关与企业间的海运提单、提货单、装箱单等信息电子化流转。提升口岸查验智能化水平。加大集装箱空箱检测仪、高清车底探测系统、安全智能锁等设备的应用力度,提高单兵作业设备配备率。扩大"先期机检""智能识别"作业试点,提高机检后直接放行比例。2021年年底前,全部实现大型集装箱检查设备联网集中审像(海关总署、移民局按职责分工负责)。

5. 完善管理制度,促进口岸营商环境更加公开透明

加强口岸通关和运输国际合作。加快制修订国际运输双边、多边协定,推动与相关国家在技术标准、单证规则、数据交换等方面开展合作。扩大海关"经认证的经营者"(AEO)国际互认范围,支持指导企业取得认证,2020年年底前,与所有已建立AEO制度且有意愿的"一带一路"国家海关实现AEO互认。加快实施检验检疫证书国际联网核查,重点推进与欧盟签署电子证书合作协议,2021年年底前,与所有已签署电子证书合作协议且建有信息系统的国家实现联网核查。降低进出口环节合规成本。严格执行行政事业性收费清单管理制度,未经国务院批准,一律不得新设涉及进出口环节的收费项目。清理规范口岸经营服务性收费,对实行政府定价的,严格执行规定标准;对实行市场调节价的,督促收费企业执行有关规定,不得违规加收其他费用。鼓励竞争,破除垄断,推动降低报关、货代、船代、物流、仓储、港口服务等环节经营服务性收费。加强检查,依法查处各类违法违规收费行为。2018年年底前,单个集装箱进出口环节合规成本比2017年减少100美元以上。

6. 降低规费，实行口岸收费目录清单制度

建立价格、市场监管、商务、交通、口岸管理、查验等单位共同参加的口岸收费监督管理协作机制。2018年10月底前，对外公示口岸收费目录清单，清单之外不得收费。

交通运输部、发展改革委修订印发《港口收费计费办法》的通知（交水规〔2019〕2号）：（1）降低部分政府定价收费标准。将货物港务费、港口设施保安费、引航（移泊）费、航行国内航线船舶拖轮费的收费标准分别降低15%、20%、10%和5%。进出沿海港口的80米及以下内贸船舶（化学品船、液化气体船除外）、进出长江干线港口的150米及以下内贸船舶，由船方在确保安全的前提下，根据实际情况决定是否使用拖轮。（2）合并收费项目。按照"减项、并项"的原则，将堆存保管费、库场使用费合并名称为库场使用费；将供水（物料）服务费、供油（气）服务费、供电服务费合并名称为船舶供应服务费；将垃圾接收处理服务费、污油水接收处理服务费合并名称为船舶污染物接收处理服务费。（3）规范收费行为。港口经营人、引航机构等单位要严格执行政府定价，落实港口经营服务性收费目录清单和公示制度，根据本通知及时调整对外公示的收费项目名称和收费标准。相关代理企业代收代付货物港务费、港口设施保安费等政府定价收费，不得加价收费。不得通过各种手段变相提高收费标准、强制收费。围油栏服务单位不得对装卸非持久性油类的船舶强制提供围油栏服务。围油栏服务单位、拖轮经营人等不得超范围、超标准收费。引航服务以外引领海上移动式平台在中国水域航行的技术服务费实行市场调节价，由引领服务单位与委托方协商确定具体收费标准。

国家发改委、财政部、交通运输部、市场监管总局、海关总署等7个部门于2020年7月29日联合发布《清理规范海运口岸收费行动方案》，自2020年3月1日起免征进出口货物港口建设费，将货物港务费、港口设施保安费收费分别下调了20%，阶段性减免和降低港口收费等惠企政策取得实效。2020年全国免收港口建设费约150亿元，减收货物港务费和港口设施保安费9.6亿元。要求到2022年，科学规范透明的收费机制基本形成，口岸服务效能进一步提升，营商环境明显改善，进出口合规成本明显降低。

7. 推行"两步申报"改革，优化口岸营商环境

"两步申报"是允许企业第一步凭提单信息概要申报即可提货，无须一次性提交进口全部单证，第二步在规定时间内（运输工具进境14日内）完成完整申报。这项改革解决了企业完成一次性全口径申报，需提前准备好105项信息和全部单证，耗时长、易出错的问题。企业凭提单填报最少9项信息即可进行提货申报，极大地压缩申报准备时间，推动提前报关，加快货物口岸放行、缩短生产周期。

8. 推行单一窗口建设，优化系统与业务流程

建立原产地签证时间跟踪监测机制，帮助各机构通过采取切实举措提升签证工作效率。鼓励企业采取"提前申报"方式报关，积极推进报关单运行实时监控系统建设。大力推进全国通关一体化，实现单证统一申报。会同税务总局加快推进税单无纸化改革，上线运行税单统一电子印章。在全国推广"海关专用缴款书"企业自行打印，实现海关业务现场的全覆盖。推进国际贸易"单一窗口"建设，不断压缩通关时间。企业可以通过各省级门户接入"单一窗口"标准版办理业务，也可以访问"单一窗口"全国统一门户网站 www.singlewindow.cn 获取服务。

9. 促进跨境贸易便利化专项行动

国家口岸管理办公室2022年1月24日发布《2022年促进跨境贸易便利化专项行动启动》。本次专项行动将重点推进以下改革创新措施：国际贸易"单一窗口"服务功能优化完善。全面推广通关物流全程评估系统。推动中国与其他经济体实施检验检疫电子证书联网核查。在集装箱干线港推进基于区块链的集装箱电子放货平台应用。制定出台港口设施保安费并入港口作业包干费、定向降低沿海港口引航费标准等政策措施。引导企业通过国际贸易"单一窗口"口岸收费及服务信息发布系统，及时公示、动态更新海运口岸各环节收费及服务信息。

10. 部门联动，进一步优化跨境贸易便利化环境

海关总署于2021年年初在全国8个城市（口岸）组织开展了为期4个月的2021年促进跨境贸易便利化专项行动，会同国家发改委、财政部、商务部、交通运输部、市场监管总局等部门联合推出18条政策措施，从优流程、降成本、压时间、提效率等方面，着力解决当前市场主体关切的"堵点""痛点""难点"问题。

五 法律法规修订与政府规制改革的效果

（一）精简进出口环节监管证件

按照"能取消的取消,能退出口岸验核的退出验核"原则,持续推动精简监管证件,从2021年1月1日起2种进出口环节监管证件合并,1种监管证件取消。进出口环节需要验核的监管证件已从2017年的86种精简至41种,减少了52.3%。在这41种监管证件中,除3种因特殊情况不能联网外,其余38种证件全部实现网上申请、网上办理,其中23种证件通过国际贸易"单一窗口"一口受理,全部监管证件实现在通关环节自动比对核查,企业不需向海关提交纸质监管证件。

（二）压缩进出口货物整体通关时间

在尊重企业通关自主选择前提下,鼓励企业选取"提前申报",扩大进口"两步申报"试点,缩减申报准备、转关办理和海关通关时间。在具备条件的港口积极试点和推广进口货物"船边直提"、出口货物"运抵直装",增强企业对通关时间预期。以天津港为例,采取"船边直提"方式,进口货物从运抵天津港到等待装车发运时间从原来2—3天作业压缩至3小时以内。对于免予办理强制性产品认证（CCC认证）证明进口的汽车零部件,在申报时"先声明、后验证",继续实施第三方检验结果采信工作。据统计,截至2021年6月,全国进口、出口整体通关时间分别为36.68小时和1.83小时,较2017年分别压缩了62.34%和85.15%。

（三）进一步降低进出口环节合规成本

自2020年3月1日起免征进出口货物港口建设费,将货物港务费、港口设施保安费收费标准分别下调20%,阶段性减免和降低港口收费等惠企政策措施取得实效。国家发改委等7个部门联合印发实施《清理规范海运口岸收费行动方案》,自2018年以来,全国所有口岸均已公开收费目录清单,公布收费标准、实现明码标价,全国范围内已实现口岸收费目录清单向社会公示。国家口岸办组织开发"单一窗口"全国口岸收费及服务信息发布系统,向全国口岸推广港口、船代、理货等收费标准线上公开、在线查询服务。在有条件的口岸推广实行"一站式阳光价格"收费模式,进一步提升口岸收费透明度和可比性。

(四)进一步提升口岸通关信息化、智能化水平

大力拓展"单一窗口"功能。2020年,针对新冠肺炎疫情对进出口影响,"单一窗口"及时推出防疫物资申报通关服务功能,发挥全流程线上办理优势,实现企业办事"零接触"、货物通关"零延时"、系统运行"零故障",助力企业复工复产。创新"外贸+金融"模式,推出在线国际结算、融资贷款、关税保证保险和出口信用保险等金融服务,有效解决中小微企业融资难融资贵问题,支持实体经济发展。目前,"单一窗口"已实现与25个部门总对总系统对接和信息共享,服务全国所有口岸和各类区域,累计注册用户422万余家,上线18大类基本服务功能,提供729个服务事项,日申报业务量1200万票,基本满足企业"一站式"业务办理需求,普惠服务程度不断提高。另一方面,大力推动口岸通关全流程无纸化电子化。上海、天津等沿海重点港口加强口岸物流综合服务平台建设,继续推行集装箱设备交接单、装箱单、提货单等单证电子化,推进国际航运公司出口提单电子化签发。

但对标国际先进,仍面临一些困难和问题,比如2020年以来进出口企业反映的国际航线运力紧张、集装箱"一箱难求"等难题亟须统筹协调解决。针对企业多样化诉求,在口岸协同治理、关企深度合作、跨部门数据共享等方面上还存在"短板"需要补齐。

为应对新冠肺炎疫情影响,海关总署出台了延期缴纳税款和减免滞报金、滞纳金等措施。2020年海关共执行各类政策减(退)税2687.7亿元,大宗矿产品进口"先放后检"改革措施实施以来,为企业节约堆存费等费用36亿元。

六 未来改革展望

(一)探索开展"组合港""一港通"等区域通关便利化改革

探索开展粤港澳大湾区"组合港""一港通"等改革,优化相关货物的转关手续，鼓励和支持试点城市进一步创新口岸通关监管方式，提升区域通关便利化水平。

（二）推动与东亚地区主要贸易伙伴口岸间相关单证联网核查

在确保信息安全的前提下，推动试点城市实现与日本、韩国、中国香港等东亚地区主要贸易伙伴和经济体口岸的相关单证联网核查。

（三）优化进出口货物查询服务

利用"单一窗口"为企业及相关机构提供进出口货物全流程查询服务。基于企业授权，企业申报信息可为金融机构开展融资、收结汇服务提供信用依据。

（四）实行进出口联合登临检查

依托"单一窗口"将查验通知推送给口岸作业场站，开发"单一窗口"预约联合登临检查功能等，实现通关和物流操作快速衔接，提高进出口货物提离速度。

（五）加强铁路信息系统与海关信息系统的数据交换共享

加强铁路信息系统与海关信息系统的数据交换共享，实现相关单证电子化流转，大力推广铁路口岸"快速通关"业务模式，压缩列车停留时间，提高通关效率。

（六）推进水铁空公多式联运信息共享

打破制约多式联运发展的信息壁垒，推进铁路、公路、水路、航空等运输环节信息对接共享，实现运力信息可查、货物全程实时追踪等，促进多种运输方式协同联动。

（七）进一步深化进出口货物"提前申报""两步申报""船边直提""抵港直装"等改革

推行进出口货物"提前申报""两步申报"措施。在有条件的港口推进进口货物"船边直提"和出口货物"抵港直装"。

(八) 在"CCC 免办及特殊用途进口产品检测处理管理系统"中为符合条件的企业开设便捷通道

对符合条件的企业进口免强制性产品认证（CCC 认证）产品目录内的产品，免于 CCC 免办证书申请和审核，实现"白名单企业"自我承诺、自主填报、自动获证。试点城市制定免予办理 CCC 认证便捷通道操作办法等，做好全链条闭环监管。

(九) 探索开展科研设备、耗材跨境自由流动，简化研发用途设备和样本样品进出口手续

探索制定跨境科研用物资正面清单，对正面清单列明的科研设备、科研样本、实验试剂、耗材等科研物资实行单位事先承诺申报、海关便利化通关的管理模式，简化报关单申报、检疫审批、监管证件管理等环节。对国外已上市但国内未注册的研发用医疗器械，准许企业在强化自主管理、确保安全的前提下进口，海关根据相关部门意见办理通关手续。

(十) 清理规范收费，进一步降低进出口环节费用

修订《港口收费计费办法》。将港口设施保安费并入港口作业包干费，定向降低沿海港口引航费标准，研究推进货物港务费改革。引导船公司规范调整海运收费结构，严格执行运价及附加费等备案制度。督促口岸经营单位进一步清理精简收费项目，明确收费名称和服务内容。复制推广"一站式阳光价格"服务模式。

第八章

缴纳税费

一 缴纳税费评估指标体系

世界银行《全球营商环境报告》中记载了中小企业每年必须缴纳的税金和费用,以及缴纳税金和费用的行政负担和申报后的程序等。该项目是与普华永道合作开发和实施的。所计算的缴纳税金和费用包括利润或企业所得税、社会贡献和由雇主支付的劳动税、财产税、财产转让税、股息税、资本利得税、金融交易税、废物收集税、车辆和道路税,以及任何其他小额缴纳税金或费用。

一个当地的中型公司支付所有税款的时间、总税额和缴费率以及需要支付的次数是多少?对于一家本地中型公司来说,遵守提交文件后的流程的效率如何?

各个经济体的纳税便利程度排名是通过对它们的纳税得分进行排序来确定的。这些分数是每个组成指标的分数的简单平均值,并对其中一个组成指标应用阈值和非线性转换,即总缴纳税金和缴费率。阈值的定义是,在截至并包括2015年《全球营商环境报告》的分析中,所有年份的总税率和缴费率均为总分配的第15个百分点,为26.1%。所有总税率和缴费率低于这一门槛的经济体,其得分与处于该门槛的经济体相同。

这一门槛并不是基于任何一种经济理论,即在一个经济体的整体缴纳税费体系中,将扭曲最小化或效率最大化的最佳税率。相反,它在本质上主要是经验性的,通过纳税指标观察,设定在制造业中小企业征收的税率分布的低端。这减少了总缴纳税金和缴费率指标对经济体的偏差,这些经济体不需要对商业环境标准化案例研究公司等公司征收高额缴纳税费，因为它们通过其他方式提高公共收入，例如对外国公司征税，通过对制造业或自然资源以外的部门征税（所有这些都不在这个方法的范围内）。

《全球营商环境报告》衡量的是所有由政府强制规定的缴纳税费和缴费（在任何级别的联邦、州或地方），这些缴纳税金和缴费适用于标准化业务，并对其财务报表产生影响。这样一来，《全球营商环境报告》就超越了缴纳税金的传统定义。根据政府国民核算的目的，缴纳税金只包括向一般政府支付的强制性、无回报的款项。《全球营商环境报告》与这一定义不同，因为它衡量的是影响企业账户而非政府账户的收费。一个主要的区别在于劳动贡献。《全球营商环境报告》的措施包括政府要求雇主向有回报的私人养老基金或工人保险基金缴纳的费用。其中包括澳大利亚的强制养老保险、劳动者补偿保险等。为了计算总税额和缴费率（定义如下），只包括所承担的税款。例如，增值税（只要不是不可收回的）通常被排除在外，因为它们不影响企业的会计利润，也就是说，它们没有反映在损益表中。但是，它们是为了遵守措施（时间和付款）的目的而列入的，因为它们增加了遵守缴纳税费制度的负担。

《全球商业环境报告》使用案例场景来衡量标准化业务所缴纳的税款和缴费，以及经济体税务合规系统的复杂性。这个案例场景使用了一套财务报表和一年中所做交易的假设。在每个经济体中，来自多个不同公司（在许多经济体中，包括普华永道）的税务专家根据标准化的案例研究事实，计算在其管辖范围内应缴纳的税款和强制性缴费。信息还包括提交和支付的频率、遵守一个经济体中的税法所花的时间、请求和处理增值税退税申请所花的时间，以及遵守和完成企业所得税更正所花的时间。为了使数据在各个经济体之间具有可比性，我们使用了一些关于业务、缴纳税金和缴费的假设。

所有记录的税款和缴费都是在公司运营的第 2 年（日历年 2018 年）支付的。如果一项缴纳税金或缴费有不同的名称或由不同的机构征收，则被认为是不同的。名称和机构相同，但根据业务不同收取不同税率的缴纳税金和缴费，被视为相同的缴纳税金或缴费。

公司每年支付税金和缴费的次数是不同税款或缴费的数量乘以支付（或预提）每种税金的频率。付款的频率包括预付款（或预提）和定期付款（或预提）。

（一）缴纳税费

缴纳税费指标反映了标准化案例研究公司在第 2 年的运营中缴纳的税款和缴费的总数，支付的方法，支付的频率，备案的频率和涉及的代理机构的数量。它包括由公司代扣的税金，如营业税、增值税和员工承担的劳动税。这些税费传统上是由公司代表税务机构向消费者或雇员收取的。虽然它们不影响公司的损益表，但它们增加了遵守缴纳税费制度的行政负担，因此被包括在纳税措施中。

支付的数量考虑到了电子存档。在允许全部电子申报和支付的情况下，大多数中型企业都使用电子申报和支付，即使申报和支付更频繁，该税也被计算为每年支付 1 次。对于通过第三方支付的款项，如金融机构支付的利息税或燃油分销商支付的燃油税，即使支付更频繁，也只包括一笔付款。

如果两项或两项以上的税款或缴费使用同一表格共同提交和支付，这些共同支付的每一项将被计算 1 次。例如，如果强制性健康保险缴款和强制性养恤金缴款一并提交和支付，则这些缴款中只有 1 项将列入付款次数里。

（二）时间

时间以小时为单位每年记录。该指标衡量的是准备、申报和缴纳企业所得税、增值税或销售税、劳动税（包括工资税和社会贡献税）3 种主要缴纳税金和缴费所花费的时间。准备时间包括收集所有必要的信息来计算应纳税款和计算应纳金额的时间。如果为了纳税的目的必须保留单独的会计账簿或单独计算，则与这些过程相关的时间被包括在内。只有在常规会计工作不足以满足税务会计要求时，才会包括这些额外的时间。报送时间包括填写所有必要的纳税申报表和向税务机关报送有关申报表的时间。付款时间考虑在线或亲自支付所需的时间。在亲自缴纳税金和缴费的情况下，包括等待期间延误的时间。

（三）总税额及缴费率

总缴纳税金和缴费率衡量的是企业在开业第 2 年的经营中所承担的缴纳税金和强制性缴费的数额，以商业利润的份额表示。2020 年《全球营商环境报告》报告了 2018 年日历年度的总税率和缴费率。所承担的税款和缴费款总额是在扣除允许的扣减和免税后，所有应付税款和缴费的总和。公司代扣代缴（如个人所得税）或代收代缴税务机关（如增值税、营业税或货物服务税）但不由公司承担的部分除外。所含税款可分为五类：利润或企业所得税、社会缴费和劳动税（包括所有强制性的缴费，即使是支付给 个私人实体，如返还的养老基金）、财产税、流转税和其他缴纳税费（如市政费用和车辆税）。燃油税不再包括在总税率和缴费率中，因为很难以一致的方式计算所涵盖的所有经济体的燃油税。燃油税的数额在大多数情况下都非常小，而且计算这些数额往往很复杂，因为它们取决于燃油消耗量。燃油税继续被计算在支付的数目中。

总税率和缴费率的目的是为企业承担的所有缴纳税费成本提供一个全面的衡量标准。它不同于法定税率，后者仅仅提供了适用于税基的因素。在计算总税额和缴费率时，实际应缴税额或缴费除以商业利润。

商业利润实质上是扣除所有税项和缴费前的纯利润。它不同于财务报表中所报告的传统税前利润。在计算税前利润时，公司所承担的许多税款是可以抵扣的。在计算商业利润时，有些税是不可扣减的。因此，商业利润清晰地反映了一个企业在一个财政年度缴纳任何税款之前的实际利润。

商业利润的计算方法是：销售额减去销货成本，减去总工资，减去管理费用，减去其他费用，减去准备金，加上资本利得（出售物业）减去利息费用，加上利息收入和减去商业折旧。商业折旧采用直线折旧法计算，费率如下：土地 0%，建筑 5%，机械 10%，计算机 33%，办公设备 20%，卡车 20%，业务开发费用 10%。商业利润是人均收入的 59.4 倍。

（四）报税后指数

申报后指数由 4 个部分组成：遵守增值税退税时间、获得增值税退税时间、遵守企业所得税审计合规时间和完成企业所得税审计合规时间。如果同时适用增值税和企业所得税，则申报后指数是这 4 个组成部分的分数的简单平均值。如果只适用增值税或企业所得税，申报后指数是与适用的税务有关的两个部分的分数的简单平均。如果增值税和企业所得税都不适用，则申报后指数不包括在纳税便利程度排名中。

这 4 个组成部分包括遵守和完成税务审计的时间（如适用）（详情见下文）。税务审计的定义包括纳税人和税务机关在提交纳税申报单和支付应纳税义务后的任何互动，包括非正式询问、正式的询问和正式的税务审计，以核实这些纳税人是否正确地评估和报告了他们的纳税义务和履行了其他义务。

（五）增值税退税合规所需时间

时间以小时为单位记录。该指标分为两部分：（1）申请增值税退税的过程。时间包括纳税人花费的时间。从内部渠道收集增值税信息，包括对会计信息进行额外分析和计算增值税退税金额所花费的时间；纳税人公司花的时间。办理增值税退税申报单；纳税人公司花的时间。准备任何必要的额外文件，以证实增值税退税的要求；提交增值税退税申报单和附加文件（如果该申报单与标准增值税申报单分开提交）所花费的时间；如有需要，在税务机关代表所花费的时间；纳税人公司完成与增值税退税相关的任何其他强制性活动或任务花的时间。（2）增值税审计的过程。如果企业由于资本购买而要求增值税现金退款，有 50% 或更大的可能性触发增值税审计，审计的过程被记录。时间包括：纳税企业在收集审计员所需信息和准备相关文件（如收据、财务报表、工资存根等信息）过程所花费的时间；纳税企业提交审计员所需文件上花费的时间。

如果提出增值税退税的过程是标准化的，属于报税表格的一部分，使用进项税抵扣时不需要提交任何额外申请，且在 50% 或者更多类似案例中，企业不会进行审计，这种情况下增值税退税审计的总时间估计为零小时。

如果所需文件可以通过电子方式提交，且只需花费几分钟，则审计文件提交过程被估算为半小时。在现场审计的情况下，纳税人在自己的场所当面提交文件，则审计过程被估算为零分钟。

（六）获得增值税退税所需时间

时间是以周为单位记录的。时间是指从提交请求的那一刻起计算，收到增值税退款的总等待时间。如果因资本购买而申请增值税现金返还的公司在50%或以上的情况下合并为额外审查，时间包括从申请增值税返还之日起开始审计的时间，即纳税人花费的时间。

时间还包括提交退款申请的平均等待时间。如果增值税退税申请是每月提交的，提交退税申请的平均等待时间是半个月。如果增值税退税申请是双月提交的，提交退税申请的平均等待时间是1个月。如果增值税退税申请是按季度提交的，提交退税申请的平均等待时间是1个半月。如果每半年提交一次增值税退税申请，提交退税申请的平均等待时间为3个月。如果每年提交增值税退税申请，则提交退税申请的平均等待时间为6个月。

时间包括现金退税前的强制性结转时间。如果没有强制性结转期，结转时间为零。

如果一个经济体没有增值税，那么该经济体将不会在以下两个指标上进行评分：增值税退税过程中遵守增值税退税的时间和获得增值税退税的时间。如果一个经济体有增值税，而购买的机器不受增值税的影响，经济体将不能按时遵守增值税退税和获得增值税退税的时间。这就是塞拉利昂的情况。如果一个经济体在2018年日历年引入了增值税，并且没有足够的数据来评估退税过程，那么该经济体将无法按时遵守增值税退税和获得增值税退税的时间。

如果一个经济体有增值税，但要求退款的能力仅限于不包括案例研究公司的特定类别的纳税人，那么该经济体在遵守增值税退税和获得增值税退税的时间方面的得分为零。如果一个经济体有增值税，且案例研究公司有资格要求退款，但在实践中没有发生现金退款，那么该经济体在遵守增值税退款和获得增值税退款的时间方面的得分为零。如果一个经济体有增值税，但没有适当的退税机制，那么在遵守增值税退税和获得增值税退税的时间方面，该经济体的得分为零。如果一个经济体有增值税，但资本购买的进项税是企业的成本，那么在遵守增值税退税和获得增值税退税的时间方面，该经济体的得分为零。

(七) 企业所得税务审计合规所需时间

时间以小时为单位记录。该指标分为两部分：（1）通知税务机构征税差错、修订纳税申报表和补缴税款的过程。时间包括：纳税企业收集资料和准备报送缴纳税费机构所要求的资料的时间；纳税企业提交资料所花的时间；如果纳税企业在补缴税款时，提交修订后的企业所得税申报表所花的时间。（2）企业所得税合规审计的过程。如果接受额外审计的企业包括在企业所得税申报单中自我申报错误的公司，这些错误导致它们因少缴而欠下更多的企业所得税，少缴的程度会在25%或更多的情况下受到所得税的合规审计，这一过程将被记录。企业所得税审计评估的起征点低于增值税现金退税的起点。这是因为，在案例研究场景中，企业自愿报告企业所得税纳税申报单上的错误而导致少缴税款，在被选择进行税务审计的企业中，只是一小部分企业存在问题。与企业增值税现金退税不同，一次性的增值税现金退税通常会受到税务审计。时间包括纳税企业收集资料和准备报税所必需的文件（如收据、财务报表、工资单）的时间，以及纳税企业提供资料所花的时间。

如果只要几分钟在网上以电子方式提交报税文件，那么提交文件的时间按半小时计算。在现场审计的情况下，如果企业在纳税人的场所提交，则提交文件的时间记录为零。

(八) 完成企业所得税务审计时间

时间是以周为单位计算。时间包括从税务机关收到企业所得税申报表存在错误的通知之日起开始计算纳税企业所花费的审计时间。从审计开始到纳税企业和审计人员之间不再交流为止之间的时间（包括两者互动的不同阶段）以及等待税务审计人员最后发布缴纳税费评估的时间——从纳税企业提交所有资料和文件开始到纳税企业和审计人员之间不再交流为止。

如果少于25%的公司不接受额外审查，那么完成企业所得税审计的时间被记录为零。

如果一个经济体不征收企业所得税，那么它就不会在两个指标上得分：遵守企业所得税更正的时间和完成企业所得税更正的时间。

如果一个经济体不征收任何税款或强制性缴款，那么该经济体在付款、时间、总缴纳税金和缴款率以及提交后的指数指标方面没有实践标记。

（九）改革

纳税指标设置跟踪相关变化不同的缴纳税金和强制性缴费，一个中型公司在特定年份必须支付的行政负担。根据对数据的影响，某些变化被归类为改革，并在《全球营商环境报告》改革摘要中列出，以确认重大变革的实施。改革分为两类：使经商更容易的改革和使经商更难的改革。纳税指标用一个标准认定改革。

数据变化的影响是根据指标总体得分的绝对变化以及相对得分差距的变化来评估的。任何数据更新导致改变 0.5 分以上的分数，2% 或更多的相对分数差距都被归类为改革。例如，如果一个新的电子系统的实现备案或支付的三大税（企业所得税、增值税和劳工税包括强制性供款）减少时间和付款的方式的数量增加 0.5 分或更多和整体差距减少 2% 或更多，这一变化被归类为一种改革。对税率或固定收费的小幅调整，或对总体分数的影响小于 0.5 分或对差距的影响小于 2% 的指标的小幅调整，不属于改革，但会相应更新数据。

如果一个国家实行增值税或销售税，虽然会增加企业的行政负担，但这种改革被归类为"中性改革"。

二　中国缴纳税费评估指数的排名情况

（一）中国缴纳税费评估指数世界排名进展情况

根据《全球营商环境报告》，中国"缴纳税费"近 6 年的排名情况是：2015 年排名第 120 位，2016 年排名第 132 位，2017 年排名第 131 位，2018 年排名第 130 位，2019 年排名第 114 位，2020 年排名第 105 位。排名有反复，但总体呈上升趋势。排名上升的主要原因：税务部门工作直接关联的纳税次数和纳税时间两个指标有较大幅度的上升有关。其他指标在与近几年突飞猛进的态势相比，缴纳税费却一直处于垫底状态，显示了世界银行营商环境评估指标体系在中国的不适用性。主要原因一是世界银行的假设未能准确反应中国的税收营商环境质量水平,二是衡量标准存在偏差,三是指标过于简化。[①]

(二) 2020年中国排名及与其他经济体比较

表8-1　　　　2020年中国排名情况与其他经济体比较

指标	北京	上海	中国	东亚及太平洋地区	OECD高收入经济体	最佳表现
纳税(每年次数)	7	7	7	20.6	10.3	3(2个经济体)
时间(每年小时数)	138	138	138	173.0	158.8	49(3个经济体)
总缴纳税费和缴费率(占利润百分比)	55.1	62.6	59.2	33.6	39.9	26.1%(33个经济体)
报税后指数(0—100)	50.0	50.0	50	56.4	86.7	无2018/2019年
得分	71.7	68.7	70.1			
排名			105			

(三) 中国缴纳税费存在的问题

1. 税收法定原则未能贯彻落实

中国现有18个税种,2016年前只有3个税种制定了专门的法律:《车船税法》(2011年)、《企业所得税法》(2007年)、《个人所得税法》(2011年),其他税种均以国务院的行政法规作为征税依据。从缴纳税费立法的完善角度来看,中国的缴纳税费立法任务艰巨。

2. 缴纳税费次数较多

根据世界银行营商环境评估进行的标准化案例研究的公司运营第二

---

① 许多奇:《纳税营商环境优化与税收法治化变革——世界银行纳税营商环境指标不适用性反思》,《法学家》2022年第3期。

年期间所缴纳的总税收和缴费率的总数、支付方法、支付频率、申报频率以及所涉及的机构数量等次数，2015年至2018年都是9个，2019年和2020年减少为7个，但与表现最佳的中国香港地区3个相比，还存在较大的差距。

3. 缴纳税费时间较长

根据世界银行营商环境评估要求的缴纳税费时间计算标准，准备、申报和缴纳3种主要税收和缴费所需要的时间，这3种税收是企业所得税、增值税以及劳务税，劳务税主要包括工资税和社会保障费用。2015年到2017年差不多在260个小时，以后逐年减少，2018年减少为208个小时，2019年减少为142个小时，2020年减少为138个小时。世界最佳表现是49个小时。中国与最佳表现国家相比，差距还较大。

4. 总税收与缴费率占企业的商业利润比例较高

企业自设立起第二年所负责的总税收与缴费率占企业利润的比例，中国一直处于世界高位，2015年至2020年虽然呈减少趋势，但减少的幅度不是很大，2020年还占59.2%，在世界上都是比较高的，与占比最低的国家26.1%相比，差别就更大了。这一较高占比，目前还很难通过修订税收法律制度来解决，根本的原因在于中国独特的税收结构。中国与其他国家，尤其是与发达国家相比，从纳税主体来看，中国的税收主要纳税人是企业。我国个人所得税占总税收占比为6%左右，远低于OECD国家的25%左右；在税收征收环节，中国税收集中于生产环节征收，生产税占比为62.6%，税收集中于上游生产环节。因此，中国的宏观税负并不高，但在企业纳税主体看来，税负较重，纳税占企业利润较高。[1] 另外，中国企业税负还存在行业、地区、所有制类型和企业规模等方面的差异性，私营企业税负不平等程度上升，外商投资企业税负不平等程度下降。[2] 社会保险费率方面，中国一直高于许多国家，虽然经过了多次减税政策，社会保险的总费率下降了一些，企业缴费率也随之下降，但企业通常要承担3/4的缴费，企业的缴费水平仍然处于高位，而大部分国

---

[1] 吕冰洋、詹静楠、李钊：《中国税收负担：孰轻孰重？》，《经济学动态》2020年第1期。
[2] 倪红福、吴延兵、周倩玲：《企业税负及其不平等》，《财贸经济》2020年第10期。

家和地区的企业缴纳的社会保险费费率都在15%以下。①

三 中国缴纳税费法律法规及制度演进

(一) 加强税收立法

中国目前有18个税种：增值税、消费税、企业所得税、个人所得税、资源税、城市维护建设税、房产税、印花税、城镇土地使用税、土地增值税、车船使用税、船舶吨税、车辆购置税、关税、耕地占用税、契税、烟叶税、环境保护税。其中消费税、关税、车辆购置税和船舶吨税属于中央收入，增值税、资源税、印花税、企业所得税和个人所得税属于中央和地方共享收入，其余为地方收入。

18个税种中，通过全国人大立法的税种有12个，其他税种依靠行政法规、规章及规范性文件来规定。

除了以上缴纳税费由国家税务总局统一征收，近几年来，中国对政府征收的非缴纳税费入统一划归税务部门征收。根据2018年3月发布的《深化党和国家机构改革方案》，"税务部门具体承担所辖区域内各项缴纳税费、非缴纳税费入征管等职责"，这些费用包括：社会保险费，国有土地使用权出让收入、矿产资源专项收入等。

落实缴纳税费法定原则，完善缴纳税费立法。十二届全国人大三次会议新闻中心举行记者会，财政部部长楼继伟、副部长刘昆就"财政工作和财税改革"回答记者提问。财政部负责人在回答记者提问时说，当时的18个税种中（营业税后被增值率替代，后来增加环境保护法），有3个是由全国人大立法来实施的，其他是根据1985年全国人大常委会对国务院的授权，在改革期间可以由国务院订立条例，修订缴纳税费政策。2013年11月12日党的十八届三中全会决议的《中共中央关于全面深化改革若干重大问题的决定》要求"落实缴纳税费法定原则"，决议提出的改革任务从时间表总体上来说，要求在2020年基本完成。

---

① 李林木、宛江、潘颖：《我国税务营商环境的国际比较和优化对策》，《税务研究》2018年第4期。

2015年3月15日修订的《立法法》第8条规定"税种的设立、税率的确定和缴纳税费征收管理等缴纳税费基本制度"只能制定法律。缴纳税费法定主义原则通过立法得到了落实。那么自此之后，中国立法机关加快了缴纳税费立法的速度。近几年来，在原来3个税种法（《车船税法》《企业所得税法》《个人所得税法》）的立法基础上，全国人大制定了9部新的法律，完善了9个税种的法律规则：《环境保护税》（2016年12月25日）、《烟叶税法》（2017年12月27日）、《船舶吨税法》（2017年12月27日）、《耕地占用税法》（2018年12月29日）、《车辆购置税法》（2018年12月29日）、《资源税法》（2019年8月26日）、《契税法》（2020年8月11日）、《城市维护建设税法》（2020年8月11日）、《印花税法》（2022年1月21日）。目前还未制定法律的有6个税种。

（二）营业税改增值率降低总体税负

营业税改增值税是中国继1994年财税体制改革以来的一次重大改革。2011年，经国务院批准，财政部、国家税务总局联合发文营业税改增值税试点方案，2012年开始在上海试点。后经过扩大试点地区与试点行业，至2016年5月1日起，营业税全面由增值税替代。2017年10月30日，国务院常务会议通过《国务院关于废止〈中华人民共和国营业税暂行条例〉和修订〈中华人民共和国增值税暂行条例〉的决定（草案）》，标志着实施60多年的营业税正式退出历史舞台。营改增的减税效果，李克强总理指出："全面推开营改增试点，全年降低企业税负5700多亿元，所有行业实现税负只减不增。"[①]

四　政府缴纳税费规制制度改革

（一）降低增值税税率

近几年来，国务院几次降低增值税税率。

---

① 李克强：《政府工作报告——2017年3月5日在第十二届全国人民代表大会第五次会议上》，《人民日报》2017年3月17日。

国务院于 2017 年 4 月 19 日召开国务院常务会议，决定从 2017 年 7 月 1 日起，将增值税税率由四档减至 17%、11% 和 6% 三档，取消 13% 这一档税率；将农产品、天然气等增值税税率从 13% 降至 11%。

国务院于 2018 年 3 月 28 日召开国务院常务会议，决定从 2018 年 5 月 1 日起：一是将制造业等行业增值税税率从 17% 降至 16%，将交通运输、建筑、基础电信服务等行业及农产品等货物的增值税税率从 11% 降至 10%。二是统一增值税小规模纳税人标准。将工业企业和商业企业小规模纳税人的年销售额标准由 50 万元和 80 万元上调至 500 万元，并在一定期限内允许已登记为一般纳税人的企业转登记为小规模纳税人，让更多企业享受按较低征收率计税的优惠。三是对装备制造等先进制造业、研发等现代服务业符合条件的企业和电网企业在一定时期内未抵扣完的进项税额予以一次性退还。

国务院于 2019 年 3 月 20 日召开国务院常务会议，决定从 2019 年 4 月 1 日起将制造业等行业 16% 增值税率降至 13%、交通运输和建筑等行业 10% 增值税率降至 9% 的举措，会议决定：一是进一步扩大进项税抵扣范围，将旅客运输服务纳入抵扣，并把纳税人取得不动产支付的进项税由分两年抵扣改为一次性全额抵扣，增加纳税人当期可抵扣进项税。对主营业务为邮政、电信、现代服务和生活服务业的纳税人，按进项税额加计 10% 抵减应纳税额，政策实施期限暂定截至 2021 年年底。确保所有行业税负只减不增。二是对政策实施后纳税人新增的留抵税额，按有关规定予以退还。三是相应调整部分货物服务出口退税率、购进农产品适用的扣除率等。同时，加大对地方转移支付力度，重点向中西部地区和困难县市倾斜。

（二）降低关税税率

2018 年 9 月 26 日，国务院常务会议决定：从 2018 年 11 月 1 日起，降低 1585 个税目工业品等商品进口关税税率，将部分国内市场需求大的工程机械、仪器仪表等机电设备平均税率由 12.2% 降至 8.8%，纺织品、建材等商品平均税率由 11.5% 降至 8.4%，纸制品等部分资源性商品及初级加工品平均税率由 6.6% 降至 5.4%，并对同类或相似商品减并税级。至此 2018 年，出台降关税措施减轻企业和消费者税负近 600 亿元，中国关税总水平将由上年的9.8%降至7.5%。

（三）增值税期末留抵税额退税政策

增值税留抵税额，就是纳税人前期进项税额大于销项税额后两者的差额。这部分留抵税额可以留待下期抵扣。增值税留抵退税政策，是国家落实减税降费的具体举措，通过对企业尚未抵扣的当期增值税留抵税额予以提前退税，以缓解市场主体资金压力，增加企业现金流。退还增值税留抵税额的政策设计是增值税税制改革的重要举措。[①] 自2019年4月1日起，中国税务机关试行增值税期末留抵税额退税制度，依据是财政部、税务总局、海关总署《关于深化增值税改革有关政策的公告》（2019年第39号）。

开始设计此项政策时，主要涉及一般性行业留抵退税和先进制造业留抵退税。一是一般性行业留抵退税：2019年4月1日开始，凡是符合条件的一般性行业纳税人，均可申请退还增值税增量留抵税额。但是，设定了连续六个月增量留抵税额大于零，且第六个月增量留抵税额不低于50万元的退税"门槛"；同时还设置了只能退还60%的比例限制。依据同上。二是先进制造业留抵退税：自2019年6月1日起，符合条件的先进制造业纳税人可申请退还增值税增量留抵税额，不再要求"连续六个月增量留抵税额大于零，且第6个月增量留抵税额不低于50万元"，并且将按增量留抵税额的60%退税调整为全额退还增量留抵税额。依据为财政部、税务总局《关于明确部分先进制造业增值税期末留抵退税政策的公告》（2019年第84号）。

后来此项政策惠及中小微企业。财政部、税务总局《关于进一步加大增值税期末留抵退税政策实施力度的公告》（2022年第14号），财政部、税务总局《关于进一步加快增值税期末留抵退税政策实施进度的公告》（2022年第17号），财政部、税务总局《关于进一步持续加快增值税期末留抵退税政策实施进度的公告》（2022年第19号），加大小微企业增值税期末留抵退税政策力度，将先进制造业按月全额退还增值税增量

[①] 参见财政部网站 http://www.mof.gov.cn/zhengwuxinxi/xinwenlianbo/fujiancaizhengxinxilianbo/202110/t20211028_3761585.htm，2022年5月25日访问。

留抵税额政策范围扩大至符合条件的小微企业（含个体工商户，下同），并一次性退还小微企业存量留抵税额。在纳税人自愿申请的基础上，加快退税进度，积极落实微型企业、小型企业存量留抵税额分别于2022年4月30日前、6月30日前集中退还的退税政策。

国务院总理李克强2022年3月21日主持召开国务院常务会议，确定实施大规模增值税留抵退税的政策安排，为稳定宏观经济大盘提供强力支撑。2022年增值税留抵退税规模约1.5万亿元。会议决定：一是对所有行业的小微企业、按一般计税方式纳税的个体工商户退税近1万亿元。其中，存量留抵税额6月底前一次性全额退还，微型企业4月集中退还，小型企业五六月份退还；增量留抵税额4月1日起按月全额退还，阶段性取消"连续6个月增量留抵税额大于零、最后一个月增量留抵税额大于50万元"等退税条件。二是对制造业、科学研究和技术服务业、电力热力燃气及水生产和供应业、软件和信息技术服务业、生态保护和环境治理业、交通运输仓储和邮政业6个行业企业的存量留抵税额，7月1日开始办理全额退还，年底前完成；增量留抵税额也要从4月1日起按月全额退还。三是中央财政在按现行税制负担50%退税资金的基础上，再通过安排1.2万亿元转移支付资金设立3个专项，支持基层落实退税减税降费和保就业保基本民生等。其中，对新增留抵退税中的地方负担部分，中央财政补助平均超过82%，并向中西部倾斜。

（四）小规模纳税人免征增值税政策

这是一项特殊时期的免税政策。按照财政部、税务总局《关于明确增值税小规模纳税人免征增值税政策的公告》（2021年第11号）的规定，自2021年4月1日至2022年12月31日，对月销售额15万元以下（含本数）的增值税小规模纳税人，免征增值税。此前国家税务总局《关于小规模纳税人免征增值税政策有关征管问题的公告》（2019年第4号），小规模纳税人发生增值税应税销售行为，合计月销售额未超过10万元（以1个季度为1个纳税期的，季度销售额未超过30万元，下同）的，免征增值税。

(五) 减征增值税率政策

为了支持个体工商户复工复业增值税政策，财政部、税务总局《关于延续实施应对疫情部分税费优惠政策的公告》（2021年第7号），公告要求财政部、税务总局《关于支持个体工商户复工复业增值税政策的公告》（财政部、税务总局公告2020年第13号）规定的缴纳税费优惠政策，执行期限延长至2021年12月31日。其中，自2021年4月1日至2021年12月31日，湖北省增值税小规模纳税人适用3%征收率的应税销售收入，减按1%征收率征收增值税；适用3%预征率的预缴增值税项目，减按1%预征率预缴增值税。

(六) 小型微利企业所得税优惠政策

根据国家税务总局《关于落实支持小型微利企业和个体工商户发展所得税优惠政策有关事项的公告》（2021年第8号），对小型微利企业年应纳税所得额不超过100万元的部分，减按12.5%计入应纳税所得额，按20%的税率缴纳企业所得税。对个体工商户经营所得年应纳税所得额不超过100万元的部分，在现行优惠政策基础上，再减半征收个人所得税。个体工商户不区分征收方式，均可享受。该项规定执行至2022年12月31日。

2022年5月21日，国家税务总局官网发布《"大众创业 万众创新"税费优惠政策指引》，[①] 这些优惠政策是国家税务总局汇总了历年国家出台的鼓励"大众创新、万众创业"的税费优惠政策，共有120项。涉及企业的整个企业周期，分为企业初创期税费优惠：小微企业税费优惠、重点群体创业税费优惠（这些群体包括高校毕业生、失业人员、退役士兵、军转干部、随军家属、残疾人、回国服务的在外留学人员、长期来华定居专家等）、创业就业平台缴纳税费优惠、创业投资缴纳税费优惠、金融支持缴纳税费优惠；企业成长期税费优惠：生产、生活性服务业增值税加计抵减政策、研发费用加计扣除政策、固定资产加速折旧政策、

---

① 国家税务总局：《"大众创业 万众创新"缴纳税费优惠政策指引》，http://www.chinatax.gov.cn/chinatax/n810341/n810825/c101434/c5175498/content.html。

进口科研技术装备用品缴纳税费优惠、科技成果转化缴纳税费优惠、科研创新人才缴纳税费优惠；企业成熟期税费优惠：高新技术类企业和制造业等行业缴纳税费优惠、软件企业缴纳税费优惠、集成电路企业税费优惠、动漫企业缴纳税费优惠。

（七）增值税的出口退（免）税政策

2018年国家税务总局发布《关于出口退（免）税申报有关问题的公告》（2018第16号），根据"放管服"改革要求，简化出口退（免）税手续，优化出口退（免）税服务，持续加快退税进度，支持外贸出口，采取的具体措施如下：(1) 取消了一些出口退（免）税事项和表证单书。(2) 简化了一些出口退（免）税事项和表证单书。(3) 明确了出口退（免）税延期申报申请的要求，启用"出口退（免）税延期申报申请表"。(4) 明确了申报出口退（免）税需提供出口货物收汇凭证的出口企业三种情形：出口退（免）税企业分类管理类别为四类；主管税务机关发现出口企业申报的不能收汇的原因为虚假的；主管税务机关发现出口企业提供的出口货物收汇凭证是冒用的。(5) 明确重新评定出口企业分类管理类别的要求和流程。出口企业因纳税信用级别、海关企业信用管理类别、外汇管理的分类管理等级等发生变化，或者对分类管理类别评定结果有异议的，可以书面向负责评定出口企业管理类别的税务机关提出重新评定管理类别。

（八）"六税两费"减免政策

2022年3月11日，财政部、税务总局发布《关于进一步实施小微企业"六税两费"减免政策的公告》（财政部、税务总局公告2022年第10号）。该公告为进一步支持小微企业发展，授权省级人民政府根据本地区实际情况，以及宏观调控需要确定，对增值税小规模纳税人、小型微利企业和个体工商户可以在50%的税额幅度内减征资源税、城市维护建设税、房产税、城镇土地使用税、印花税（不含证券交易印花税）、耕地占用税和教育费附加、地方教育附加。增值税小规模纳税人、小型微利企业和个体工商户已依法享受资源税、城市维护建设税、房产税、城镇土地使用税、印花税、耕地占用税、教育费附加、地方教育附加其他优惠政策的，可叠加享受本公告第一条规定的优惠政策。该公告对"小型微利企业"进行了界定，是指从事国家非限制和禁止行业，且同时符合年度应纳税所得额不超过 300 万元、从业人数不超过 300 人、资产总额不超过 5000 万元等三个条件的企业。小型微利企业的判定以企业所得税年度汇算清缴结果为准。登记为增值税一般纳税人的新设立的企业，从事国家非限制和禁止行业，且同时符合申报期上月末从业人数不超过 300 人、资产总额不超过 5000 万元等两个条件的，可在首次办理汇算清缴前按照小型微利企业申报享受第一条规定的优惠政策。该公告执行期限为 2022 年 1 月 1 日至 2024 年 12 月 31 日。

（九）社保费缓缴政策

国务院 2022 年 5 月 24 日发布《扎实稳住经济的一揽子政策措施》，要求在确保各项社会保险待遇按时足额支付的前提下，对符合条件地区受疫情影响生产经营出现暂时困难的所有中小微企业、以单位方式参保的个体工商户，阶段性缓缴三项社会保险单位缴费部分，缓缴期限阶段性实施到 2022 年年底。在对餐饮、零售、旅游、民航、公路水路铁路运输 5 个特困行业实施阶段性缓缴三项社保费政策的基础上，对受到疫情严重冲击、行业内大面积出现企业生产经营困难、符合国家产业政策导向的其他特困行业，扩大实施缓缴政策，养老保险费缓缴期限阶段性延长到 2022 年年底。

（十）持续开展便民纳税"春风行动"

2022 年 3 月 31 日国家税务总局《关于推出 2022 年"我为纳税人缴费人办实事暨便民办税春风行动 2.0 版"的通知》（税总纳服函〔2022〕32 号），按照国务院《优化营商环境条例》工作部署，国家税务总局新推出 6 条便民纳税措施，进一步打造法治公平的缴纳税费营商环境。这 6 条便民措施为：（1）落实《市场主体登记管理条例》。进一步优化市场主体歇业纳税申报事项，依法逐步扩大税务注销即办范围，更好维护缴纳税费征管秩序和服务纳税人。（2）完善非缴纳税费入制度建设。研究出台重点非缴纳税费入项目征管规范，保护缴费人合法权益。（3）引导个体工商户积累信用资产。适用增值税一般计税方法的个体工商户,可自愿参照企业纳税信用评价指标和评价方式申请参加评价,符合条件的可申请办理留抵退税。(4) 优化代开发票管理。开展虚假代开发票专项治理,依法打击不法分子利用自然人、小规模纳税人身份虚假代开发票行为。(5) 规范核定征收管理。引导纳税人从核定征收向查账征收方式过渡,依法处理部分高收入人员分拆收入、转换收入性质、违规利用核定征收逃避税问题,促进市场主体健康发展。(6) 完善新型动态精准监管机制。坚持依法治税原则,严密防范和严厉打击各类涉税违法行为,对通过虚增进项、隐瞒收入、虚假申报和其他欺骗手段骗取留抵退税的违法行为持续加大打击力度,并对性质恶劣、情节严重的予以曝光。"春风行动 2.0 版"共计 121 条便民办税缴费措施,分为五大类 20 项。

五　法律法规修订与政府规制改革的效果

(一) 税收法定原则逐步实现

经过近几年立法机关加快了税收立法速度,目前 18 个税种中已经有 12 部税法,6 年时间里,立法机关新制定了 9 部税收法律。"落实税收法定是优化纳税营商环境的逻辑前提",[①] 随着中国税收立法的完善,纳税人的依法纳税的义务与依法享有的权利都将得到有力保护,纳税义务人对自己的缴纳税费的预期更加稳定,有利于企业规划自己的生产经营活动。

(二) 缴纳税费的频次与时间都有一定程度的缩减

截至 2020 年,世界银行营商环境报告,中国缴纳税费的频次减少为 7 个,缴纳税费的时间减少为 138 天。与过去相比,进步很大,改革的效果明显。

---

① 许多奇:《纳税营商环境优化与税收法治化变革——世界银行纳税营商环境指标不适用性反思》,《法学家》2022 年第 3 期。

（三）减税降费效果明显

中国政府近几年三次降低了增值税税率，10 年来，税务部门办理新增减税降费累计 8.8 万亿元，中国宏观税负从 2012 年的 18.7% 降至 2021 年的 15.1%，特别是 2019 年实施更大规模减税降费，当年宏观税负比 2018 年降低 1 个百分点。2013—2021 年，共新增减税降费累计 8.8 万亿元，有力支持了市场主体轻装上阵、加快发展。自主将关税总水平从 2010 年的 9.8% 降至 7.4%。数据显示，2022 年 1 月至 6 月，全国累计新增减税降费 11709 亿元，其中减税 10387 亿元。

六　未来改革展望

尽管高强度的减税措施密集出台，但从横向对比看，相较于日本 10% 的增值税率、欧洲规范的增值税抵扣和退税政策及美国已降至 21% 的所得税率，中国现行的缴纳税费制度仍然不能给中国制造业提供与发达国家相适应的国际竞争力。

建议以在不长的时期内建立与中国建设制造业强国的战略目标相适应的有国际竞争力的缴纳税费制度环境为基本目标，参考与欧美等发达经济体的税制及税负差异，设置中国未来一个时期的税改时间表，将所得税、增值税的改革纳入优先序列，逐步分阶段将中国增值税率降至 10%、企业所得税率降至 20%。同时，在制度层面进一步细化完善。例如，合并简化增值税档次，规范增值税抵扣和退税制度，以稳定市场对于税改的政策预期。

根据世界银行营商环境评估指标，在优化营商环境方面，缴纳税费还可以继续在以下方面进行改革。

（一）探索非接触式发放税务 UKey

探索向新办纳税人非接触式发放税务 UKey，纳税人可以向税务机关免费申领税务 UKey。

（二）深化"多税合一"申报改革

探索整合企业所得税和财产行为税综合申报表，尽可能统一不同税种征期，进一步压减纳税人申报和缴税的次数。

（三）试行全国车船税缴纳信息联网查询与核验

向试点城市保险机构依法依规开放全国车船税缴纳情况免费查询或核验接口，便于车辆异地办理保险及缴税。

（四）进一步拓展企业涉税数据开放维度

对试点城市先期提供其他地方税务局的欠税公告信息、非正常户信息和骗取退税、虚开发票等高风险纳税人名单信息，以及税务总局的行政处罚类信息等，后续逐渐扩大信息共享共用范围，进一步提高征管效能。

（五）对代征税款试行实时电子缴税入库的开具电子完税证明

允许试点城市在实现代征税款逐笔电子缴税且实时入库的前提下，向纳税人提供电子完税证明。

第 九 章

执行合同

一 执行合同评估指标体系

世界银行《全球营商环境报告》衡量的是通过地方一审法院解决商事纠纷的时间和成本,以及司法程序质量指数,评估每个经济体是否采用了一系列提高法院系统质量和效率的良好做法。这些数据是通过研究民事诉讼法典和其他法院条例以及当地诉讼律师和法官完成的问卷收集的。各个经济体在执行合同的便利程度上的排名,是由它们在执行合同方面的得分来决定的。这些分数是每个组成指标分数的简单平均值。

(一)解决商业纠纷的效率

时间和成本方面的数据是根据商业销售纠纷的逐步演变而建立的。这些数据是根据对以下案例的假设为每个城市的特定法院收集的。"有管辖权的法院"是对人均收入的200%或5000美元的争议具有管辖权的法院,以两者中较大的为准。只要有一个以上的法院对一个案件具有与标准化案例研究类似的原始管辖权,就会根据诉讼当事人在大多数案件中诉讼的法院收集数据。每个经济体中相关法院的名称公布在营商环境网站 http://www.doingbusiness.org/data/exploretopics/enforcement-contracts 上。对于同时收集数据的第二大商业城市的11个经济体,也给出了该城市相关法院的名称。

(二)时间

时间以日历天数记录,从卖方决定向法院提起诉讼之日起计算,直至付款为止。这包括提起诉讼时的时间和其间的等待时间。以下记录三个不同阶段的争议解决的平均持续时间：（1）立案申请和送达时间；（2）审理和判决的时间；（3）执行判决的时间。时间根据上述案例研究假设记录，仅适用于管辖法院。时间要根据实际情况进行记录，如果法律规定了时间限制，但是大多数案件在实际审理时不予考虑，在此处也不予考虑。

（三）立案申请与送达阶段

（1）卖方向买方发送庭外非诉讼要求尝试庭外付款函所需的时间，包括准备信函的时间和提供给买方遵守的截止日期。（2）当地律师撰写初步诉状，收集立案所需文件，包括必要的认证和公证所需的时间。（3）向法院提出申诉所需的时间。（4）起诉状送达买方所需要的时间，包括在法庭上处理案件的时间，如果送达需要进行多次，则包括两次尝试失败之间的等待时间。

（四）审理和判决阶段

（1）如果预审会议（pre-trial conference）是管辖法院使用的案件管理技术的一部分，则从案件送达买方到举行预审会议之间的时间。（2）如果预审会议是管辖法院使用的案件管理技术的一部分，则包括预审会议与第一次审理之间的时间，如果不是，则包括买方收到起诉状副本至第一次听证会举行之间的时间。（3）审判期间所有活动的时间，包括交换案情摘要和证据、多次听证会、两次听证会之间的等待时间和获得专家意见的时间。（4）举证期限结束后，法官作出书面终审判决所需的时间。（5）上诉的期限。

（五）执行判决阶段

（1）获取可执行的判决书副本及联络有关的执行办公室所需的时间。（2）定位、确认、扣押和运输败诉方动产所需的时间（包括获得法院扣押令和扣押该动产所需的时间）。（3）广告、组织和举办拍卖所花费的时间。如果在一个与标准化案例研究类似的案例中，通常需要进行不止一次拍卖才能完全收回索赔价值，则记录多次拍卖尝试之间的时间间隔。

（4）竞拍成功后，胜诉方完全收回债权价值所需的时间。

（六）成本

成本按索赔价值的百分比记录，假定等于人均收入的200%或5000美元，以较大者为准。三种成本需要被记录：平均律师费、法庭费用和执行费用。

平均律师费是卖方（原告）必须向当地律师支付的费用，以在标准化案件中代表卖方，无论最终费用如何。诉讼费包括卖方（原告）必须向法院缴纳的所有费用，无论卖方发生的最终费用是多少。诉讼费包括当事人为获得专家意见而必须支付的费用，无论这些费用是支付给法院还是直接支付给专家。执行费用是卖方（原告）通过公开出售买方的动产来执行判决所必须预付的所有费用，不论卖方最终支付的成本是多少。贿赂不包括在内。

（七）司法程序质量

司法程序质量指数衡量的是每个经济体的法院系统在四个方面是否采用了一系列良好做法：法院结构和诉讼程序、案件管理、法院自动化和替代性纠纷解决。

1. 法院结构和诉讼程序指数

法院结构和诉讼程序指数有5个组成部分：（1）是否设立有专门审理商事案件的法院或者法庭。（2）是否设有小额诉讼法庭或者小额诉讼的快速程序。（3）如果原告担心被告的动产被转移到司法辖区之外，或者被其他方法处理掉，原告是否可以对被告的动产实施审判前的扣押？（4）诉讼案件是否是随机和自动地分配给管辖法院的法官。（5）女性的证词与男性的证词在法庭上是否具有同等的效力？

2. 案件管理指数

案件管理指数有6个组成部分：（1）任何适用的民事诉讼法律或法规，是否包含以下至少三个关键法庭事件的时间标准：（i）送达传票；（ii）第一次听审；（iii）提交答辩书；（iv）举证期结束；（v）提交专家证词；（vi）提交终审判决。（2）是否有法律规定可以被允许的休庭诉讼延期的最大次数，法律是否将休庭限制在不可预见和特殊情况下，以及这些规则是否会在超过50%以上的案件中得到了遵守。（3）是否能够对管辖法院的表现作出评估报告，以监管管辖法院的表现、案件在该法院的进展情况并确保法院遵守了既定的时间标准。这四份报告是：（i）处理报告的时间（计算法院处理/裁定案件所需的时间）；（ii）结案率报告（衡量已解决的案件数与传入的案件数）；（iii）未决案件的案龄报告（按案件类型、案龄，上一个诉讼案件和下一个已确定的诉讼案件，提供待解决案件的概览）；（iv）单个案件进度报告（提供个案进展情况的概览）。（4）管辖法院是否在案件管理技巧中运用了审前会议，以及在审前会议中是否探讨了如下问题中的至少三个问题：（i）日程安排（包括向法院提交动议和其他文件的时间流程）；（ii）案件复杂性和预计审判时间；（iii）解决或替代争议解决的可能性；（iv）交换证人名单；（v）证据；（vi）管辖权和其他程序问题；（vii）缩小争议问题的范围。（5）管辖法院的法官是否可以运用电子案件管理系统实现至少四种目的：（i）获取法律、法规和判例法；（ii）自动为其案卷上的所有案件生成一份案件审理时间表；（iii）向律师发送通知（例如电子邮件）；（iv）跟踪案件的审理情况；（v）查看和管理案件文件（案件摘要、动议）；（vi）协助撰写判决书；（vii）半自动生成法院裁决；（viii）查阅法院特定案件的判令和判决。（6）律师是否可以运用电子案件管理系统实现以下目的中的至少四种目的：（i）查阅法律、法规和案例法；（ii）查阅向法院提交的表格；（iii）接收通知（例如电子邮件）；（iv）追踪个案的情况；（v）查看和管理案件文件（摘要、动议）；（vi）向法庭提交摘要和文件；（vii）查看针对特定案件的法院判令和裁决。

3. 法院自动化指数

法院自动化指数有4个组成部分：（1）是否可以通过管辖法院内的专用平台（而不是电子邮件或传真）以电子方式首次提交诉状。无论用户的使用率如何，只要不需要额外的面对面交流，而且当地专家已经充分使用了电子文档，能够确认其功能齐全，电子文档就被认可。（2）管辖法院审理的案件，是否可以以电子方式、通过专用系统或电邮、传真或短消息服务将起诉状送达给被告。（3）对于在管辖法院提交的案件，是否可以通过专用平台或网上银行，以电子方式支付诉讼费用。（4）地方法院作出的判决是否会在政府公报、报纸或互联网上公布。

4. 替代性纠纷解决指数

替代性纠纷解决指数有6个组成部分：（1）国内商事仲裁是否受一部涵盖其所有方面的综合法律管辖或者适用民事诉讼法的完整章节管辖。（2）除涉及公共秩序、公共政策、破产、消费者权益、就业问题或知识产权的商业纠纷外，其他各类商业纠纷是否可以提交仲裁。（3）在超过50%的案件中，有效的仲裁条款或协议是否由当地法院执行。（4）无论是自愿调解、和解还是两者兼备，都是公认的解决商事纠纷的方式。（5）无论是自愿调解、和解是否被一部涵盖其所有方面的综合法律管辖或者适用民事诉讼法的完整章节认可的解决商业纠纷的方式。（6）是否有任何财务激励促使当事人自愿调解或者和解（例如，如果调解或者和解成功，将退还法院的立案费，提供所得税抵免或类似的激励）。

（八）司法程序质量指数

司法程序质量指标是法院结构和诉讼程序、案件管理、法院自动化和替代性纠纷解决指标得分的总和。

（九）改革

执行合同指数每年跟踪与商业纠纷解决系统的效率和质量有关的变化。根据对数据的影响，某些变化被归类为改革，并在《全球营商环境报告》改革摘要中列出，以确认重大变革的实施。改革分为两类：使营商更容易的改革和使营商更难的改革。执行合同指数使用3个标准来确认改革。

首先，对经济指数产生影响的法律、法规的变化被归类为改革。影响司法程序指数质量的改革的例子包括采取措施，引入电子方式提交起诉状，设立商业法院或法庭，或引入专门系统来解决小额索赔诉讼。影响司法程序指数质量的变化在程度和范围上可能有所不同，但仍被视为一种改革。例如，实施法官和律师使用的新的电子案件管理系统，意味着将指数提高2个点，而引入对当事人使用调解的激励，意味着将指数提高0.5个点。

其次，基于指数总体得分的绝对变化以及相对得分差距的变化，评估数据变化对解决争议的时间和成本的影响。根据执行合同的方法，任何更新立法导致改变0.5分以上的分数，2%或更多的时间和成本的相对分数差距指数分类改革，除了改变时的结果自动指数化官方费用价格或工资指数（更多细节，参见做生意容易程度评分和做生意容易程度排名章节）。对整体成绩影响小于0.5分或对差距影响小于2%的轻微费用更新或其他指标的小变化不被视为改革，但数据会相应更新。

最后，特别重大的立法变化，如对适用的民事程序或执行法律的大规模修订，预计将在未来对时间和费用产生重大影响，被归类为改革。

二 中国执行合同评估指数的排名情况

（一）中国执行合同评估指数的世界排名进展情况

根据世界银行《全球营商环境报告》2015年至2020年的得分情况，中国执行合同的排名情况：2015年排名第35位，2016年排名第4位，2017年排名第5位，2018年排名第5位，2019年排名第6位，2020年排名第5位。在所有的一级指标得分中，执行合同得分排名最高。

（二）2020年中国的排名及与其他经济体的比较

表9-1　　　　2020年中国排名情况与其他经济体比较

指标	北京	上海	中国	东亚及太平洋地区	OECD高收入经济体	最佳表现
时间（天数）	510	495	496	581.1	589.6	120（新加坡）
成本（占索赔额百分比）	17.5	15.1	16.2	47.2	21.5	0.1（不丹）
司法程序质量指数（0—18）	16.5	16.5	16.5	8.1	11.7	无2018/2019年
得分	80.0	81.6	80.9			
排名			5			

(三) 中国执行合同存在的问题

1. 合同纠纷审理中法院庭前会议的规定不完善

法院关于庭前会议的规则与时间法律没有作出详细的规定,目前最高人民法院只发布了《人民法院办理刑事案件庭前会议规程(试行)》,民事诉讼的相关司法解释欠缺。

2. 法院审理时间较长

中国法院审理民事案件的时间,从原告提起诉讼到实际付款期间的时间,包括采取行动的天数和等待时间,这些年来因为相关法律没有修订,时间一直是496.3日,2020年稍微减少了一点点。这一指数与世界最佳表现新加坡的120天相比,差距较大。

3. 司法程序质量指数有待进一步提高

司法程序指数,是指每个经济体是否在其司法体系的以下四个领域中采取了一系列的良好实践:法院结构和诉讼程序、案件管理、法院自动化和替代性纠纷解决。中国得分虽然不低,这些年一直徘徊在16左右,离世界发达国家的11.5还有不少的差距。

4. 缺少专门法院

中国传统的法院设置,分为普通法院与专门法院,普通法院分为四级:基层人民法院、中级人民法院、高级人民法院、最高人民法院;专门法院分为军事法院和海事法院等。专门法院的类型不多,不能满足现实要求的法院专业化审理的需要。

从2007年至2020年《全球营商环境报告》中的"执行合同指标中国排名"可知,近14年中国"执行合同"指标排名稳中求进;近5年来,在全球190个经济体中更是稳居前列;2020年度继续保持全球领先水平。

根据2020年《全球营商环境报告》,中国"执行合同"指标距离排在首位的新加坡仅3.6分,世行点评改革亮点为:"规定可以准予延期的最长期限,并将延期限制在不可预见和特殊情况下(北京、上海);通过公布法庭绩效评估和进度报告,使执行合同更加便利(上海)。"

三 中国执行合同的法律法规规制及制度演进

世界银行的营商环境评估之所以越来越受到世界各国的关注，主要有两个方面的原因：一方面为客观中立，即世界银行站在第三方的立场上，不设置"歧视性"指标；另一方面在于此评价方法更加成熟更加科学，注重各行各业人士的体验感和获得感。

法治是最好的营商环境。对于司法制度而言，"执行合同"指标最能体现司法制度运行和诉讼程序质效，为了在诉讼司法领域得到突破，最高法院以及上海、北京各法院聚焦诉讼法律，针对重点难点各个攻克。

（一）立案申请与送达的时间规定

《民事诉讼法》第 85 条对期间作了规定，期间以时、日、月、年计算。期间开始的时和日，不计算在期间内。期间届满的最后一日是法定休假日的，以法定休假日后的第一日为期间届满的日期。期间不包括在途时间，诉讼文书在期满前交邮的，不算过期。第 86 条规定："当事人因不可抗拒的事由或者其他正当理由耽误期限的，在障碍消除后的十日内，可以申请顺延期限，是否准许，由人民法院决定。"

《民事诉讼法》关于法院文书的送达方式，第 90 条规定："经受送达人同意，人民法院可以采用能够确认其收悉的电子方式送达诉讼文书。"送达信息到达受送达人特定系统的日期为送达日期。第 95 条规定："受送达人下落不明，或者用本节规定的其他方式无法送达的，公告送达。自发出公告之日起，经过 30 日，即视为送达。"《民事诉讼法司法解释》第 135 条规定："电子送达可以采用传真、电子邮件、移动通信等即时收悉的特定系统作为送达媒介。"送达是审判活动中必不可少的程序性事项。为了提升民事送达的质量和效率，2017 年 7 月 19 日最高人民法院发布《关于进一步加强民事送达工作的若干意见》（法发〔2017〕19 号），全面改进了当事人的送达地址确认制度。2020 年，为继续推进改革向纵深方向发展，上海于 1 月 20 日发布了《关于企业确认诉讼文书送达地址并承诺相应责任的实施意见（试行）》，北京于 4 月 8 日发布了《关于推进企业等市场主体法律文书送达地址承诺确认工作的实施意见（试行）》，今后，法院向企业确认的诉讼文书送达地址发送文书未获接收的，除不可抗力、意外事件或企业证明其自身没有过错的，视为送达。这一举措将有效解决法律文书送达难问题，提高人民法院的效率，杜绝企业借送达程序拖延诉讼流程。

从现行法律法规及司法解释来看，有些与诉讼相关的时间没有相关的规定，从实际情况来看，诉讼各方及代理方花费在诉讼业务有关的时间也无法由法定规则来规范，一般由当事人或者代理人视具体案件的情况自由决定。如双方当事人尝试庭外和解的时间；律师撰写初步诉状，收集立案所需文件，包括必要的认证和公证所需的时间；向法院提出申诉所需的时间；起诉状送达对方所需要的时间，包括在法庭上处理案件的时间，如果送达需要进行多次，则包括两次尝试失败之间的等待时间等。这些时间根据答卷人填写的时间加总平均得出。如2019年北京执行合同时间中"立案和服务"时间为35天，而上海执行合同时间中"立案和服务"时间为30天。

（二）审理和判决阶段的期限规定

庭前会议（pre-trial conference）是管辖法院使用的一种案件管理技术，需要有详细的规则及相应的时间限制。最高人民法院《关于适用〈中华人民共和国民事诉讼法〉的解释》对庭前会议的召开时间没有作出具体的规定，第225条只规定了庭前会议可以包括的内容。最高人民法院目前只发布了《人民法院办理刑事案件庭前会议规程（试行）》。目前，民事诉讼案件审理过程中，如果如何进行庭前会议，以及庭前会议与第一次审理之间的时间间隔，包括被告收到起诉状副本至第一次听证会举行之间的时间间隔，目前的规定付诸阙如。

关于当事人的举证期限，最高人民法院《关于民事诉讼证据的若干规定》第51条规定："举证期限可以由当事人协商，并经人民法院准许。"其他情况的举证期限，人民法院指定举证期限的，适用第一审普通程序审理的案件不得少于15日，当事人提供新的证据的第二审案件不得少于10日。适用简易程序审理的案件不得超过15日，小额诉讼案件的举证期限一般不得超过7日。举证期限届满后，当事人提供反驳证据或者对已经提供的证据的来源、形式等方面的瑕疵进行补正的,人民法院可以酌情再次确定举证期限,该期限不受前款规定的期间限制。第55条还规定其他情况下的举证期限。

审判期间所有环节的时间期限,根据《民事诉讼法》的相关规定,作以下概览:(1)法院确定案件的审判人员后,应当在3日内告知当事人。(2)委托调查时间,如果人民法院因案情需要必要时可以委托外地人民法院调查,受托人民法院收到委托书后,应当在30日内完成调查。(3)在有正当理由的情况下,人民法院可以延期开庭审理。(4)法庭笔录应当当庭宣读,也可以告知当事人和其他诉讼参与人当庭或者在5日内阅读。当庭宣判的,应当在10日内发送判决书;定期宣判的,宣判后立即发给判决书。(5)人民法院适用普通程序审理的案件,应当在立案之日起6个月内审结。有特殊情况需要延长的,经本院院长批准,可以延长6个月;还需要延长的,报请上级人民法院批准。(6)人民法院适用简易程序审理案件,应当在立案之日起3个月内审结。有特殊情况需要延长的,经本院院长批准,可以延长1个月。(7)人民法院适用小额诉讼的程序审理案件,应当在立案之日起2个月内审结。有特殊情况需要延长的,经本院院长批准,可以延长1个月。(8)人民法院适用特别程序审理的案件,应当在立案之日起30日内或者公告期满后30日内审结。有特殊情况需要延长的,由本院院长批准。(9)发生法定情形时,人民法院可以中止诉讼。(10)当事人不服地方人民法院第一审判决的,有权在判决书送达之日起15日内向上一级人民法院提起上诉。当事人不服地方人民法院第一审裁定的,有权在裁定书送达之日起10日内向上一级人民法院提起上诉。(11)当事人直接向第二审人民法院上诉的,第二审人民法院应当在5日内将上诉状移交原审人民法院。原审人民法院收到上诉状,应当在5日内将上诉状副本送达对方当事人,对方当事人在收到之日起15日内提出答辩状。(12)人民法院应当在收到答辩状之日起5日内将副本送达上诉人。原审人民法院收到上诉状、答辩状,应当在5日内连同全部案卷和证据,报送第二审人民法院。(13)人民法院审理对判决的上诉案件,应当在第二审立案之日起3个月内审结。有特殊情况需要延长的,由本院院长批准。人民法院审理对裁定的上诉案件,应当在第二审立案之日起30日内作出终审裁定。(14)经依法设立的调解组织调解达成调解协议，申请司法确认的，由双方当事人自调解协议生效之日起30日内，共同向规定的人民法院提出。（15）再审案件，人民法院应当自收到再审申请书之日起5日内将再审申请书副本发送对方当事人。（16）对方当事人应当自收到再审申请书副本之日起15日内提交书面意见。（17）人民法院应当自收到再审申请书之日起3个月内审查，符合本法规定的，裁定再审；不符合本法规定的，裁定驳回申请。有特殊情况需要延长的，由本院院长批准。（18）当事人申请再审，应当在判决、裁定发生法律效力后6个月内提出；有本法其他规定情形的，自知道或者应当知道之日起6个月内提出。（19）人民检察院对当事人提出的抗诉申请应当在3个月内进行审查，作出提出或者不予提出检察建议或者抗诉的决定。（20）债权人提出申请支付令后，人民法院应当在5日内通知债权人是否受理。人民法院受理申请后，经审查债权人提供的事实、证据，对债权债务关系明确、合法的，应当在受理之日起15日内向债务人发出支付令；申请不成立的，裁定予以驳回。（21）债务人应当自收到支付令之日起15日内清偿债务，或者向人民法院提出书面异议。当事人、利害关系人提出书面异议的，人民法院应当自收到书面异议之日起15日内审查，理由成立的，裁定撤销或者改正；理由不成立的，裁定驳回。当事人、利害关系人对裁定不服的，可以自裁定送达之日起10日内向上一级人民法院申请复议。

最高人民法院于2018年4月26日发布《关于严格规范民商事案件延长审限和延期开庭问题的规定》（以下简称《规定》），第1条第2项严格了延长审限的报批程序，要求报批时必须说明理由；第2条规定两次开庭间的间隔不得超过1个月；进一步规范了诉讼程序，实现纠纷快速解决。2019年2月25日，最高人民法院又对该《规定》予以了修订，新增第2条，严格限制应当延期开庭的情形；并增加第3条，严格限制延期开庭审理次数。这项改革也被世行评价为改革亮点。

举证期限结束后，法官作出书面终审判决所需的时间，会根据案件的不同而不同。从北京与上海的调查情况来看，"审判与判决"时间，2019年北京为240天，上海为210天。上海的审判与判决效率高于北京。

上诉的期限。《民事诉讼法》第171条规定："当事人不服地方人民法院第一审判决的，有权在判决书送达之日起15日内向上一级人民法院提起上诉。当事人不服地方人民法院第一审裁定的，有权在裁定书送达之日起 10 日内向上一级人民法院提起上诉。"

（三）执行判决阶段的期限规定

人民法院依法判决或者裁定之后，案件进入执行阶段。根据《民事诉讼法》的相关规定，执行阶段的时间要求有如下的规定：（1）人民法院自收到申请执行书之日起超过 6 个月未执行的，申请执行人可以向上一级人民法院申请执行。（2）执行过程中，案外人对执行标的提出书面异议的，人民法院应当自收到书面异议之日起 15 日内审查，理由成立的，裁定中止对该标的的执行；理由不成立的，裁定驳回。（3）案外人、当事人对裁定不服，认为原判决、裁定错误的，依照审判监督程序办理；与原判决、裁定无关的，可以自裁定送达之日起 15 日内向人民法院提起诉讼。（4）被执行人或者被执行的财产在外地的，可以委托当地人民法院代为执行。受委托人民法院收到委托函件后，必须在 15 日内开始执行，不得拒绝。执行完毕后，应当将执行结果及时函复委托人民法院；在 30 日内如果还未执行完毕，也应当将执行情况函告委托人民法院。受委托人民法院自收到委托函件之日起 15 日内不执行的，委托人民法院可以请求受委托人民法院的上级人民法院指令受委托人民法院执行。（5）申请执行的期间为 2 年。（6）申请执行时效的中止、中断，适用法律有关诉讼时效中止、中断的规定。

定位、确认、扣押和运输被执行人财产所需的时间。根据《民事诉讼法》第 226 条的规定，人民法院自收到申请执行书之日起应在 6 月内执行，执行方式包括扣押、冻结、划拨、变价被执行人的财产。

广告、组织和举办拍卖所花费的时间。如果在一个与标准化案例研究类似的案例中，通常需要进行不止一次拍卖才能完全收回索赔价值，则记录多次拍卖尝试之间的时间间隔。

竞拍成功后，胜诉方完全收回债权价值所需的时间。

（四）诉讼成本的规定

民事诉讼的律师代理费。律师费是诉讼成本的重要构成部分，律师费用的高低还决定着诉讼成本的大小。但中国行政主管部门与律师协会没有发布过权威的律师平均费用。但相关的法律与规章对律师收费进行规制，在一定程度控制了律师费率的上涨，也就控制了诉讼成本。《律师法》第 25 条规定："律师承办业务，由律师事务所统一接受委托，与委托人签订书面委托合同，按照国家规定统一收取费用并如实入账。律师事务所和律师应当依法纳税。"律师法没有具体规定律师的收费标准。《律师法》第 50 条规定，律师事务所如果违反规定接受委托、收费费用的，要受到政府司法行政部门的处罚。司法部《律师事务所管理办法》第 47 条规定："律师事务所应当按照有关规定统一收取服务费用并如实入账，建立健全收费管理制度，及时查处有关违规收费的举报和投诉，不得在实行政府指导价的业务领域违反规定标准收取费用，或者违反风险代理管理规定收取费用。"根据国家发改委、司法部发布的《律师服务收费管理办法》的规定，律师服务收费实行政府指导价与市场调节价相结合，代理民事诉讼案件的收费标准实行政府指导价。律师事务所与委托人可以签订风险代理费，风险代理费最高收费金额不得高于收费合同约定标的额的 30%。该管理办法将政府指导价的基准价和浮动幅度交由省级政府价格主管部门会同同级司法行政部门制定。律师事务所的收费标准实际上执行所属地省级人民政府的主管部门制定的收费标准。随着改革的深入，人们对律师收费实行政府指导价多有批评，主张根据市场交易规则以合约的方式确定律师的收费标准。最先放开律师收费规制的是北京市，根据《北京市司法局北京市律师协会关于全面放开北京市律师法律服务收费的通知》，自 2018 年 4 月 1 日起，北京市全市律师法律服务收费全面实行市场调节价。随后，2019 年 5 月 14 日，国家发改委发布《关于进一步清理规范政府定价经营服务性收费的通知》（发改价格〔2019〕798 号），律师收费项目没有列入"地方政府定价的经营服务性收费范围"。因此，律师服务收费已实行市场调节价。

法庭费用。《民事诉讼法》第 121 条规定："当事人进行民事诉讼，应当按照规定交纳案件受理费。财产案件除交纳案件受理费外，并按照规定交纳其他诉讼费用。当事人交纳诉讼费用确有困难的，可以按照规定向人民法院申请缓交、减交或者免交。收取诉讼费用的办法另行制定。"根据 2006 年 12 月 19 日国务院令《诉讼费用缴纳办法》（第 481 号）规定，当事人应当向人民法院缴纳的诉讼费用包括：（1）案件受理费；（2）申请费；（3）证人、鉴定人、翻译人员、理算人员在人民法院指定日期出庭发生的交通费、住宿费、生活费和误工补贴。其中案件受理费包括：（1）第一审案件受理费；（2）第二审案件受理费；（3）再审案件中，依照本办法规定需要缴纳的案件受理费。财产案件（多为民商事案件）根据诉讼请求的金额或者价额，按照下列比例分段累计缴纳：不超过1万元的，每件缴纳50元；超过1万元至10万元的部分，按照2.5%缴纳；超过10万元至20万元的部分，按照2%缴纳；超过20万元至50万元的部分，按照1.5%缴纳；超过50万元至100万元的部分，按照1%缴纳；超过100万元至200万元的部分，按照0.9%缴纳；超过200万元至500万元的部分，按照0.8%缴纳；超过500万元至1000万元的部分，按照0.7%缴纳；超过1000万元至2000万元的部分，按照0.6%缴纳；超过2000万元的部分，按照0.5%缴纳。

执行费用。《诉讼费用交纳办法》的规定，依法向人民法院申请执行人民法院发生法律效力的判决、裁定、调解书，仲裁机构依法作出的裁决和调解书，公证机关依法赋予强制执行效力的债权文书，申请承认和执行外国法院判决、裁定以及国外仲裁机构裁决的，按照下列标准缴纳：没有执行金额或者价额的，每件缴纳50元至500元；执行金额或者价额不超过1万元的，每件缴纳50元；超过1万元至50万元的部分，按照1.5%缴纳；超过50万元至500万元的部分，按照1%缴纳；超过500万元至1000万元的部分，按照0.5%缴纳；超过1000万元的部分，按照0.1%缴纳。

申请保全措施的，根据实际保全的财产数额按照下列标准缴纳：财产数额不超过1000元或者不涉及财产数额的，每件缴纳30元；超过1000元至10万元的部分，按照1%缴纳；超过10万元的部分，按照0.5%缴纳。但是，当事人申请保全措施缴纳的费用最多不超过5000元。依法申请支付令的，比照财产案件受理费标准的1/3缴纳。依法申请公示催告的，每件缴纳100元。申请撤销仲裁裁决或者认定仲裁协议效力的，每件缴纳400元。破产案件依据破产财产总额计算，按照财产案件受理费标准减半缴纳，但是，最高不超过30万元。

平均律师费是卖方（原告）必须向当地律师支付的费用，以在标准化案件中代表卖方，无论最终费用如何。诉讼费包括卖方（原告）必须向法院缴纳的所有费用，无论卖方发生的最终费用是多少。诉讼费包括当事人为获得专家意见而必须支付的费用,无论这些费用是支付给法院还是直接支付给专家。执行费用是卖方(原告)通过公开出售买方的动产来执行判决所必须预付的所有费用,不论卖方最终支付的成本是多少。贿赂不包括在内。

(五) 司法程序质量的规定

司法程序质量指数衡量的是每个经济体的法院系统在四个方面是否采用了一系列良好做法:法院结构和诉讼程序、案件管理、法院自动化和替代性纠纷解决。

1. 设立专门的法院或者法庭审理商事案件

随着法律和诉讼活动的复杂化,对于专门法院、专门法庭或专门法官的需求也在逐步增长,审判领域的专业化可以有效缩短纠纷解决时间。近年来,随着社会经济不断变化,中国紧跟社会需要,设立了一些新型法院和法庭,如互联网法院、知识产权法院等,不断深化司法实践,进一步提升营商环境。

2017年8月18日,杭州正式成立互联网法院,这是中国乃至世界首家互联网法院。随即于2018年1月,上海市长宁区法院成立了上海第一个互联网法庭,专门审理涉互联网相关案件。2018年9月9日,北京互联网法院成立。同年9月28日,广州互联网法院也正式设立。

最高人民法院于2018年9月6日发布《关于互联网法院审理案件若干问题的规定》,目的在于规范互联网法院诉讼活动,保护当事人及其他诉讼参与人在互联网法院审理中的合法权益。将互联网最新技术发展和民事诉讼法相衔接,为互联网法院进一步发展提供更坚实的制度支撑。

2019年12月4日最高人民法院在浙江乌镇发布的《中国法院互联网司法》白皮书。该白皮书显示,中国互联网法院"在线庭审平均用时45分钟,案件平均审理周期约38天,比传统审理模式分别节约时间约3/5和1/2,一审服判息诉率达98%。法院通过电话、邮箱、微信、短信、公众号在线送达文书96857次"。[①]

---

① 单晓冰:《中国互联网法院在线庭审平均用时45分钟》,中国经济网,http://www.ce.cn/xwzx/gnsz/gdxw/201912/04/t20191204_33770724.shtml。

在经济转型升级的大背景下，中国越来越重视知识产权的保护和运用，在知识产权方面，也逐步实现专业化审判。2014年8月31日第十二届全国人民代表大会常务委员会第十次会议通过《全国人大常委会关于在北京、上海、广州设立知识产权法院的决定》，在北京、上海、广州设立了三家知识产权法院。根据《最高人民法院〈关于北京、上海、广州知识产权法院案件管辖的规定〉》《最高人民法院〈关于知识产权法院案件管辖等有关问题的通知〉》《北京市高级人民法院〈关于知识产权案件管辖调整过渡有关问题的规定〉》，知识产权法院管辖各类知识产权民事、行政案件。知识产权法院的设立，为实现审判领域专业化，提高营商环境水平，发挥着不可或缺的重要作用。

2018年3月28日，中央全面深化改革委员会第一次会议审议通过《关于设立上海金融法院的方案》；4月27日，十三届全国人大常委会第二次会议通过《关于设立上海金融法院的决定》；设立了中国第一家金融法院——上海金融法院。2021年1月20日，十三届全国人大常委会第二十五次会议《关于设立北京金融法院的决定》，决定设立北京金融法院，这将是继2018年设立上海金融法院后的中国第二家金融法院。2022年2月28日，十三届全国人大常委会第三十三次会议通过《关于设立成渝金融法院的决定》，成立了中国第三家金融法院成渝金融法院。金融法院对金融案件进行集中管辖。

2019年以来，最高人民法院先后批准在深圳、北京、上海、天津、广州、温州等城市设立了14家破产法庭。破产法庭的设立，最高人民法院将强制清算与破产案件从民事案件中分离出来设为独立的一类案件，有利于执行合同。

2. 完善小额诉讼制度

原《民事诉讼法》第162条规定了小额诉讼程序，"基层人民法院和它派出的法庭审理符合本法第157条第1款规定的简单的民事案件，标的额为各省、自治区、直辖市上年度就业人员年平均工资30%以下的，实行一审终审"。2019年《民事诉讼法》修订后，对小额诉讼的标的额进行了调整，第165条规定："基层人民法院和它派出的法庭审理前款规定的民事案件，标的额超过各省、自治区、直辖市上年度就业人员年平均工资50%，但在2倍以下的，当事人双方也可以约定适用小额诉讼的程序。"这一平均工资比例的上调,意味着提高了小额诉讼的标的,扩大了小额诉讼的范围,这样可以使更多的案件通过简易程序快速解决。

3. 完善财产保全制度

根据《全球营商环境报告》评估指标体系的要求,如果原告担心被告的动产可能被转移到司法管辖区之外或者被挥霍掉,原告能否获得对被告的动产的审判前的财产进行扣押。中国法律规定有相对应的诉讼财产保全制度。《民事诉讼法》第 103 条规定,人民法院对于可能因当事人一方的行为或者其他原因,使判决难以执行或者造成当事人其他损害的案件,根据对方当事人的申请,可以裁定对其财产进行保全、责令其作出一定行为或者禁止其作出一定行为;当事人没有提出申请的,人民法院在必要时也可以裁定采取保全措施。人民法院采取保全措施,可以责令申请人提供担保,申请人不提供担保的,裁定驳回申请。人民法院接受申请后,对情况紧急的,必须在 48 小时内作出裁定;裁定采取保全措施的,应当立即开始执行。第 104 条规定,利害关系人因情况紧急,不立即申请保全将会使其合法权益受到难以弥补的损害的,可以在提起诉讼或者申请仲裁前向被保全财产所在地、被申请人住所地或者对案件有管辖权的人民法院申请采取保全措施。申请人应当提供担保,不提供担保的,裁定驳回申请。人民法院接受申请后,必须在 48 小时内作出裁定;裁定采取保全措施的,应当立即开始执行。申请人在人民法院采取保全措施后 30 日内不依法提起诉讼或者申请仲裁的,人民法院应当解除保全。第 105 条规定,保全限于请求的范围,或者与本案有关的财物。第 106 条规定,财产保全采取查封、扣押、冻结或者法律规定的其他方法。人民法院保全财产后,应当立即通知被保全财产的人。

4. 建立法院案件随机分配机制

法院随机分案机制可以建立均衡、透明、公正、科学的案件分配,规范院庭长审判监督职责,均衡法官工作量,防范廉政风险。最高人民法院于 2017 年 4 月 12 日发布《关于落实司法责任制完善审判监督管理机制的意见(试行)》(法发〔2017〕11 号),各级人民法院应当健全随机分案为主、指定分案为辅的案件分配机制。根据审判领域类别和繁简分流安排,随机确定案件承办法官。已组建专业化合议庭或者专业审判团队的,在合议庭或者审判团队内部随机分案。承办法官一经确定,不得擅自变更。因存在回避情形或者工作调动、身体健康、廉政风险等事由确需调整承办法官的，应当由院庭长按权限审批决定，调整理由及结果应当及时通知当事人并在办公办案平台公示。对指定分案作出详细的规定，下列情况下可以指定分案：(1) 重大、疑难、复杂或者新类型案件，有必要由院庭长承办的；(2) 原告或者被告相同、案由相同、同一批次受理的 2 件以上的批量案件或者关联案件；(3) 本院提审的案件；(4) 院庭长根据个案监督工作需要，提出分案建议的；(5) 其他不适宜随机分案的案件。指定分案情况，应当在办公办案平台上全程留痕。依法由合议庭审理的案件，合议庭原则上应当随机产生。因专业化审判需要组建的相对固定的审判团队和合议庭，人员应当定期交流调整，期限一般不应超过两年。各级人民法院可以根据本院员额法官和案件数量情况，由院庭长按权限指定合议庭中资历较深、庭审驾驭能力较强的法官担任审判长，或者探索实行由承办法官担任审判长。院庭长参加合议庭审判案件的时候，自己担任审判长。

最高人民法院于 2020 年 7 月 31 日发布《关于深化司法责任制综合配套改革的实施意见》（法发〔2020〕26 号），提出要进一步完善案件分配机制。人民法院经过改革，已组建专业化合议庭、专业化审判团队或小额诉讼、速裁快审等审判团队的，应当合理确定案件类型搭配方式、灵活配置人力资源，尽可能在不同审判组织之间随机分案，避免一类案件长期由固定审判组织办理。对于相对固定的审判团队和合议庭，人员应当定期调整。因回避或工作调动、身体健康、廉政风险等事由，分案后确需调整审判组织人员的，由院庭长按权限决定，调整结果应当及时通知当事人，并在办案平台标注原因。

中国实行男女平等原则，男性与女性在法庭上的证词具有同等的法律效力，不存在在证词上的性别歧视问题。

(六) 法院案件管理的规定

1. 民事诉讼程序中的庭前会议

中国目前只制定了刑事诉讼程序中的庭前会议规则，民事诉讼可以从现行的《民事诉讼法》的有关规定及诉讼实践对庭前会议规则进行归纳。根据《全球营商环境报告》的评估指标体系的要求，民事诉讼中的庭前会议一般要解决以下问题：日程安排（包括向法院提交动议和其他文件的时间流程）；案件复杂性和预计审判时间；解决或替代争议解决的可能性；交换证人名单；证据；管辖权和其他程序问题；缩小争议问题的范围。

《民事诉讼法》第136条规定，人民法院对受理的案件，可以分别情形予以处理。其中，一种情形是：需要开庭审理的，通过要求当事人交换证据等方式，明确争议焦点。对于管辖权异议，第130条规定，人民法院受理案件后，当事人对管辖权有异议的，应当在提交答辩状期间提出。人民法院对当事人提出的异议，应当审查。异议成立的，裁定将案件移送有管辖权的人民法院；异议不成立的，裁定驳回。当事人未提出管辖异议，并应诉答辩的，视为受诉人民法院有管辖权，但违反级别管辖和专属管辖规定的除外。根据《最高人民法院关于适用〈中华人民共和国民事诉讼法〉的解释》第225条规定的庭前会议内容，通过原告的诉讼请求与被告的答辩意见，根据当事人是否在庭前会议时增加、变更诉讼请求和提出反诉，以及是否有第三人提出与案件有关的诉讼请求，以及当事人是否要提出调查收集证据、委托鉴定、进行勘险与证据保全，可以大概判断案件的审理期限、案件的复杂性和预计开庭审判时间，能够确认案件的证人名单。通过组织交换证据，归纳争议焦点，能够缩小争议范围。同时，庭前会议还可以进行调解，找到替代争议解决的可能性。

根据《关于民事诉讼证据的若干规定》第49条的规定，要求人民法院应当在审理前的准备阶段向当事人送达举证通知书。第51条规定，当事人可以就举证期限进行协商，并经人民法院准许。第57条规定了当事人在审判人员的主持下进行证据交换。第58条规定，当事人收到对方的证据后有反驳证据需要提交的，人民法院应当再次组织证据交换。

2. 法官运用电子案件管理系统管理案件

管辖法院的法官运用电子案件管理系统实现以下目的：（1）获取法律、法规和判例法；（2）自动为其案卷上的所有案件生成一份案件审理时间表；（3）向律师发送通知（例如电子邮件）；（4）跟踪案件的审理情况；（5）查看和管理案件文件（案件摘要、动议）；（6）协助撰写判决书；（7）半自动生成法院裁决；（8）查阅法院特定案件的判令和判决。最高人民法院委托河北省高级人民法院组织研发了"智审"系统，帮助法官对电子卷宗进行编辑，一键生成法律文书，能够减少法官 30% 以上的事务性工作，大大提高了法官的办案效率。最高人民法院委托苏州市中级人民法院研发了庭审语音识别系统，将语音自动转化为文字，自动区分发言对象及发言内容，法官、当事人和其他参与人都能实时看见转录的文字。而且语音识别正确率已达到 90% 以上，大大节省了庭审记录工作量。最高人民法院还建成了人民法院大数据管理和服务平台，实现全国法院收结案数据每 5 分钟自动更新一次，平均每天汇集 5 万到 6 万件案件数据，形成了汇集全国法院近 1 亿件案件数据的全世界最大的审判信息资源库。法官通过大数据分析，可以更好地指导审判与执行工作。

3. 律师运用电子案件管理系统管理案件

律师是否可以运用电子案件管理系统实现以下目的：（1）查阅法律、法规和案例法；（2）查阅向法院提交的表格；（3）接收通知（例如电子邮件）；（4）追踪个案的情况；（5）查看和管理案件文件（摘要、动议）；（6）向法庭提交摘要和文件；（7）查看针对特定案件的法院判令和裁决。通过审判流程信息公开平台，律师可以随时查询案件进展，律师通过裁判文书网公开平台，查看针对特定案件的法院判决书，通过执行信息公开平台，律师可以知道代理案件的执行情况。律师可以通过国家法律法规数据库[①]，查询国家法律法规，通过中国法律裁判文书网查询案例。

4. 法院自动化指数

近十年来，中国法院的信息化建设迅速发展，取得了令人瞩目的成绩。最高人民法院一直是这项工作的倡导者与推动者。最高人民法院于 2013 年 11 月 21 日发布《关于推进司法公开三大平台建设的若干意见》（法发〔2013〕13 号），提出推进审判流程信息全面公开、裁判文书信息全面公开、执行信息全面公开。

至目前为止，最高人民法院建成了四大法院系统的信息公开平台：（1）中国审判流程信息公开网[②]，2014 年 11 月 13 日正式开通，全国任一

---

① https://flk.npc.gov.cn/index.html.
② https://splcgk.court.gov.cn/gzfwww/.

案件的当事人及其诉讼代理人能够在同一平台上,方便地查询到全国任一案件的审理进展情况。(2)中国裁判文书网①,2013年7月,《最高人民法院裁判文书上网公布暂行办法》正式实施,最高法院发生法律效力的判决书、裁定书、决定书一般均应在互联网公布。2016年10月1日,《最高人民法院关于人民法院在互联网公布裁判文书的规定》正式实施,最高法院在互联网设立中国裁判文书网,统一公布各级人民法院的生效裁判文书。(3)中国执行信息公开网②,2014年11月1日正式开通,成为全国统一的执行信息公开平台。通过该平台,公众可以查询全国法院失信被执行人名单信息、被执行人信息、执行案件流程信息和执行裁判文书。当事人可通过中国执行信息公开网查询未执结案件的基本信息、失信被执行人名单信息和执行裁判文书信息,还可以通过自己的姓名、身份证号码、执行案号登录查询案件的流程信息,包括执行立案、执行人员、执行程序变更、执行措施、执行财产处置、执行裁决、执行款项分配、暂缓执行、中止执行、执行结案等信息,在线了解执行案件进展情况。社会公众可以从执行信息公开网上方便地查询到执行案件立案标准、启动程序、执行收费标准和依据、执行费缓减免的条件和程序、执行风险提示、悬赏公告、拍卖公告等。(4)中国庭审公开网③,2016年9月27日正式开通,最高人民法院要求全国各高院抓紧实现辖区法院庭审公开平台与中国庭审公开网的自动对接,以最快速度实现庭审公开覆盖全部法院、全部法官、全部案件类型。中国目前在司法区块链上链存证17.1多亿条,电子证据、电子送达存验证防篡改效果明显。法院知识服务平台涵盖类案推送、信用评价、庭审巡查等业务场景,在全球率先出台法院在线诉讼、在线调解、在线运行三大规则,以人民为中心的互联网司法规则体系逐步建立。中国互联网司法从技术领先迈向规则引领,为世界互联网法治发展贡献中国智慧、中国方案。

最高人民法院于2014年开通了12368诉讼服务热线,建立了12368诉讼服务。通过这个平台,当事人、诉讼代理人在工作时间拨打12368,

① https://wenshu.court.gov.cn/.
② http://zxgk.court.gov.cn/.
③ http://tingshen.court.gov.cn/.

可以查询案件是否受理、合议庭组成人员、开庭时间、案件办理进度、办理结果等信息。也可以咨询诉讼程序性问题。还可以通过自助系统实现 24 小时案件信息的查询。12368 还向社会公众提供诉讼引导的自助查询及人工咨询服务。12368 诉讼服务热线作为最高人民法院诉讼服务中心建设的一个重要内容，既是司法便民的新举措，又是深化司法公开，自觉接受监督的新途径。

地方法院的信息化建设也取得了创新性的突破。如上海市高级人民法院通过电子系统解决了当事人参加诉讼过程中的无纸化问题，上海市高级人民法院于 2020 年 3 月 2 日发布《关于网上立案、电子送达、电子归档的若干规定》，规定在立案、送达、归档等环节都可以实现电子化，法院与当事人无须再提交纸质文件。

5. 替代性纠纷解决机制

中国商事仲裁由专门的《仲裁法》调整，其中《民事诉讼法》也有相应的条款规制商事仲裁。《仲裁法》第 2 条规定："平等主体的公民、法人和其他组织之间发生的合同纠纷和其他财产权益纠纷，可以仲裁。"当事人发生了民商事纠纷后，如果双方在合同中订立有仲裁条款，则应提交双方约定的仲裁委员会申请仲裁，如果双方当事人事先没有达成仲裁协议，发生纠纷后双方达成了仲裁协议，则可以提交仲裁委员会进行仲裁。在处理仲裁与诉讼的关系上，中国采取或仲裁或诉讼的方式，选择了仲裁意味着放弃诉讼，选择了诉讼意味着放弃仲裁。中国仲裁实行一裁终局制度。除涉及公共秩序、公共政策、破产、消费者权益、就业问题或知识产权的商业纠纷外，其他各类商业纠纷是否可以提交仲裁。

普遍建立一站式多元解纷机制。最高人民法院于 2016 年发布《关于人民法院进一步深化多元化纠纷解决机制改革的意见》，要求："各级人民法院要将诉调对接平台建设与诉讼服务中心建设结合起来，建立集诉讼服务、立案登记、诉调对接、涉诉信访等多项功能为一体的综合服务平台。"中国的"人民法院调解平台"（http://tiaojie.court.gov.cn/），与全国总工会、公安部、司法部、人民银行、银保监会、证监会等完成"总对总"在线诉调对接，涵盖劳动争议、道交事故、金融保险、证券期货、知识产权等纠纷领域，目前上线的法院有 3504 家，专业调解组织为

70563 个，专业调解人员 312032 名。[①] 该平台在当事人自愿基础上开展调解工作，为当事人提供"菜单式"在线调解服务。自 2018 年 2 月上线以来，诉前调解成功民事案件数量逐年增长，其中 2020 年同比增长 191%。多元解纷机制的建成，越来越多的矛盾纠纷尚未进入诉讼程序就得到化解。全国法院受理诉讼案件数量在 2016 年、2019 年先后突破 2000 万件和 3000 万件关口的情况下，2020 年出现 2004 年以来的首次下降，特别是民事诉讼案件以年均 10% 的速度持续增长 15 年后首次下降，充分体现了一站式多元解纷机制建设，促进矛盾纠纷源头治理、多元化解的显著成效。是否有任何财务激励促使当事人自愿调解或者和解（例如，如果调解或者和解成功，将退还法院的立案费，提供所得税抵免或类似的激励）。

四　法律法规修订和政府规制改革的效果

中国的执行合同评估指数排名全球第 5 位，涉及执行合同的评估指标几乎位列全球前列，需要改进的地方不多，前述所列存在的问题，涉及几部法律的修订。例如，《民事诉讼法》所规定的审理环节的时间期限问题，估计修订比较困难。但近几年完善执行合同的司法审理程序改革、专门法院的设立、完善小额诉讼机制等方面取得了一些改革效果。

（一）完善了专门法院体系

近几年来，中国立法机关同意设立的专门法院如下：3 家互联网法院、3 家知识产权法院、3 家金融法院、14 家破产法庭。这些专门法院或者法庭的设立，极大地提高了法院审理业务的专业化水准。

（二）建立并完善了小额诉讼制度

《民事诉讼法》（2017 年修订）第 162 条在适用简易程序的部分案件中设立了小额诉讼制度，"基层人民法院和他的派出法庭审理符合本法第

[①] 查询时间为 2022 年 5 月 24 日。

175 条第 1 款规定的简单的民事案件，标的额为各省、自治区、直辖市上年度就业人员年平均工资 30% 以下的，实行一审终审"。同时，增加了第 163 条规定："人民法院在审理过程中，发现案件不宜适用简易程序的，裁定转化为普通程序。"2019 年《民事诉讼法》修订时对小额诉讼制度进行了完善。上海市高级人民法院于 2022 年 1 月 17 日发布《关于适用小额诉讼程序审理民事案件标准限额的通知》，符合《民事诉讼法》规定的小额诉讼条件的案件标的额超过人民币 62028 元但在 248112 元以下的，当事人双方也可约定适用小额诉讼程序。

（三）法院建立了诉讼案件随机分配机制

根据最高人民法院有关司法责任制改革的要求，各级人民法院应当在加强审判专业化建设基础上，实行随机分案为主、指定分案为辅的案件分配制度。人民法院可以按照受理案件的类别，通过随机产生的方式，组建由法官或者法官与人民陪审员组成的合议庭，审理适用普通程序和依法由合议庭审理的简易程序的案件，也可以按照审判领域类别和繁简分流安排，随机确定案件的承办法官。承办法官一经确定，不得擅自变更。一些省级法院专门制定了随机分案的规定，如北京市高级人民法院于 2019 年发布了《关于随机分案的规定（试行）》，上海市高级人民法院制定了《关于实行随机自动分案的若干意见》等。

五 未来改革展望

（一）推行人民法院档案电子化管理

对于以电子方式收集或形成的文书材料可直接转为电子档案归档，无须再制作纸质材料形成纸质档案。同时要对《档案法》的相关条款进行修订。

（二）开展司法专递面单电子化改革

实行司法专递面单电子化，在受送达人签收、拒收或查无此人退回等送达任务完成后，邮政公司将人民法院专递面单进行电子化，通过系统对接后回传给人民法院，原始纸质面单可由邮政公司集中保管，人民法院将电子面单入卷归档，并降低邮寄送达的相关费用。

（三）调整小额诉讼程序适用范围及费用

允许标的额较小、当事人除提出给付金额诉讼请求外同时提出停止侵权、消除影响、赔礼道歉等其他诉讼请求的知识产权纠纷案件，适用小额诉讼程序。允许降低适用小额诉讼程序审理的案件受理费标准。

第 十 章

办理破产

一 办理破产评估指标体系

世界银行《全球营商环境报告》研究涉及国内实体的破产程序的时间、成本和结果,以及适用于司法清算和重组程序的法律框架的强度。解决破产指数的数据来自当地破产从业人员的问卷回答,并通过对有关破产制度的法律法规和公共信息的研究进行核实。各经济体解决破产难度的排名是通过对它们解决破产的得分进行排序来确定的。这些分数是回收率和破产强度框架指数的简单平均。办理破产的企业假设是一家有限责任公司。

(一) 追讨破产债务

追偿率是根据每个经济体破产程序的时间、成本和结果计算的。为了使各经济体的破产程序的时间、成本和结果数据具有可比性,使用了有关业务和案例的几个假设。银行希望尽可能快、尽可能以最低成本收回贷款。无担保债权人希望采取法律允许的措施来避免企业资产的分割出售。大股东希望继续控制公司并将公司继续经营下去。管理层希望保持公司正常营运,并保留员工的工作岗位。各方均为当地法律实体或公民;没有任何外国当事人参与。

(二) 时间

债权人收回其信贷的时间以日历年记录。《全球营商环境报告》衡量的时间是从公司违约到偿还部分或全部欠款。考虑到当事各方可能采取的拖延战术，如提出拖延上诉或要求延期。

（三）成本

诉讼费用按债务人财产价值的百分比记录。费用是根据调查问卷的答复计算的，包括法庭费用和政府征税；破产管理人、拍卖人、估价人和律师的费用；以及所有其他费用和成本。

（四）结果

债权人能否收回债权，取决于酒店业务能否以"持续经营"的形式以规避诉讼程序，还是将资产以分割的方式出售。如果业务继续运营，100%的酒店价值将被保留。如果资产以分割方式出售，可回收的最大金额为酒店价值的70%。

（五）回收率

回收率记录债权人通过司法重组、清算或债务执行（丧失抵押品赎回权或破产）等法律行动收回的债权占债权额的百分比。计算时要将结果考虑在内，即法律行动完成后企业是继续经营还是被分割出售，然后扣除诉讼费用（债务人财产价值的每一个百分点扣除1美分）。最后，由于资金在破产程序期间被冻结所造成的价值损失也被考虑在内，其中包括因酒店家具折旧而造成的价值损失。按照国际会计惯例，家具的年折旧率的按20%计算，假设家具占总资产价值的四分之一。回收率是剩余价值的现值，按照国际货币基金组织的《国际财务统计数据》（International Financial Statistics）公布的2018年末贷款利率为基础，辅以各国央行和《经济学人》智库（Economist Intelligence Unit）的数据为补充。

如果一个经济体在过去五年里一年内没有完成涉及司法重组、司法清算或债务执行程序（抵押物被没收或者破产）的案件，那么这个经济体在时间、成本和结果指标上就是"无实践"标记。这意味着债权人不太可能通过正式的法律程序收回其款项。"无实践"经济体的回收率为零。此外，"无实践"经济体的破产框架力度指数得零分，即使其法律框架包含了破产程序（清算或重组）的规定。

（六）破产框架力度指数

破产框架指数的强弱是基于启动程序指数、债务人资产管理指数、重组程序指数、债权人参与指数4个指数组成。

1. 启动程序指数

启动程序由以下3部分组成：（1）债务人是否可以同时启动清算和重组程序。（2）债权人是否可以启动清算和重组程序。（3）启动破产程序的标准是什么？

2. 债务人资产管理指数

债务人资产管理指数由6个部分组成：（1）债务人（或其破产管理人代表）能否继续履行对债务人生存至关重要的合同。（2）债务人（或破产管理人代表）是否可以拒绝过分烦琐的合同。（3）破产程序开始前进行的给予一个或几个债权人优先权的交易，在程序启动后是否可以撤销。（4）破产程序开始前达成的被低估的交易，诉讼开始后是否可以撤销。（5）破产程序框架是否包括以下规定：允许债务人（或破产管理代表人）在破产程序启动后，为履行其职责是否可以获得融资。（6）在资产分配过程中，启动后融资的债权人是否优先于普通无担任债权人。

3. 重组程序指数

重组程序指数有3个组成部分：（1）重组方案的表决权，是否仅由权利受该方案修订或影响的债权人享有。（2）有表决权计划的债权人是否分成若干类，每个类别单独表决且每一类的债权人是否都同等对待。（3）破产框架是否要求持不同意见的债权人在重组计划下获得与清算时相同的收益。

4. 债权人参与指数

债权人参与指数由4个组成部分：（1）债权人是否可以任命破产管理人，或有权批准或者拒绝破产管理人的任命。（2）在破产程序进行过程中，债权人是否有权批准出售债务人的大量资产。（3）个别债权人在破产程序中是否有权查阅债务人的财务信息。（4）个别债权人是否可以反对法院或破产管理人的决定。

(七) 破产强度框架指数

破产框架强度指数是指启动程序指数、债务人资产管理指数、重组程序指数、债权人参与指数的总和。

(八) 改革

解决破产指标每年跟踪与破产框架的效率和质量有关的变化。根据对数据的影响，某些变化被归类为改革，并在《全球营商环境报告》改革摘要中列出，以确认重大变革的实施。改革分为两类：使经商更容易的改革和使经商更难的改革。解决破产问题的指标使用三个标准来确认一项改革。

首先，对破产框架指数的强弱有影响的法律、法规的变化都被归类为改革。影响破产框架指数强度的改革例子包括改变破产程序的开始标准、首次引入重组程序以及管制延迟开始后信贷及其优先次序的措施。影响破产框架指数强度的变化在程度和范围上可能有所不同，但仍被视为一种改革。例如，实施启动后信贷拨备并指定优先级，相当于将指标提高2个百分点，而将启动标准由资产负债表测试改为流动性测试，相当于将指标提高0.5个百分点。

其次，数据变化对破产程序的时间、成本或结果的影响是根据指标总得分的绝对变化以及相对得分差距的变化来评估的。根据解决破产立法方法任何更新导致回收率指标的绝对得分0.5分以上，相对分数差距变化2%以上，都被归类为改革，但由于利率变化导致的变化除外。对整体成绩影响小于0.5分或对差距影响小于2%的轻微费用更新或其他指标的小变化不被归类为改革，但数据会相应更新。

最后，解决破产问题的指标偶尔会承认，目前对数据没有影响的立法变化是一种改革。这种选择通常只适用于特别重大的立法修订，例如对公司破产法进行大规模修订。

二 中国办理破产评估指数排名情况

(一) 中国办理破产评估指数世界排名进展情况

2015年至2020年,中国排名情况如下:2015年排名第53位,2016年排名第55位,2017年排名第53位,2018年排名第56位,2019年排名第61位,2020年排名第51位。

(二) 2020年中国排名及与其他经济体比较

表10-1 2020年中国办理破产评估指数排名及与其他经济体比较

指标	北京	上海	中国	东亚及太平洋地区	OECD 高收入经济体	最佳表现
时间 (年数)	1.7	1.7	1.7	2.6	1.7	0.4 (爱尔兰)
成本 (占资产价值百分比)	22.0	22.0	22.0	20.6	9.3	1.0 (挪威)
回收率 (百分比)	36.9	36.9	36.9	35.5	70.0	92.9 (挪威)
破产框架力度指数 (0—16)	13.5	13.5	13.5	7.0	11.9	无 2018/2019 年
得分	62.1	62.1	62.1			
排名			51			

(三) 中国办理破产存在的问题

1. 破产财产的回收率不高且一直徘徊不前

回收率计算公式: $(100 \times GC + 70 \times (1-GC) - cost - a \times 20\% \times time) / [(1 + lending\ rate) \wedge time]$

其中,GC是持续经营指数,如果一个公司可以继续经营则为1,如果零散出售则为0;cost指回收债权所需成本,以占债务人不动产价值的百分比表示;$a \times 20\% \times time$ 中,a是指固定资产占资产总额的比重,

20%是年折旧率，time是回收债权所需时间；lending rate是指贷款利率；∧为集合交运算符号。

《全球营商环境报告》对中国的破产财产回收率的评估得分情况是：2015年破产成本22%，回收率36%，得分55.31分；2016年破产成本22%，回收率36.2%，得分55.43分；2017年破产成本22%，回收率36.9%，得分55.82分；2018年破产成本22%，回收率36.9%，得分55.82分；2019年破产成本22%，回收率36.9%，得分55.82分；2020年破产成本22%，回收率36.9%，得分62.1分。破产时间均为1.7年。在世界银行营商环境估计中排名前三名的国家是芬兰、美国、日本。芬兰：破产时间为0.9年，破产成本3.5%，回收率88%；美国：破产时间为1年，破产成本10%，回收率81%；日本：破产时间为0.6年，破产成本4.2%，回收率92.1%。破产财产的回收率是指债权人通过重组、清算或债务执行（抵押物没收或破产接管）等法律行动收回的债权占债权额的百分比。2015年至2020年，中国破产财产的回收率一直在第36名左右徘徊，与发达经济体2020年70.5%的回收率相比，差距较大。回收率决定了债权人利益的保护力度。

2. 办理破产成本较高

破产成本是指破产费用占资产的百分比。中国的破产成本近几年一直都是22%，发达经济体的破产成本是9.3%，表现最佳国家是挪威，为1%。与它们相比，中国破产成本还有很大的下降空间。中国的破产成本是日本的5倍，但纵观破产成本的构成，中国破产案件的法庭费用（主要是案件受理费）其实比日本还低，造成高成本的主要因素是破产管理人费用、律师费、拍卖费等。最高人民法院2020年11月5日发布《关于审理企业破产案件确定管理人报酬的规定》确定了管理人报酬由法院确定的规则，并确立了12%~0.5%的超额累退法计算管理费，"在我国破产成本费用中，破产管理人报酬所占比重相对较大"。[①] 拍卖机关亦由破产法院进行委托，并非完全的市场竞争结果，使得破产成本无法受到市场之手的调节从而导致溢价。个别地区破产案件仅为少数几个破产团队

[①] 徐阳光、韩玥：《营商环境中办理破产指标的"回收率"研究》，《上海政法学院学院》（法治论丛）2021年第4期。

所垄断，而法院也更倾向于在规定的比例中顶格确定破产管理人报酬，导致资金池内可以用于债权人分配的份额进一步减少，增加了破产成本的同时拉低了清偿比例。中国办理破产成本较高的原因之一："我国并未区别重整程序和破产清算程序中的管理人报酬，而是直接按照债务人最终可以分配的财产总额按照比例计算。"[①]

3. 破产清算过程中债权人的参与度不高

根据《破产法》的规定，人民法院应当在宣告企业破产之日起15日内成立清算组，接管破产企业，清算组应当由股东、有关机关及专业人士组成。债权人是否应当参加破产清算组，法律没有作具体的规定。大多数情况下，债权人没有机会参加清算组。作为破产财产的受偿者，债权人不参加清算组，显然是不公正的。

4. 破产法官的业务考核不完善

破产法官的业务考核规则设计不完善。破产案件的工作量与普通案件不同，因此同样考核标准下破产业务对法官的激励不足，法官出于理性考量便不愿意从事破产工作。中国部分法院开始了破产案件考核规则的改革尝试，南京中级人民法院将以普通一审上市案件处理标准对待未实体审理结案的破产案件。普通破产案件一件折抵二十件普通一审商事案件。对于案情复杂、破产利害关系人之间矛盾尖锐的破产案件，与之相对应的折抵比例也相应提高。但是该做法：一方面具有随意性，即缺乏科学的工作量测量，稳定程度不够；另一方面并没有形成公认的制度，只能在一时一地发挥作用，对于中国破产司法的大环境影响有限。

5. 破产法覆盖的范围不够广

有学者认为，中国破产法只是"半部破产法"，名称为《企业破产法》，个人破产不被包括在内，不仅如此，《企业破产法》对小企业、金融机构、合伙企业、个人独资企业等市场主体也缺乏有效的规制。有些市场主体只能适用破产清算程序，不能适用重整、和解程序等。非营利法人不适用《企业破产法》，政府的债务处理未作规定，农业、教育领域

---

① 徐阳光、韩玥:《营商环境中办理破产指标的"回收率"研究》,《上海政法学院学院》（法治论丛）2021年第4期。

的债务清偿规则与破产法的规则不一致等。①市场主体运用破产方式实现市场出清的意愿不强，符合破产条件的企业并未完全选择破产方式退出，2020年全国企业注销数量289.9万户，其中因破产原因注销的企业3908户，占比仅约1‰。②因此，中国破产法的修订要以建立市场主体友好型法为立法导向，为中国的市场主体的出清提供充足的制度供给。③

三　中国办理破产的法律法规及制度演进

《企业破产法》于2006年8月27日由中华人民共和国第十届全国人民代表大会常务委员会第二十三次会议通过，有关专家近几年一直呼吁修订《企业破产法》，回应市场完善破产制度的期待。《企业破产法》修订已经纳入十三届全国人大常委会立法规划，由全国人大财经委牵头起草修订稿。

（一）破产程序的启动

《企业破产法》第7条规定了三类人可以向法院申请破产清算，第一类是债务人，第二类是债权人，第三类是依法负有清偿责任的人。除破产申请之外，债务人可以提出重整、和解；债权人可以提出对债务人进行重整；负有清偿责任的人只能提出破产清算。根据《最高人民法院关于审理企业破产案件若干问题的规定》第6条规定：债务人申请破产时应当向人民法院提交的材料，共计12项；第7条规定：债权人申请债务人破产时应当向人民法院提交的材料，共计3项。

启动企业破产清算程序的标准，根据《企业破产法》第2条的规定，

---

① 李曙光：《论我国〈企业破产法〉修法的理念、原则与修订重点》，《中国法律评论》2021年第6期。

② 王东明：《全国人民代表大会常务委员会执法检查组关于检查〈中华人民共和国企业破产法〉实施情况的报告——2021年8月18日在第十三届全国人民代表大会常务委员会第三十次会议上》。参见中国人大网，http：//npc.gov.cn/，2022年6月14日访问。http：//www.npc.kg-fb/202108/0cf4f41b72fe4ddeb3d536dfe3103eb3.shtml，2021年9月20日访问。

③ 王佐发：《"市场主体友好型"破产法：理论反思与制度建构——兼论中国破产法的修订》，《中国政法大学学报》2021年第4期。

企业法人不能清偿到期债务，并且资产不足以清偿全部债务或者明显缺乏清偿能力的，可以根据本法的规定清理债务。《最高人民法院关于审理企业破产案件若干问题的规定》第 31 条对"不能清偿到期债务"进行了司法解释：一是债务的履行期限已届满；二是债务人明显缺乏清偿债务的能力。债务人停止清偿到期债务并呈连续状态，如无相反证据，可推定为"不能清偿到期债务"。

企业破产清算时，债务人（或者破产管理人代表）是否可以继续履行对于债务人生存所必需的合同。这对于债务人很重要。

（二）破产程序开始前企业的法律行为的效力

破产程序开始前进行的给予一个或几个债权人优先权的交易，在程序启动后可以撤销。《企业破产法》第 32 条规定："人民法院受理破产申请前 6 个月内，债务人有本法第 2 条第 1 款规定的情形，仍对个别债权人进行清偿的，管理人有权请求人民法院予以撤销。但是，个别清偿使债务人财产受益的除外。"

破产程序开始前达成的被低估的交易，诉讼开始后可以撤销。《企业破产法》第 31 条规定："人民法院受理破产申请前 1 年内，涉及债务人财产的下列行为，管理人有权请求人民法院予以撤销：（1）无偿转让财产的；（2）以明显不合理的价格进行交易的；（3）对没有财产担保的债务提供财产担保的；（4）对未到期的债务提前清偿的；（5）放弃债权的。"

（三）企业破产后债务人可以继续融资

法律允许债务人（或破产管理代表人）在破产程序启动后，为履行其职责可以获得融资。《企业破产法》第 75 条第 2 款规定："在重整期间，债务人或者管理人为继续营业而借款的，可以为该借款设定担保。"

（四）破产财产的清偿顺序

破产财产的清偿顺序，根据《企业破产法》第 113 条的规定，破产财产在优先清偿破产费用和共益债务。破产费用是人民法院受理破产申请后发生的费用，包括：破产案件的诉讼费用；管理、变价和分配债务人财产的费用；管理人执行职务的费用、报酬和聘用工作人员的费用。共益债务是人民法院受理破产申请后发生的下列债务，包括：因管理人或者债务人请求对方当事人履行双方均未履行完毕的合同所产生的债务；债务人财产受无因管理所产生的债务；因债务人不当得利所产生的债务；为债务人继续营业而应支付的劳动报酬和社会保险费用以及由此产生的其他债务；管理人或者相关人员执行职务致人损害所产生的债务；债务人财产致人损害所产生的债务。破产费用和共益债务由债务人财产随时清偿。债务人财产不足以清偿所有破产费用和共益债务的，先行清偿破产费用。债务人财产不足以清偿所有破产费用或者共益债务的，按照比例清偿。债务人财产不足以清偿破产费用的，管理人应当提请人民法院终结破产程序。

清偿了破产费用和共益债务后，破产财产依照下列顺序清偿：（1）破产人所欠职工的工资和医疗、伤残补助、抚恤费用，所欠的应当划入职工个人账户的基本养老保险、基本医疗保险费用，以及法律、行政法规规定应当支付给职工的补偿金；（2）破产人欠缴的除前项规定以外的社会保险费用和破产人所欠税款；（3）普通破产债权。破产财产不足以清偿同一顺序的清偿要求的，按照比例分配。破产企业的董事、监事和高级管理人员的工资按照该企业职工的平均工资计算。

税收优先权与破产法规定的破产财产清偿顺利在《企业破产法》中存在一定的冲突。《企业破产法》第109条规定："对破产人的特定财产享有担保权的权利人，对该特定财产享有优先受偿的权利。"担保物权人享有的与其他债权人享有的清偿优先权称为"别除权"。《企业破产法》第113条规定了破产人所欠税款应优先于普通破产债权清偿。那么，担保物权属于普通债权吗？从该条的规定来看，担保物权当然属于普通债权，无法从《企业破产法》的相关条款来推定该法"将担保物权作为特定的财产严格区别于破产财产而使担保物权绝对优先于税收"。[①] 为了解决两项权利的冲突问题，《税收征管法》提供了一种思路，即该法第45条规定："税务机关征收税款，税收优先于无担保债权，法律另有规定的除外；纳税人欠缴的税款发生在纳税人以其财产设定抵押、质押或者纳税

---

① 王一鹤：《税收优先权法律冲突检视》，《税务研究》2020年第11期。

人的财产被留置之前的，税收应当先于抵押权、质权、留置权执行。"显然，《税收征管法》解释了《企业破产法》第113条所述普通债权的含义，即为无担保债权。在有担保债权的情形下，税收是否优先于担保债权，取决于担保债权设定的时间，如果担保债权设立于应缴税款之后，则税收优先于担保债权，如果担保债权设立于应缴税款之前，则担保债权优先于应缴税款。

在资产分配过程中，破产启动后融资的债权人是否优先于普通无担任债权人。《企业破产法司法解释（三）》第2条规定："破产申请受理后，经债权人会议决议通过，或者第一次债权人会议召开前经人民法院许可，管理人或者自行管理的债务人可以为债务人继续营业而借款。提供借款的债权人主张参照《企业破产法》第42条第4项的规定优先于普通破产债权清偿的，人民法院应予支持，但其主张优先于此前已就债务人特定财产享有担保的债权清偿的，人民法院不予支持。"《企业破产法》第42条第4项规定的共益债务，可由债务人清偿。此种债权劣后于有担保的债权清偿。

（五）企业重整程序

重整方案的表决权，是否仅由权利受该方案修订或影响的债权人享有。《企业破产法》未对此作出相应的规定。《企业破产法司法解释（三）》规定："根据企业破产法第82条规定，对重整计划草案进行分组表决时，权益因重整计划草案受到调整或者影响的债权人或者股东，有权参加表决；权益未受到调整或者影响的债权人或者股东，参照《企业破产法》第83条的规定，不参加重整计划草案的表决。"破产法的司法解释参考了世界银行评估指标体系的要求，权利没有受到影响的债权人可以不参加重整计划的表决，这样可以提高决策的效率。

破产框架下持不同意见的债权人在重组计划下是否可以获得与清算时相同的收益。《企业破产法》第64条规定，债权人会议的决议，由出席会议的有表决权的债权人过半数通过，并且其所代表的债权额占无财产担保债权总额的1/2以上。从该条规定可以看出，债权人可以在债权人会议上发表不同意见，发表不同意见的债权人不影响其债权清偿时的收益。

(六) 债权人参与破产程序的权力

世界银行营商环境评估指标体系建立在"债权人权力理论""信息决定理论"的基础之上，①主张债权人在企业破产程序中要处于主导地位。在破产制度的变量设计里，债权人任命管理人与债权人解雇管理人成为评估得分的指标，如果债权人没有这样的权利，则不得分。《企业破产法》第22条规定："管理人由人民法院指定。"因此，按照中国法律的规定，债权人不可以任命破产管理人。任命破产管理人是人民法院的法定职权。在发达国家，由于破产制度比较完善，在破产程序中债权人处于主导地位更有利于债务的执行效率，而中国的破产法将破产程序的公平价值看得更重。"如果债权人或者债务人的一方选任管理人，破产管理人在履行职务时不可避免地倾向于其选任方，使破产程序中的首先风险大大增加。"②

根据经济学理论，在企业无力还债时，企业股东已经丧失了对企业的权益，其所有者的资格失去了存在的基础，此时债权人应当成为新的企业控制人。"激励债权人积极参与监督，将债权人参与监督的思维贯穿于制定破产法律制度全过程，确保债权人享有充足的监督权、参与权，实现程序民主，是破产制度改革中亟须树立的当代破产法治理念。"③

中国《企业破产法》基于浓烈的行政色彩，将破产财产管理人的任命权授权给了法院。债权人没有权力选择破产财产管理人，但债权人享有推荐管理人的权利。根据最高人民法院发布的《十大破产典型案例》之案例7，④在北京联绿技术集团有限公司、北京新奥混凝土集团有限公司合并重整案中，法院决定对两公司适用预重整程序。预重整中，债权

---

① Simeon Djankov, Oliver Hart, Caralee McLiesh, Andrei Shleifer, Debt Enforcement Around the World, by Djankov and others, *Journal of Political Economy*, December 2008.
② 韩长印：《世界银行"办理破产"指标与我国的应对思路——以"破产框架力度指数"为视角》，《法学杂志》2020年第7期。
③ 张钦昱：《我国破产法的系统性反思与重构——以世界银行〈营商环境报告〉之"办理破产"指标为视角》，《法商研究》2020年第6期。
④ 《实施破产法律制度 优化营商环境 最高人民法院发布十大典型破产案例》，https://www.thepaper.cn/newsDetail_forward_12464384，2022年6月14日访问。

人从管理人名册中选定了某律师事务所并向法院推荐其作为临时管理人。法院经审查后迅速指定该律师事务所为临时管理人。临时管理人履职得到了债权人认可，顺利地完成了重整计划。该案在预重整程序中，法院尊重债权人意志和需求，赋予债权人对选任管理人的推荐权，能够有效简化指定管理人的程序环节，增强债权人对临时管理人的履职监督。由债权人推荐临时管理人，还有利于提升债权人对重整程序的参与度，降低重整成本，提升重整成功率。进入重整程序后，法院根据预重整债权人会议结果，直接指定临时管理人为重整管理人，实现了预重整和重整程序的良好衔接。案例 8 也是一起法院充分尊重债权人合理意见，指定债权人推荐的机构担任重整管理人典型案例。

债权人有权提出更换破产管理人。《企业破产法》第 61 条规定的债权人会议行使的职权中，债权人可以申请人民法院更换管理人。根据《十大破产典型案例》之案例 6，在上海兆隆置业有限公司破产清算案中，截至债权人会议召开前，管理人仍未完成财产接管，导致债务人名下不动产被他人占用。同时，管理人也未能依法有效进行债权审查，导致债务人破产费用增加，拖延案件审理进程。该案某单个债权人提交书面申请，以管理人不能勤勉专业地履行管理人职务为由请求更换管理人。法院认为管理人未能勤勉履职的情形属实，债权人的申请理由成立，解除了某会计师事务所的管理人职务，另行指定了管理人。本案是依法支持债权人行使管理人更换权，确保管理人依法履职，保障破产程序有序推进的典型案例。法院认为，本案具有以下两方面的典型意义：一是保障债权人对管理人履职行为的监督权。当管理人怠于履行职责或者不能勤勉履职时，债权人有权提出异议。二是支持债权人行使管理人更换权。在债权人会议尚不具备履职条件的情况下，法院认可单个债权人有权就管理人履职能力发表意见，并行使请求更换管理人的权利。法院依法对相关事项进行审查，认为债权人申请更换管理人的意见成立的，应及时更换管理人。

在破产程序进行过程中，债权人是否有权批准出售债务人的大额资产。《企业破产法司法解释（三）》第 15 条规定："管理人处分企业破产法第 69 条规定的债务人重大财产的，应当事先制作财产管理或者变价方案并提交债权人会议进行表决，债权人会议表决未通过的，管理人不得处分。"司法解释的这一规定，弥补了中国《企业破产法》对出售破产财产并实现财产价值的最大化没有明确的保障措施之不足。①

重大资产处置经债权人同意，有效保障债权人权利。根据最高人民法院发布的《十大典型破产案例》之案例4，在中航世新燃气轮机股份有限公司、中航世新安装工程（北京）有限公司实质合并重整案中：首先，管理人制作包含财产变价内容的重整计划草案并提交债权人会议表决。其次，管理人依照债权人会议决议通过的重整计划进一步细化处置规则。最后，为避免出现管理人的处分行为缺乏监督的情况，法院要求管理人在实施处分前应向其报告，法院认真审查管理人的实际处分行为是否符合债权人会议决议。通过以上程序，债权人在债务人财产处分上的决定权得以充分保障，企业资产处置取得最佳效果。在第一次债权人会议上，债权人听取了管理人关于财产处置范围、拍卖价拟订、流拍问题等内容的汇报，就相关事项向管理人进行了询问，并表决通过重整计划草案。法院认为，债权人会议行使重大财产处分决定权是债权人意思自治原则的重要体现，是保障债权人清偿利益、提升债权人参与度和获得感的重要途径，是监督管理人勤勉尽责、实现程序公正高效的有力措施。债务人重大财产处分涉及全体债权人清偿利益的实现方式及实现程度，影响破产程序进程，理应由债权人参与和决定，并由管理人执行债权人会议决议。

个别债权人在破产程序中是否有权查阅债务人的财务信息，《企业破产法司法解释（三）》第10条规定："单个债权人有权查阅债务人财产状况报告、债权人会议决议、债权人委员会决议、管理人监督报告等参与破产程序所必需的债务人财务和经营信息资料。"个别债权人不可以反对法院或破产管理人的决定。

（七）新设强制清算破产案件类型

最高人民法院于2016年7月6日发布《关于调整强制清算与破产案件类型划分的通知》（法〔2016〕237号），决定将强制清算、破产案件从民事案件中分出，单独作为一大类案件，一级类型名称整合为强制清

---

① 丁燕：《世行"办理破产"指标分析与我国破产法的改革》，《浙江工商大学学报》2020年第1期。

算与破产案件。调整后的强制清算与破产案件分为五类：强制清算与破产申请审查案件、强制清算与破产上诉案件、强制清算与破产监督案件、强制清算案件、破产案件。

（八）设立企业破产案件法官工作平台

最高人民法院于 2016 年 7 月 26 日发布《企业破产案件法官工作平台使用办法（试行）》（法〔2006〕252 号），企业破产案件法官工作平台是全国企业破产重整案件信息网。审理破产案件的人民法院应当使用法官工作平台完成破产案件审判流程，并通过与破产管理人工作平台的数据对接实现法官和破产管理人的工作协作。破产案件审判管理实行线上和线下相结合的原则，实现线上线下审判流程同步完成。

（九）建立破产机制的司法保障制度

最高人民法院 2017 年 8 月 7 日发布《最高人民法院关于为改善营商环境提供司法保障的若干意见》，就建立破产机制的司法保障制度问题，提出了如下的具体措施：（1）解决破产案件立案难问题。完善破产程序启动机制和破产企业识别机制。法院要及时受理符合立案条件的破产案件，不得在法定条件之外设置附加条件。全力推进执行案件移送破产审查工作，实现"能够执行的依法执行，整体执行不能符合破产法定条件的依法破产"目的。根据破产案件的难易程度对破产案件进行繁简分流，建立简捷高效的快速审理机制，将部分事实清楚、债权债务关系清晰或者"无产可破"的案件，纳入快速审理范围。（2）推动完善破产重整、和解制度，促进有价值的危困企业再生。破产重整、和解制度在挽救危困企业方面有重要作用，法院在处理破产案件时要使利益各方充分达成共识。以市场化导向开展破产重整工作，重视营业整合和资产重组，严格依法适用强制批准权，以实现重整制度的核心价值和制度目标。积极推动构建庭外兼并重组与庭内破产程序的相互衔接机制，加强对预重整制度的探索研究。（3）严厉打击各类"逃废债"行为，切实维护市场主体合法权益。严厉打击恶意逃废债务行为，依法适用破产程序中的关联企业合并破产、行使破产撤销权和取回权等手段，查找和追回债务人财产。加大对隐匿、故意销毁会计凭证、会计账簿、财务会计报告等犯罪行为的刑事处罚力度。（4）协调完善破产配套制度，提升破产法治水平。推动设立破产费用专项基金，为"无产可破"案件提供费用支持。将破产审判工作纳入社会信用体系整体建设，对失信主体加大惩戒力度。推动制定针对破产企业豁免债务、财产处置等环节的税收优惠法律法规，切实减轻破产企业税费负担。协调解决重整或和解成功企业的信用修复问题，促进企业重返市场。推进府院联动破产工作统一协调机制，统筹推进破产程序中的业务协调、信息提供、维护稳定等工作。积极协调政府运用财政奖补资金或设立专项基金，妥善处理职工安置和利益保障问题。（5）加强破产审判组织和破产管理人队伍的专业化建设，促进破产审判整体工作水平的持续提升。持续推进破产审判庭室的设立与建设工作，提升破产审判组织和人员的专业化水平。研究制定关于破产管理人的相关司法解释，加快破产管理人职业化建设。切实完善破产审判绩效考核等相关配套机制，提高破产审判工作效能。

（十）建立破产案件单独绩效考核制度

最高人民法院办公厅于 2019 年 2 月 28 日发布《关于强制清算与破产案件单独绩效考核的通知》（法办〔2019〕49 号），提出为进一步推进破产审判工作，提升破产审判专业化、职业化水平，根据强制清算与破产案件的审理特点，建立单独绩效考核机制。凡是按照《最高人民法院关于调整强制清算与破产案件类型划分的通知》（法〔2016〕237 号）的规定，列入一级类型名称"强制清算与破产案件"范围的案件，应当进行单独绩效考核。对应的类型代字包括"清申""破申""清终""破终""清监""破监""强清"和"破"。绩效考核的数据来源。根据《企业破产案件法官工作平台使用办法（试行）》（法〔2016〕252 号）的规定，人民法院应当依据企业破产案件法官工作平台的案件数量，对破产审判法官的工作绩效进行考核。

（十一）设立破产法庭

最高人民法院于 2016 年 6 月 21 日发布《关于在中级人民法院设立清算与破产审判庭的工作方案》要求："直辖市应当至少明确一个中级人民法院设立清算与破产审判庭，省会城市、副省级城市所在地中级人民法院应当设立清算与破产审判庭。其他中级人民法院是否设立清算与破产审判庭，由各省（区、市）高级人民法院会同省级机构编制部门，综合考虑经济社会发展水平、清算与破产案件数量、审判专业力量、破产管理人数量等因素，统筹安排。"首先2016年7月底前在北京、上海、天津、重庆4个直辖市的一个中级人民法院，以及河北、吉林、江苏、浙江、安徽、山东、河南、湖北、湖南、广东、四川11个省的省会城市和副省级城市的中级人民法院设立清算与破产审判庭。其余省份的省会（首府）城市和副省级城市的中级人民法院于2016年12月底前完成清算与破产审判庭设立工作。2019年以来，最高人民法院先后批准在深圳、北京、上海、天津、广州、温州等城市设立了14家破产法庭。专门破产法庭的成立，标志着破产审判朝着专业化方向又前进了一大步，有利于集中有限的破产审判资源，加强破产审判在产权保护、僵尸企业清理和营商环境优化中的地位和作用。

（十二）发挥司法挽救中小微企业功能

现行《企业破产法》无法应对大量的中小企业破产问题，主要原因是现行破产程序时间长，法院审判效率低，案件的繁简混在一起，导致破产成本高居不下，中小企业对于适用《企业破产法》有畏难情绪，根本原因在于破产简易程序的缺失。[①] 在《企业破产法》未修订之前，司法政策也许能够破解此难题。最高人民法院于2022年1月13日发布《最高人民法院关于充分发挥司法职能作用 助力中小微企业发展的指导意见》，其中第5项，提出有效发挥司法对中小微企业的挽救功能具体的措施包括：（1）积极促成当事人达成执行和解。在执行过程中，中小微企业因资金流动性困难不能清偿执行债务的，积极引导当事人达成减免债务、延期支付的执行和解协议；多个案件由不同人民法院管辖的，可以通过提级执行、指定执行等方式集中办理，积极促成当事人达成履行债务的"一揽子"协议，依法为企业缓解债务压力、恢复生产经营创造条件。（2）科学甄别、依法保护有挽救价值的中小微企业。对受疫情等因

[①] 李曙光：《论我国〈企业破产法〉修法的理念、原则与修订重点》，《中国法律评论》2021年第6期。

素影响无法清偿所有债务但具有挽救价值的中小微企业，债权人提出破产申请的，积极引导当事人通过债务重组、资产重构等方式进行庭外和解，帮助企业渡过难关。对于已经进入破产程序但具有挽救价值的中小微企业，积极引导企业通过破产重整、和解等程序，全面解决企业债务危机，公平有序清偿相应债权，使企业获得再生。

（十三）确定破产管理人的报酬标准

关于破产管理人的报酬问题，《企业破产法》第 25 条规定了管理人的职责，第 41 条规定了破产费用，其中第 3 款规定："管理人执行职务的费用、报酬和聘用工作人员的费用。"管理人的劳务报酬按照什么标准支付，一直没有相应的规定，为此，最高人民法院于 2020 年 11 月 5 日发布《关于审理企业破产案件确定管理人报酬的规定》明确，管理人报酬由审理企业破产案件的人民法院依据本规定确定。人民法院应根据债务人最终清偿的财产价值总额，在以下比例限制范围内分段确定管理人报酬：（1）不超过 100 万元（含本数，下同）的，在 12% 以下确定；（2）超过 100 万元至 500 万元的部分，在 10% 以下确定；（3）超过 500 万元至 1000 万元的部分，在 8% 以下确定；（4）超过 1000 万元至 5000 万元的部分，在 6% 以下确定；（5）超过 5000 万元至 1 亿元的部分，在 3% 以下确定；（6）超过 1 亿元至 5 亿元的部分，在 1% 以下确定；（7）超过 5 亿元的部分，在 0.5% 以下确定。担保权人优先受偿的担保物价值，不计入前款规定的财产价值总额。高级人民法院认为有必要的，可以参照上述比例在 30% 的浮动范围内制定符合当地实际情况的管理人报酬比例限制范围，并通过当地有影响的媒体公告，同时报最高人民法院备案。

清算组中有关政府部门派出的工作人员参与工作的不收取报酬。其他机构或人员的报酬根据其履行职责的情况确定。

（十四）法院制定审理破产案件的司法政策

最高人民法院于 2018 年 3 月 4 日发布《全国法院破产审判工作会议纪要》，对人民法院破产审判涉及的主要问题达成了共识，在总体要求部分，纪要指出："进一步完善破产重整企业识别、政府与法院协调、案件信息沟通、合法有序的利益衡平四项破产审判工作机制，推动破产审判工作良性运行，彰显破产审判工作的制度价值和社会责任。"该纪要还就破产审判的专业化建设、管理人制度的完善、破产重整、破产清算、关联企业破产、执行程序与破产程序的衔接、破产信息化建设、跨境破产等共识性问题进行阐述。此纪要是中国法院审判破产案件里对相关问题提出的解决方案，司法政策虽然不具有司法解释的案件审判的指导功能，但对法官裁决破产案件具有指导作用。

四 政府办理破产规制制度改革

（一）推动和保障管理人在破产程序中依法履职

国家发改委、最高人民法院等 13 部委于 2021 年 2 月 25 日发布《关于推动和保障管理人在破产程序中依法履职进一步优化营商环境的意见》（发改财金规〔2021〕274 号）。该意见提出的要求为：（1）优化破产企业注销和状态变更登记制度。建立企业破产和退出状态公示制度。破产申请受理后，通过全国企业破产重整案件信息网向国家企业信用信息公示系统推送有关企业破产程序启动、程序种类、程序切换、程序终止、管理人联系方式等信息，实现企业破产状态及时公示。在破产清算程序终结以及重整或和解程序终止前，非经破产案件审理法院同意或管理人申请，市场监管等部门不得办理企业登记事项变更手续；进一步落实破产企业简易注销制度。管理人可以凭企业注销登记申请书、人民法院终结破产程序裁定书申请办理破产企业注销，市场监管部门不额外设置简易注销条件。申请简易注销的破产企业营业执照遗失的，通过国家企业信用信息公示系统免费发布营业执照作废声明或在报纸刊登遗失公告后，破产企业或管理人可不再补领营业执照；建立破产企业相关人员任职限制登记制度。（2）便利破产企业涉税事务处理。保障破产企业必要发票供应。破产程序中的企业应当接受税务机关的税务管理，管理人负责管理企业财产和营业事务的，由管理人代表破产企业履行法律规定的相关纳税义务。破产企业因履行合同、处置财产或继续营业等原因在破产程序中确需使用发票的，管理人可以以纳税人名义到税务部门申领、开具发票。税务部门在督促纳税人就新产生的纳税义务足额纳税的同时，按照有关规定满足其合理发票领用需要，不得以破产企业存在欠税情形为由拒绝；依法核销破产企业欠缴税款。税务、海关等部门在破产清算程序中依法受偿破产企业欠缴的税款本金、滞纳金、罚款后，应当按照人民法院裁定认可的财产分配方案中确定的受偿比例，办理欠缴税款本金、滞纳金、罚款的入库，并依法核销未受偿的税款本金、滞纳金、罚款；便利税务注销。经人民法院裁定宣告破产的企业，管理人持人民法院终结破产清算程序裁定书申请税务注销的，税务部门即时出具清税文书，按照有关规定核销"死欠"，不得违反规定要求额外提供证明文件，或以税款未获全部清偿为由拒绝办理；支持企业纳税信用修复；落实重整与和解中的所得税税前扣除政策。（3）完善资产处置配套机制。有效盘活土地资产；妥善认定资产权属；依法解除破产企业财产保全措施。

（二）建立企业注销规则

商事制度改革，即要鼓励人们创业兴业，投资举办市场经营主体，同时也要建立市场经营主体的退出通道，顺畅企业生命周期中的"生死通道"。国务院办公厅2020年11月1日发布《关于印发全国深化"放管服"改革优化营商环境电视电话会议重点任务分工方案的通知》（国办发〔2020〕43号），要求提升企业注销便利度，强化税务、社保、金融、市场监管等环节协同办理，扩大简易注销范围，让市场主体进得来、退得出。

关于企业注销制度，国家市场监管总局等5部门于2019年1月18日发布《关于推进企业注销便利化工作的通知》（国市监注〔2019〕30号），要求推进企业注销便利化，促进企业"新陈代谢"、结构优化。通知附有《企业注销指引》，其内容包括：普通注销流程指引、特殊情况下办理指引、注销法律责任提示三个部分，共计30条。市场监管总局等五部门于2021年12月28日发布了《企业注销指引》修订版。修订版按照企业退出市场的基本程序解散、清算、注销登记进行注销程序的设计，修订后的注销规则更加清晰，可以用图1表示。

282 / 中国规制改革与优化营商环境

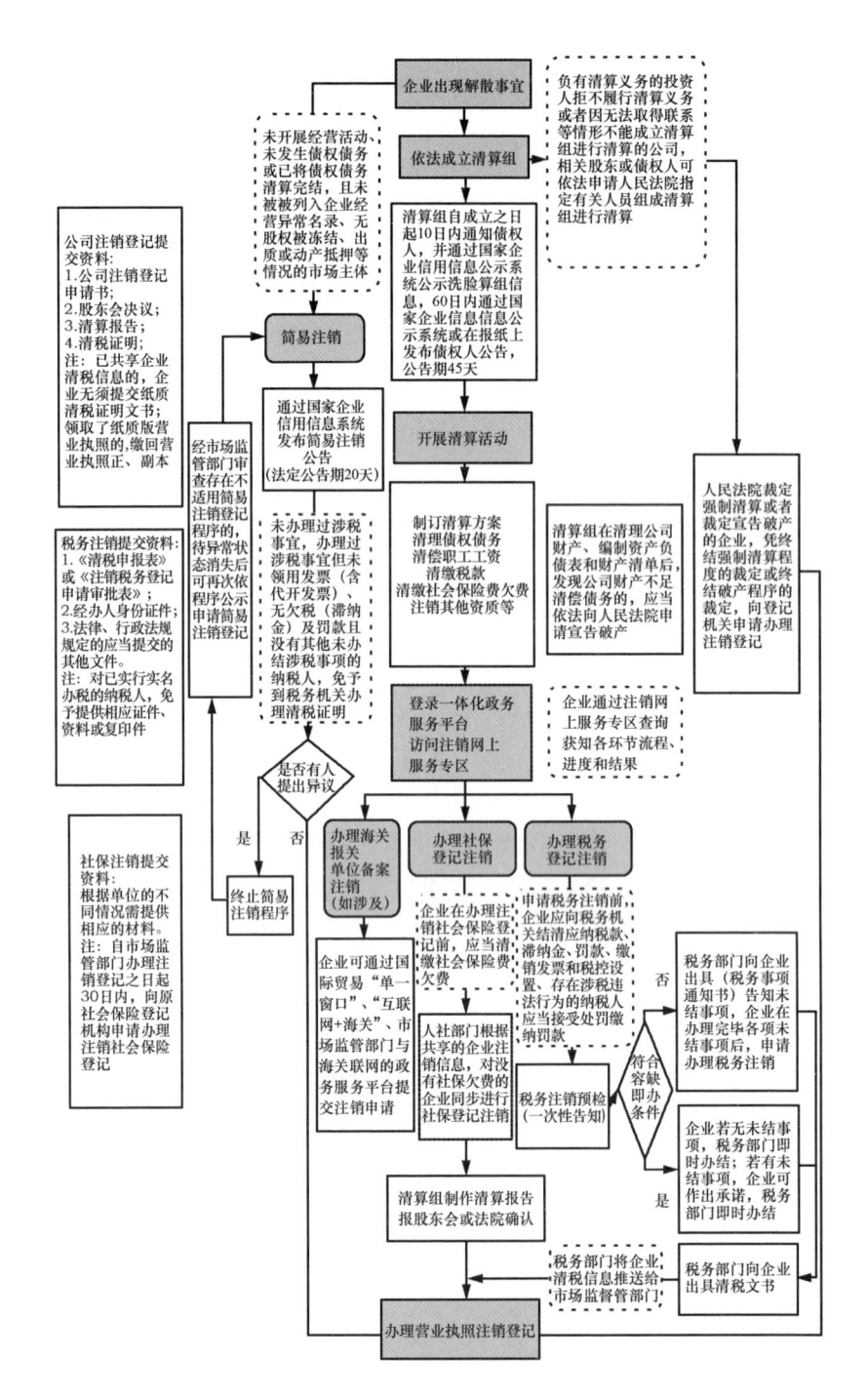

图 1 中国企业注销规则

(三) 深圳市先行建立个人破产制度

深圳市立法机关于 2020 年 8 月 26 日通过了一部适用特区的地方立法《深圳经济特区个人破产条例》，先行在特区建立个人破产制度。该条例 173 个条文，涉及个人破产的方方面面。2021 年 7 月 19 日，全国首宗个人破产案件由深圳中院裁定。2021 年 8 月 20 日，深圳市设立破产事务管理署，成为全国第一家地方性的负责管理破产事务的政府机构。这家机构的职责为：负责确定个人破产管理人（以下简称管理人）资质，建立管理人名册；依法提出管理人人选；管理、监督管理人履行职责；拟订管理人的任用、履职和报酬管理具体办法。组织实施破产信息登记和信息公开制度，及时登记并公开破产申请、行为限制决定、财产申报、债权申报及分配方案、重整计划、和解协议、免责考察等信息。协助调查破产欺诈和相关违法行为。提供破产事务咨询和援助服务。建立完善政府各相关部门办理破产事务的协调机制。配合人民法院开展与破产程序有关的其他工作；完成上级部门交办的其他任务。深圳市中级人民法院、深圳市市场监督管理局、深圳市破产事务管理署于 2021 年 8 月 27 日发布《关于建立破产信息共享与状态公示机制的实施意见》，在国内率先建立个人破产信息共享和公示机制。这对推动个人破产制度的实施，提升优化营商环境，构建市场化、法治化社会信用体系都具有重要意义。

五　法律法规修订与政府规制改革的效果

(一) 制定司法解释解决破产诉讼难点

《企业破产法》的修订工作虽然已经列入了国家立法机关的规划，但该法的修订工作需要一个过程，尤其是破产制度涉及市场主体的死亡与注销问题，涉及的利益主体众多，公平合理地协调各方利益主体的权益，并非易事。要解决世界银行营商环境评估指标体系存在的问题，通过制定司法解释，以解决破产案件诉讼中存在的问题，不失为一个次优的方案。最高人民法院于 2019 年 2 月 25 日发布《关于适用〈中华人民共和国企业破产法〉若干问题的规定（三）》，该司法解释解决了破产法诉讼中的许多问题，如破产企业管理人或者自行管理的债务人可以为债务人继续营业而借款。在破产程序中为债务人继续营业而借款可以优先于普通破产债权得到清偿；管理人处分债务人重大财产的，应当事先制作财产管理或者变价方案并提交债权人会议进行表决，债权人会议表决未通过的，管理人不得处分；单个债权人需要查阅其参与破产程序所必须的债务人企业财务、经营信息等信息资料的，管理人应当提供，没有正当理由不得拒绝。

（二）健全企业重整期间信用修复机制

人民法院裁定批准重整计划的破产企业，可以申请在"信用中国"网站、国家企业信用信息公示系统、金融信用信息基础数据库中添加相关信息，及时反映企业重整情况；有关部门依法依规调整相关信用限制和惩戒措施。

（三）进一步规范了破产管理人的职责

《企业破产法》第25条规定了管理人的职责，但在具体的破产过程中，管理人还需要赋予更多权力与职责，以便更好地管理好破产财产。在《关于推动和保障管理人在破产程序中依法履职 进一步优化营商环境的意见》中，管理人可以凭企业注销登记申请书、人民法院终结破产程序裁定书申请办理破产企业注销，市场监管部门不额外设置简易注销条件。金融机构应当支持管理人依法履行接管破产企业财产等法定职责，便利管理人账户开立和展期；支持管理人依法接管破产企业账户等。

六 未来改革展望

（一）修订《企业破产法》

《企业破产法》的修订工作已经列入国家立法机构的立法计划，理论界对该法的修订也提出了不少的意见与建议。基于该法修订过程中涉及较多的困难与问题，修订工作估计需要一段时间。专家建议，《企业破产法》的修订要以优化营商环境为导向，"完善现行破产法中不利于营商环境优化的理念与机制,将创造稳定、公平的市场环境作为《企业破产法》修订的一大目标"。[①]

(二)探索建立市场主体除名制度

对被列入经营异常名录或者被标记为经营异常状态满两年,且近两年未申报纳税的市场主体,商事登记机关可对其作出除名决定。除名后,市场主体应当依法完成清算、办理注销登记,且不得从事与清算和注销无关的活动。被除名期间市场主体存续,并可对除名决定申请行政复议或提起行政诉讼。

(三)优化破产企业土地、房产处置程序

企业破产案件中因债务人资料缺失或第三方机构(如设计、勘察、监理等单位)不配合竣工验收等情形导致无法办理竣工验收的建设工程,经委托有关专业机构对工程质量进行安全鉴定合格后,可办理不动产登记。

(四)优化破产案件财产解封及处置机制

建立破产案件财产处置协调机制,破产案件经试点城市人民法院裁定受理后,由破产管理人通知债权人及相关单位进行财产解封,破产管理人对已查封的财产进行处置时无须再办理解封手续。债务人在试点城市的不动产或动产等实物资产被相关单位查封后,查封单位未依法解封的,允许破产管理人对被查封的财产进行处置。处置后依据破产受理法院出具的文件办理解封和资产过户、移交手续,资产处置所得价款经与查封单位协调一致后,统一分配处置。

(五)进一步便利破产管理人查询破产企业财产信息

允许破产管理人通过线上注册登录等方式,经身份核验后,依法查询有关机构(包括土地管理、房产管理、车辆管理、税务、市场监管、

[①] 李曙光:《论我国〈企业破产法〉修法的理念、原则与修订重点》,《中国法律评论》2021年第6期。

社保等部门和单位）掌握的破产企业财产相关信息，提高破产办理效率。

（六）健全企业重整期间信用修复机制

人民法院裁定批准重整计划的破产企业，可以申请在"信用中国"网站、国家企业信用信息公示系统、金融信用信息基础数据库中添加相关信息，及时反映企业重整情况；有关部门依法依规调整相关信用限制和惩戒措施。探索重整计划执行期间赋予符合条件的破产企业参与招投标、融资、开具保函等资格。

（七）进一步完善破产管理人选任、预重整等制度

允许破产企业的相关权利人推荐破产管理人，并由人民法院指定。探索建立破产预重整制度。

完善市场主体退出机制，全面实施简易注销，建立市场主体强制退出制度。推行破产预重整制度，建立健全企业破产重整信用修复机制，允许债权人等推荐选任破产管理人。建立健全司法重整的府院联动机制，提高市场重组、出清的质量和效率。

参考文献

一 中文论文

卜祥瑞：《完善动产担保融资法律制度》，《中国金融》2019年第7期。

陈洁：《新〈证券法〉投资者保护的三大"中国特色"》，《中国证券报》2020年3月14日。

《从分散走向统一 产权维护更有力——不动产登记制度建设与改革发展70年》，《国土资源》2019年11月号。

崔建远：《对非典型担保司法解释的解读》，《法治研究》2021年第4期。

丁燕：《世行"办理破产"指标分析与我国破产法的改革》，《浙江工商大学学报》2020年第1期。

韩长印：《世界银行"办理破产"指标与我国的应对思路——以"破产框架力度指数"为视角》，《法学杂志》2020年第7期。

纪海龙：《民法典动产与权利担保制度的体系展开》，《法学家》2021年第1期。

李建星：《营商环境中的登记财产——以世界银行问卷为核心》，《中国应用法学》2018年第5期。

李林木、宛江、潘颖：《我国税务营商环境的国际比较和优化对策》，《税务研究》2018年第4期。

李曙光：《论我国〈企业破产法〉修法的理念、原则与修订重点》，《中国法律评论》2021年第6期。

吕冰洋、詹静楠、李钊：《中国税收负担：孰轻孰重?》，《经济学动态》2020年第1期。

罗培新：《论世行营商环境评估"获得信贷"指标得分的修法路径——以

中国民法典颁布为契机》，《东方法学》2020 年第 1 期。

罗培新：《世界银行营商环境评估方法论：以"开办企业"指标为视角》，《东方法学》2018 年第 6 期。

罗培新：《世行营商环境评估之"保护少数投资者"指标解析——兼论我国公司法的修订》，《清华法学》2019 年第 1 期。

罗培新：《为什么要推行"证照分离"》，《中国工商报》2018 年 3 月 1 日第 7 版。

邹海林：《论民法典各分编（草案）"担保物权"的制度完善——以〈民法典〉各分编（草案）第二编物权为分析对象》，《比较法研究》2019 年第 2 期。

倪红福、吴延兵、周倩玲：《企业税负及其不平等》，《财贸经济》2020 年第 10 期。

倪鹏飞：《中国城市拿什么吸引投资者——2008 中国营商环境报告摘要》，《资本市场》2008 年第 5 期。

潘凌锐：《国际动产担保体系的演变之路》，《金融博览（财富）》2021 年第 4 期。

施天涛：《公司资本制度改革：解读与辨析》，《清华法学》2014 年第 5 期。

孙悦、余长江：《世界银行营商环境评价解析与应对——以"保护少数投资者"指标为研究对象》，《西安财经大学学报》2021 年第 6 期。

汪晓贺：《市场准入负面清单的制度困境及其完善路径》，《齐齐哈尔大学学校（哲学社会科学版）》2021 年第 12 期。

王利明：《担保制度的现代化：对〈民法典〉第 388 条第 1 款的评析》，《法学家》2021 年第 1 期。

王利明：《负面清单管理模式与私法自治》，《中国法学》2014 年第 5 期。

王晓蕾：《动产担保登记助力企业融资》，《中国金融》2019 年第 7 期。

王一鹤：《税收优先权法律冲突检视》，《税务研究》2020 年第 11 期。

王佐发：《"市场主体友好型"破产法：理论反思与制度建构——兼论中国破产法的修订》，《中国政法大学学报》2021 年第 4 期。

《我国登记财产指标排名跻身全球先进行列》，《国土资源》2019 年 1 月号。

谢鸿飞：《担保财产的概括描述及其充分性》，《法学》2021 年第 11 期。

谢在全：《担保物权制度的成长与蜕变》，《法学家》2019 年第 1 期。

徐阳光、韩玥：《营商环境中办理破产指标的"回收率"研究》，《上海政法学院学院（法治论丛）》2021 年第 4 期。

许多奇：《纳税营商环境优化与税收法治化变革——世界银行纳税营商环境指标不适用性反思》，《法学家》2022 年第 3 期。

薛波：《改革开放 40 年中国公司资本制度立法的嬗变与启示》，《人文杂志》2019 年第 3 期。

［美］伊莱恩·麦凯克恩：《获得信贷便利度相关指标分析》，《中国金融》2019 年第 6 期。

俞晓波：《以"证照分离"改革促进营商环境优化》，《学习时报》2019 年 6 月 4 日。

俞晓波：《以"证照分离"改革促进营商环境优化》，《学习时报》2019 年 5 月 27 日第 2 版。

张钦昱：《我国破产法的系统性反思与重构——以世界银行〈营商环境报告〉之"办理破产"批标为视角》，《法商研究》2020 年第 6 期。

《"证照分离"改革今年将全面推进　有条件的地方企业注册时间将大幅压缩》，《经济日报》，2018 年 3 月 2 日。

朱晓喆、马强：《优化营商环境视野下动产让与担保的法律构造及效力——结合〈民法典〉相关规则的解释》，《云南社会科学》2021 年第 2 期。

庄加园：《动产担保物权的默示延伸》，《法学研究》2021 年第 2 期。

二　中文著作

最高人民法院民事审判第二庭：《民法典担保制度司法解释理解与适用》，人民法院出版社 2021 年版。

最高人民法院民法典贯彻实施工作领导小组主编：《中华人民共和国民法典合同编理解与适用》《中华人民共和国民法典物权编理解与适用》《中华人民共和国民法典总则编理解与适用》，人民法院出版社 2020 年版。

最高人民法院民事审判第二庭编著：《〈全国法院民商事审判工作会议纪

要〉理解与适用》，人民法院出版社2019年版。

罗培新：《世界银行营商环境评估：方法·规则·案例》，译林出版社2020年版。

宋林霖：《世界银行营商环境评价指标体系详析》，天津人民出版社2018年版。

潘琪译：《美国统一商法典》，法律出版社2020年版。

潘琪著：《美国〈统一商法典〉解读》，法律出版社2020年版。

［美］罗伯特·C. 克拉克：《公司法则》，胡平等译，工商出版社1999年版。

三　网站

世界银行营商环境网站，http：//www.doingbusiness.org/。

四　外文文献

Simeon Djankov, Rafael La Porta, Florencio Lopez-de-Silanes, Andrei Shleifer," The Regulation of Entry", *The Quarterly Journal of Economics*, February 2002.

Carolin Geginat, Rita Ramalho, Electricity connections and firm performance in 183 countries, *Energy Economics*, Volume 76, October 2018.

Simeon Djankov, Caralee McLiesh, and Andrei Shleifer, Private Credit in 129 Countries, *Journal of Financial Economics*, May 2007.

Simeon Djankov a, Rafael La Porta b, Florencio Lopez-de-Silanes c, Andrei Shleifer, The law and economics of self-dealing, *Journal of Financial Economics*, 88 (2008) 430 – 465.

Simeon Djankov, Tim Ganser, Caralee McLiesh, Rita Ramalho, Andrei Shleifer, The Effect of Corporate Taxes on Investment and Entrepreneurship, *American Econmic journal: Macroeconomics*, Vol. 2, No. 3, July 2010.

Simeon Djankov, Caroline Freund, Cong S. Pham, Trading on Time, *Review of Economics and Statistics*, February 2010.

Simeon Djankov, Rafael La Porta, Florencio Lopez-de-Silanes, Andrei Shleifer, Courts, by Simeon Djankov and others, *Quarterly Journal of Economics*,

May 2003.

Simeon Djankov, Oliver Hart, Caralee McLiesh, Andrei Shleifer, Debt Enforcement Around the World, by Djankov and others, *Journal of Political Economy*, December 2008.

Hoekman, Bernard, and Alessandro Nicita. 2011. "Trade Policy, Trade Costs, and Developing Country Trade", World Development 39 (12).

WTO (World Trade Organization). 2016. World Trade Report 2016: Levelling the Trading Field for SMEs. Geneva: World Trade Organization.

WTO (World Trade Organization). 2015. "Trade and Tariffs: Trade Grows as Tariffs Decline", World Trade Organization, Geneva.

Martincus, Christian Volpe, Jerónimo Carballo and Alejandro Graziano. 2015. "Customs", *Journal of International Economics*, 96 (1).

OECD (Organisation for Economic Co-operation and Development). 2018. "Trade Facilitation and the Global Economy", OECD Publishing, Paris.

Carballo, Jerónimo, Alejandro Graciano, Georg Schaur and Christian Volpe Martincus. 2016. "The Border Labyrinth: Information Technologies and Trade in the Presence of Multiple Agencies", Inter-American Development Bank, Washington, DC.

Wacziarg, Romain, and Karen Horn Welch. 2008. "Trade Liberalization and Growth: New Evi-dence", World Bank Economic Review 22 (2).

Madsen, Jakob B. 2007. "Technology Spillover through Trade and TFP Convergence: 135 17、Years of Evidence for the OECD Countries", *Journal of International Economics*, 72 (2).

Wagner, Joachim. 2007. "Exports and Productivity: A Survey of the Evidence from Firm-Level Data", World Economy, 30 (1).

后　记

　　世界充满不确定性，但有时也会发生确定性中的不确定性事件。当下全球处于新冠肺炎疫情的肆虐之中，这波大流行的疫情何时过去，没有人可以给焦虑中的人们一个确定的答案。但谁也没有想到国际大都会上海会在四五月发生让全体市民在家"静默"两个多月的疫情袭击。

　　在上海的这两个月时间里，除了行动不自由之外，作为一名高校教师，笔者日常工作没有受到太大的影响，只是这些工作都迁移到了网络空间。正常情况下，本学期是高校教师们最繁忙的时期，除了完成教学工作，新生复试、学生开题、论文指导、论文预答辩、论文答辩等都是必须要承担的工作。教学由面授变成了网课。教师与学生也只能通过网络视频见面。在行动不自由的情况下，学生培养工作与教学工作还能正常进行，得益于现代信息技术带来的便利。笔者自2021年年底不再担任学院行政职务之后，有了相对自由的时间，原本打算2022年上半年一定将拖延了几年的上海市哲学社会科学规划课题"世界银行营商环境评估指标的法律问题研究"完成。在家"静默"的日子里，正好可以将正常教学与培养工作之外的时间都用于课题的研究工作。一来可以完成既定的工作计划，二来也可以填充一些无聊的时间，正是因为繁忙的工作在一定程度上减少了"静默"带来的负面情绪。

　　该项课题批下来之后，先由笔者指导的中国社会科学院大学与上海大学的博士生与硕士生组成课题小组，对课题研究工作进行了分工。先后参加课题小组的同学有中国社会科学院大学应用经济学博士后流动站的合作博士后张晓冉、中国社会科学院大学政府政策与公共管理系的博士生连俊华、上海大学管理学院的博士生梁冉，他们主要以课题组名义撰写学术论文。上海大学法学院的硕士研究生承担了课题资料的收集与课题初稿的撰写，他们是：赵丽雅：开办企业；陈子豪：办理建筑施工许可证；窦美慧：获得电力；邹叶婷：登记财产；周小敏：获得信贷；应航：保护少数投资者；张毛：缴纳税费；陈威：跨境贸易；吴元星、吴洪丽：执行合同；杨苑平、林先梁：办理破产；汪佳宇、武梦雅：劳动力市场管理。因劳动力市场管理后来不再列入指标体系，因此，本课题也不再将其列入研究内容。同学们的初稿大约在2020年基本完成。现在的研究成果参考了大家的初稿内容，但大多数内容由笔者重新撰写。近两年来，与营商环境相关的立法与政府改革都在加速，政府制定与修订一些新的法律与行政法规，出台了许多规制改革措施，这些新的内容需要进行重新研究。同时，笔者对课题的研究结构也进行了较大调整。在此，感谢课题小组各位成员的努力与付出。

世界银行于2021年年底决定不再发布《全球营商环境报告》，这或许会减少各国在营商环境排名上开展的竞争强度，国内学术界对营商环境问题关注的热度也会降温，本书的出版可能错过了最好的发行时机。但作为一个发展中的大国，改革开放仍然在路上，政府致力于营造良好营商环境的规制改革还会继续。笔者期待，中国下一步的营商环境规制改革能够取得更大的成绩，通过不断努力，将中国建设成为世界上营商环境最佳表现国家。本书如果能够成为中国营商环境规制改革的一名忠实记录者，笔者就感到十分欣慰了。本书在写作过程中，参考了国内外已公开发表的相关论著，对这些论著的作者表示衷心的感谢！

文学国记于上海宝山锦秋花园

2022年6月16日